复旦联合国研究丛书

"保护的责任"与国际人权规范建构
—— "Responsibility to Protect" and Construction of International Human Rights ——

邱昌情◎著

时事出版社
北京

本书系对外经济贸易大学中央高校基本科研项目"保护的责任规范的传播与中国的应对策略研究"（项目号：14QD15）、北京外国语大学中国文化走出去协同创新中心项目"中国在国际人权领域的话语权现状与提升策略研究"（项目号：XTCX150621）、教育部人文社会科学研究青年基金项目："中国建设性参与地区热点问题解决中的调停外交研究"（项目号：16YJCGJW004）的研究成果。

总　序

什么是联合国？联合国有什么作用？中国与联合国的关系如何？这是每一个对联合国有兴趣的读者都想知道的。

我的回答是：联合国是一个"不独立的多元体"。所谓"不独立"，就是说联合国没有独立的主权，它的权力来自于它的成员国。所谓"多元体"，就是说在联合国的所有机构中，没有一个能够完整地、全面地或在任何时候都代表联合国。因此，联合国只是"联合起来的国家们"的一个简称，它的主体是成员国，是联合国的成员以不同的形式组织起来，以不同的决策方式实现全球治理。

在成立后的七十年的时间里，联合国究竟起了怎样的作用呢？综合起来看，它的作用主要有五个方面：一是作为一面镜子，反映了国际形势的变化，折射了国际格局的演变；二是作为一个讲坛，反映了世界上各种各样的声音；三是作为多边外交最活跃的舞台；四是一个国际合作的平台；五是国际行动合法性的象征。

联合国是多边外交的讲坛，联合国大会每年都云集了各国的元首、首脑和外长，这是任何一个国际机构都

"保护的责任"与国际人权规范建构

无法比拟的。联合国又是集团外交博弈的舞台,许多重大谈判都是在集团之间进行的,集团外交在联合国里面有很重的分量。集团外交有优势也有弱点,它的优势在于增加了弱小者的谈判分量,有利于在这个强弱不等、力量失衡的世界为弱小国家争得一份发言权、一份决策权;缺点在于增加了谈判的复杂性和难度,联合国常常议而不决,决而不行。

联合国是国际合作的平台,主要体现在以下几个方面:一是完成了非殖民化的进程,使得一大批亚非拉国家取得独立并参加了联合国;二是开展历史上最广泛、最持久的发展援助,联合国里面有三大机构专门从事援助工作,即联合国开发计划署、联合国人口基金会以及联合国儿童基金会;三是缓和了国际冲突,通过军控、预防外交、维和、建设和平等手段处理了一系列地区冲突,更重要的是避免了大战的发生;四是规范国际行为,确立行为准则,并通过一系列决议、宣言、行动纲领以至于法律文件如条约、公约等形式,确立战后国际社会应该共同遵守的游戏规则。

联合国还有一个作用是过去人们很少意识到的,就是它已成为某一国际行为是否合法的象征,这从两次伊拉克战争就能看出来,有无联合国的授权是行动合法还是非法的一个依据。

同时,联合国还是一面镜子,反映国际形势的变化,折射了国际格局的演变。联合国成立到现在大概有这样几个时期:联合国成立初期,只有51个成员国,大部分是西方国家及其盟友,当时联合国是美国操纵的工具;20世纪60年代开始,情况逐步发生变化,到70年代就发生了质变,发展中国家成为联合国的多数;1971年中国代表权的恢复是一个分水岭,标志着美国一家操纵联合国的时代一去不复返了;70—80年代,联合国折射出来的是两对矛盾的交叉,一是南北矛盾,二是东西矛盾,既对抗又对话;进入90年代,苏联解体、冷战结束,联合国进入了一个新时期,这个时期的特点是两极争雄消失、南北矛盾缓和,联合国能够在政治、安全、经济、社会、人权等各个领域全面发挥作用。安理会在经历冷战时期的瘫痪之后恢复工作,成为联合国活动的一个中心。这十年被称为联合国的黄金时代。世界人民对联合国的期望值也大大提高。但是好景不长，第二次伊拉克战争撕裂了联合国，使联合国陷入空前危机，联合国在世界民众心中的形象也大为受损。在这样的背景下，要求联合国改革的呼声在世界范围内响起。

从现在来看，联合国将来会怎样？这里人类再次面临需要和可能的矛盾。需要是因为国际关系格局发生了重大的变化，从两极格局向多极格局迈进。在这个世界政治多极化、经济全球化和社会信息化的新时代，联合国面临一系列新的挑战。作为世界上最具普遍性、权威性和代表性的国际组织，联合国需要进行改革，以反映国际关系格局的演变，适应新时代的挑战。

但是，多极化是一个漫长、渐进且含有种种变数的过程，目前还远没有"尘埃落定"。对于联合国大会和安理会等重要机构的改革，各国利益纵横交错，互利共赢的交汇点久求而不得，故当前对联合国机构进行重大改革的可能性甚微。

联合国改革的举步维艰，削弱了联合国应有的作用。二十国集团的出现，及由二十国集团承担在金融领域全球治理的功能，从一个侧面折射出联合国不改革可能面临被边缘化的危险。当然，这种被边缘化在可预见的将来还只是局限在个别领域，且没有不可逆转之理。就全局而言，作为二战结束后肩负全球治理重任的联合国，它的地位和作用还是不可替代的。近日，美国未来学家戴维·霍尔做出大胆预测，称未来十年的某个时间点，将出现一个新的全球管理主体，可以称之为"全球委员会"，其职责是监管全球事务。但他也认为，处理和裁决国家间政治经济冲突的职责仍然由联合国履行。

进入新世纪以来，联合国在变化，中国也在变化。中国的国家利益已经不再局限在国门以内，中国的影响也已超出了地区。有很多全球问题都事关中国的切身利益，这就要求中国以更积极的态度来参与联合国的事务，维护自身的利益。可以预见，中国将在财政、维和等方面做出更大贡献。同时中国也需要利用联合国这个平台来拓展自身利益，中国参与亚丁湾护航，中国海军合法走出国门就是一个成功的例子。

联合国需要中国，中国也需要联合国这样一个时代即将到来。

（联合国前副秘书长、上海联合国研究会名誉会长）

2015 年 10 月 24 日

于北京和平里

序　言

对外经济贸易大学邱昌情博士的专著《"保护的责任"与国际人权规范建构》正式出版了，作为他在复旦大学攻读博士学位时的导师，我感到由衷的高兴并表示热烈的祝贺。

2011年，昌情同学在激烈的竞争中考入复旦大学国际关系专业攻读博士。读博期间，他远离家人，承受了很大的压力。他刻苦钻研，取得优异的成绩，发表了多篇学术论文，获得多项科研项目和学业奖励。他的学术能力和外语水平有了很大的提升，并在三年学制内完成博士论文，顺利通过答辩。本书就是他在博士论文的基础上修改和完善后的成果。

本书从"保护的责任"出发，对国际人权保护和人权规范建构之间的关系进行了富有建设性、创新性和启发性的探讨。

首先，本书关于"保护的责任"对国际人权规范的影响的阐述具有建设性。"保护的责任"是在人道主义干预在实践中陷入困境，人权保护面临国际化和规范化的形势下提出的。一方面，"保护的责任"是国际社会处理人权与主权关系的新进展，是人权保护规范化的新

"保护的责任"与国际人权规范建构

探索;另一方面,如何负责任地保护,如何落实"保护的责任"仍是国际社会在国际人权保护中的新课题。既认识到"保护的责任"对国际人权规范建构的积极和进步意义,又看到"保护的责任"在履行过程中面临的矛盾和困境,这样的分析无疑是客观的,又是建设性的。

其次,本书对联合国框架下国际人权规范建构路径的探讨具有创新性。在《联合国宪章》原则和"保护的责任"理念的基础上,于联合国框架下建构具有全球共识的国际人权规范,是本书的一个亮点。在联合国的主导下,国际社会应超越发达国家和发展中国家之间的鸿沟,形成具有全球情怀和全球取向的人权保护共有理念,培育基于全球、地区和国内等多层次的人权保护机制,加强主权国家和联合国人权保护的综合治理能力。理念框定—机制培育—能力建设,这种对国际人权规范建构路径的探讨很有新意。

第三,本书对中国在国际人权规范建构中的角色的分析具有启发性。积极参与国际人权规范建构是新时代中国特色大国外交的重要内容。本书提出,中国既不能简单地将西方国家所主导的人权规范作为"干涉内政"来全面排斥,也不能完全奉行"拿来主义"为我所用,而是要积极主动地参与国际人权规范的建构,加强自身在国际人权规范塑造和人权议程设置方面的能力,通过国际人权规范的竞争,打破西方国家的话语垄断,站在发展中国家的立场和人类命运共同体的高度,引领国际人权规范建构。这对中国未来的人权外交具有重要的启发意义。

"保护的责任"是一项有国际共识但又充满争议的国际人权规范。"保护的责任"是对人道主义干预的超越,为国际人权保护的规范化做出了重要贡献。从非政府组织提出概念,经联合国高级别小组和秘书长报告接纳为理念,最终在首脑会议成果文件中确定为规范并由多个安理会决议重申,"保护的责任"取得广泛的国际共识。"保护的责任"是国际人权规范建构的初步尝试,各国的解读和接受仍存在较大差异,而在实践中又存在对"保护的责任"规范滥用的情况。这说明"保护的责任"仍然是一项不成熟的国际人权规范。总结经验教训，在联合国框架内加强"保护的责任"规范的制度建设和能力建设，是发展和完善国际人权规范的努力方向。

国际人权规范建构应坚持联合国的权威性和主渠道。促进和保护人权是联合国工作的重要目标和指导原则。《联合国宪章》以"我联合国人民"名义制定，把"人权"列为仅次于"免战"的第二大目标，并七次提到人权。1948年公布的《世界人权宣言》是第一份保护世界人权的法律文件，与《公民权利和政治权利国际公约》和《经济、社会与文化权利国际公约》共同构成国际人权宪章。人权高专办和人权理事会是联合国系统负责促进和保护人权的主要机构。冷战结束后的联合国历任秘书长都非常重视人权工作。加利秘书长发表的《和平纲领》和《发展纲领》把人权作为重要内容；安南秘书长确立人权为联合国三大工作支柱之一，成立人权理事会，并推动联合国会员国达成"保护的责任"的共识；潘基文秘书长提出"人权先行"倡议；古特雷斯秘书长则十分强调人道主义援助和维和行动中的平民保护。以"保护的责任"为基础，进一步推动国际人权保护的规范和机制建设，应始终坚持联合国的中心地位和主导作用。

中国在参与国际人权规范建构和全球人权治理中应发挥更大的作用，做出更大的贡献。中国建设性地参与了联合国框架内"保护的责任"从理念到规范的确立过程。中国政府一方面肯定"保护的责任"规范在国际人权保护中的积极作用，另一方面也认识到"保护的责任"还是一项不成熟的国际人权规范，强调不应扩大或任意解释，更不应曲解和滥用。近年来，中国大力开展人权外交，一方面积极参与国际人权规范的履约实践，以及双边和多边人权对话磋商与交流合作；另一方面在国际人权规范的建构中努力发挥建设性的引领作用。中国领导人提出的人类命运共同体理念已多次载入联合国大会、安理会和人权理事会的决议，中国学者提出的"创造性介入""负责任的保护"等观点也受到广泛的重视。但是，我们在如何把发展优势转化为话语优势、把理念转化为规范，以及在国际人权规

"保护的责任"与国际人权规范建构

范的制度和能力建设方面，仍然任重而道远。

2020年是联合国成立75周年，也是《世界人权宣言》颁布72周年，《"保护的责任"与国际人权规范建构》的出版具有非常重要的意义。本书也是邱昌情博士的第一本个人学术专著。祝愿他今后有更多、更好的学术成果。

是为序。

张贵洪
复旦大学联合国与国际组织研究中心主任

目 录

导 论 ·· (1)
  第一节　核心问题与研究意义 ·································· (1)
    一、问题的提出 ··· (6)
    二、研究的意义 ··· (13)
  第二节　研究现状与研究评析 ·································· (17)
    一、人权规范化研究 ·· (18)
    二、人道主义干预研究 ··· (21)
    三、主权责任论研究 ·· (27)
    四、"保护的责任"研究 ·· (29)
    五、小结 ·· (35)
  第三节　研究方法与创新点 ····································· (37)
    一、研究方法 ·· (37)
    二、创新与难点 ··· (38)
  第四节　研究框架与结构安排 ·································· (40)

第一章　从理念到规范：国际人权保护责任的理论分析 ······ (42)
  第一节　国际人权保护责任的基本概念与规范基础 ········ (45)
    一、基本概念：人权保护责任、国际干预与国际规范 ········ (45)
    二、《联合国宪章》与国际人权保护 ························· (51)
  第二节　国际人权保护责任的主体与对象 ··················· (55)
    一、国际人权保护的主体 ······································ (56)

·1·

二、国际人权保护的对象 …………………………………… (62)
　　三、人权保护中的责任及互动 ……………………………… (63)
　第三节　国际人权规范演进的理论分析 ……………………… (65)
　　一、从人道主义干预到"保护的责任" ……………………… (66)
　　二、国际人权规范演进的理论分析 ………………………… (69)
　第四节　小结 …………………………………………………… (74)

第二章　人道主义干预与国际人权保护的异化 ……………… (76)
　第一节　人道主义干预的理论演变与实践争议 ……………… (78)
　　一、人道主义干预的理论演变 ……………………………… (79)
　　二、人道主义干预的实践争议 ……………………………… (82)
　第二节　人道主义干预中的人权保护责任分析 ……………… (86)
　　一、强调"干预者的权利" …………………………………… (87)
　　二、人道主义干预的法律基础分析 ………………………… (92)
　第三节　人道主义干预对国际人权规范的影响 ……………… (93)
　　一、人道主义干预的现实困境 ……………………………… (94)
　　二、人道主义干预对国际人权规范的影响 ………………… (95)
　第四节　小结 …………………………………………………… (97)

第三章　"保护的责任"与国际人权保护的规范化 ………… (99)
　第一节　"保护的责任"概念提出的背景 …………………… (102)
　　一、人权保护的国际化与规范化 …………………………… (103)
　　二、人道主义干预面临的困境 ……………………………… (106)
　　三、全球治理呼唤新的国际人权规范 ……………………… (108)
　第二节　"保护的责任"规范的演进 ………………………… (110)
　　一、提出：干预与国家主权国际委员会报告 ……………… (110)
　　二、回应：联合国高级别小组报告 ………………………… (113)
　　三、接纳：联合国秘书长《大自由》报告 ………………… (116)
　　四、内涵框定：《世界首脑峰会成果文件》 ……………… (117)
　　五、从规范走向实践：2005年后"保护的责任"的新发展 … (123)

第三节 "保护的责任"对国际人权规范的影响 …………… (129)
  一、"保护的责任"的内涵与特点 …………………… (130)
  二、"保护的责任"与"人道主义干预"的区别 ………… (136)
  三、"保护的责任"规范传播的动力 ………………… (140)
  四、"保护的责任"对国际人权规范的影响 ………… (142)

第四节 从理念到规范:"保护的责任"的共识与困境 …… (145)
  一、"保护的责任"的现有共识 ……………………… (146)
  二、"保护的责任"面临的困境 ……………………… (148)

第五节 小结 ……………………………………………… (152)

第四章 "保护的责任"相关国家实践:案例分析 ……… (155)

第一节 2005—2018年国际社会对"保护的责任"的援引 … (157)
  一、框定"保护的责任":格鲁吉亚危机和缅甸飓风 …… (158)
  二、争论中的"保护的责任":苏丹达尔富尔危机 ……… (162)

第二节 "保护的责任"在利比亚危机中的实践分析 …… (166)
  一、联合国对利比亚危机的反应与授权 …………… (167)
  二、安理会对第1973号决议投票的态度 …………… (170)
  三、国际社会对第1973号决议执行的反应 ………… (171)
  四、安理会援引"保护的责任"的特殊意义 ………… (173)
  五、"保护的责任"在利比亚危机中的实践评估 …… (174)
  六、北约军事干预对"保护的责任"发展的影响 …… (178)

第三节 "保护的责任"在叙利亚危机中的应用及争论 … (182)
  一、联合国对叙利亚危机的反应 …………………… (184)
  二、国际社会在叙利亚问题上的分歧 ……………… (186)
  三、叙利亚危机对"保护的责任"发展的影响 ……… (189)

第四节 小结 ……………………………………………… (191)

第五章 联合国体系下的国际人权规范建构 …………… (194)

第一节 联合国在国际人权保护中的作用与局限 ………… (196)
  一、联合国在国际人权保护中的作用 ……………… (197)

二、联合国在国际人权保护中的局限 ………………………（201）
　第二节　国际人权规范建构的路径 …………………………（205）
　　一、理念框定 …………………………………………………（206）
　　二、机制培育 …………………………………………………（210）
　　三、能力建设 …………………………………………………（218）
　第三节　国际人权规范发展的动力与趋势 …………………（222）
　　一、规范竞争与国际人权规范的发展 ………………………（223）
　　二、"保护中的责任"和"负责任的保护" …………………（224）
　第四节　小结 …………………………………………………（228）

结束语 ……………………………………………………………（230）

附　录 ……………………………………………………………（236）

参考文献 …………………………………………………………（265）

后　记 ……………………………………………………………（287）

导 论

"重申基本人权，人格尊严与价值，以及男女与大小各国平等权利之信念，促进国际合作，以解决国际间属于经济、社会、文化及人类福利性质之问题，且不分种族、性别、语言或宗教，增进并激励对于全体人类之人权及基本自由之尊重。"

——《联合国宪章》[1]

"我们生活在一个技术突飞猛进、经济日益相互依存、全球化及地缘政治巨变的时代，没有发展，人类就无法享有安全；没有安全，人类就无法享有发展；不尊重人权，我们既不能享有安全，也不能享有发展。"

——联合国前秘书长科菲·安南的报告[2]

第一节 核心问题与研究意义

人权保护的国际化与国际人权规范的发展是当今国际政治发展进程中

---

[1] 见《联合国宪章》序言与《联合国宪章》第一章《宗旨及原则》，第一条第三项。http://www.un.org/zh/documents/charter/。

[2] 联合国前秘书长科菲·安南（Kofi Annan）在第59届联合国大会上的报告：《大自由：实现人人共享的发展、安全和人权》，2005年3月21日。参见：http://www.un.org/chinese/larger-freedom/summary.html。

"保护的责任"与国际人权规范建构

最为重要的进步之一,也是联合国成立70多年来推动世界和平与发展所取得的重大成果。冷战结束后,地区局部动荡和冲突持续不断,大规模违反人权的人道主义灾难的频繁发生使人类社会的良知面临着巨大的拷问。与此同时,以"人权保护"为由进行国际干预成为当今国际政治中的一种常见现象。但在保护人权的国际干预行动中,过去由西方国家所倡导的"人道主义干预"往往酿成更为严重的人道主义悲剧,引起国际社会的广泛质疑与批评。在此背景下,如何合法有效地保护冲突国国民的基本人权,已经成为当今新型全球治理体系下国际社会广为关注而又极具争议的重大现实问题。国际社会中的正义失序以及西方国家的人道主义干预行动与传统的人道主义价值相悖离,使国际人权保护在伦理和实践方面均陷入困境。尽管国际组织、各国政府与民众已经意识到地区冲突中人道主义危机的严重性,但至今仍未能有效地解决这一问题,尚未形成具有法律约束力的国际人权规范。

二战期间法西斯对于基本人权的践踏,促使国际社会运用法律和相关手段来保护人民的基本人权。经过不断努力,国际社会构建了以《联合国宪章》为核心的国际法基本原则,关于基本人权保护的内容在一系列国际条约中以法律的形式得以确认,也由此促进了国际人权保护体系的建立与发展。根据《联合国宪章》的精神,保护人的安全的责任首先在于当事国政府,并确立了国家保护人权义务和承诺的国际法责任。国家主权原则仍然是国际关系的基本原则,也是开展国际人权保护行动必须遵守的根本准则和价值规范。但在人权保护的实践层面,《联合国宪章》并未能实质性地约束国家,尤其是西方大国和地区国际组织等外部力量针对某个国家内部事务使用或威胁使用武力的行为,对外干预甚至成为"国际社会中的常见现象"。[①] 冷战的结束标志着国际关系进入了一个全新的发展阶段,国际社会变成一个"日益缩小和碎片化的世界"。[②] 和平、发展与合作成为主流趋势。国家之间发生大规模冲突与战争的可能性大为降低,但国际社会也

---

① Adrian Guelke, "Force, Intervention and Internal Conflict", in F. S. Northedge ed., *The Use of Force in International Relations*, London: Faber and Faber, 1974, pp. 98–100.
② [澳]约瑟夫·A. 凯米莱里等著,李东燕译:《主权的终结——日趋"缩小"和"碎片化"的世界政治》,杭州:浙江人民出版社,2001年版,第5页。

面临着日益复杂的新威胁和新挑战：地区动荡和国内冲突持续不断；原来两极格局掩盖下的民族矛盾、族群纠纷、宗教冲突、局部战争以及国家治理等内部问题纷纷从"潘多拉魔盒"中涌现出来，国家内部的暴力冲突开始取代大国间的战争而成为国际冲突的主要形式，进而成为诱发人道主义危机的新根源。[①] 当今大规模违反人权事件，常常是由国内冲突而引发的。从冷战结束至今，人类目睹了太多暴力、动乱与惨绝人寰的人道主义灾难的发生，诸如索马里内乱、卢旺达大屠杀、科索沃危机、海地难民、斯雷布雷尼察种族清洗等，对地区和平与稳定构成严重威胁，损害了人类的尊严与幸福。这一趋势至今未得到扭转。相反，除了一些原本的地区冲突和危机还在持续以外，新的危机（如苏丹达尔富尔危机、利比亚战争、科特迪瓦暴乱、中非共和国人道主义危机、叙利亚化武事件、缅甸内战等）正在不断出现。在这些冲突中，平民往往成为战争与冲突首当其冲的受害者。在极端情况下甚至导致国家出现无政府状态和震撼人类良知的大规模人道主义灾难，不仅造成冲突国内部混乱、失序和严重倒退，同时带来涌向周边国家的难民潮和其他恶性冲击波，成为威胁地区和平甚至国际安全的新挑战。主权国家"有组织的不负责任行为"（Organized Irresponsibility）[②] 的频繁发生，引发了国际社会对国际人权保护问题的关注、重视甚至深刻反思。[③] 当一国出现有违良知的"大规模、系统性、有组织的人权侵犯行为"和人道主义灾难时，尤其当其国内人权状况恶化到其国民最基本的生命权利都难以得到保障，当事国政府处于完全瘫痪状态时，国际社会是否有权利和义务通过国际干预来实现人权保护？当事国政府与国际社会应该如何承担对冲突中无辜平民的"保护的责任"？对中国来讲，我们该如何理解与当前人道主义危机相联系的国际事务，如何建设

---

① Lotta Themner, Peter Wallensteen, "Armed Conflicts: 1946 – 2012", *Journal of Peace Research*, Vol. 50, No. 4, 2013, pp. 509 – 521. Barry Buzan, "New Patterns of Global Security in the Twenty – first Century", *International Affairs*, Vol. 67, No. 3, 1991, p. 432.

② Welttsein Florian, "For Better or For Worse: Corporate Responsibility Beyond 'Do No Harm'," *Business Ethics Quarterly*, Vol. 20, Issue. 2, 2010, pp. 275 – 283.

③ Ruth W. Grant, Robert O. Keohane, "Accountability and Abuse of Power in World Politics", *American Political Science Review*, Vol. 99, No. 1, 2005, pp. 29 – 43. Robert O. Keohane, "Accountability in World Politics", *Scandinavian Political Studies*, Vol. 29, No. 2, 2006, pp. 75 – 87.

"保护的责任"与国际人权规范建构

性地参与地区热点问题解决,建立中国热点问题外交的相关原则和处理方式,如何在国际人权规范建构中发挥负责任大国作用?这些都是本书重点探讨的问题。

在全球化深入发展的今天,国际社会的和平、安全与发展均离不开世界各国人权的广泛实现。任何一个国家和地区都很难对其他国家和地区所发生的震撼人类良知的"系统性、大规模的人权侵犯行为"置若罔闻。尊重和保护人权已然成为全世界各国政府和人民的共识,并成为当今国际关系和全球治理进程中的核心议题之一。[①] 当前,国际关系中人权保护责任的主体范围和影响正在不断扩大,其引发的争议也越来越激烈,发达国家和发展中国家在国际人权保护的内涵、规范发展等方面存在着竞争性、对立性和相容性的多元化格局。尤其是"不干涉内政""人道主义干预""保护的责任"等理念和规范正不断冲击着威斯特伐利亚主权体系的传统伦理框架。在当今国际规范改革和重建的大背景下,人权作为衡量全人类社会进步和文明的一种价值尺度,已经广泛地融入全球治理进程的国际架构中,大大超越了传统西方国家所主导的人权认知图式,因而越来越具有普适性和全球性意义。

事实上,当今国际社会对人权议题的关注已经远远超越了人权保护问题本身,并对国际关系的发展与地区安全局势产生了深远的影响。特别是国际人权规范的发展与人权意识的普及形成共振,深刻影响着国际行为体道德意识的变迁与国家主权内涵的拓展,使人权保护的责任呈现出国际化趋势:即国内人权问题的国际化与国际保护责任的监督、问责甚至国际干预交织互动。值得深入反思的是,冷战结束以来,针对地区冲突中人道主义灾难的频发,国际社会以"人权保护"为由对冲突国进行国际干预已经

[①] 2005年,时任联合国秘书长科菲·安南将人权、安全和发展作为联合国工作的三大支柱内容之一。联合国秘书长千年报告也认为人权是实现《千年发展目标》的基础和重要组成部分。2013年3月1日在瑞士日内瓦举行的以"人权与2015年后发展议程"为主题的高级别小组讨论会上,潘基文指出:"人权应是指引2015年后发展议程的核心议题之一",2015后发展议程应当建立在三个基本原则之上:人权、平等和可持续发展。参见:http://www.un.org/chinese/News/story.asp?NewsID=19366。

成为国际政治中的一种常见现象。① 武力干预、预防性外交、经济制裁、国际维和、人道主义救援、选举援助、国家重建等逐渐成为国际社会履行人权保护责任的重要途径。但国际法规范的滞后性，以及强制性干预的频繁使用，极大地冲击着现行国际法规范和国际秩序，给国际社会带来了深刻的影响，同时也引发了人们对通过强制性干预措施开展人权保护行动的合法性争论与伦理反思。按照《联合国宪章》的严格界定，人权保护的国际化并不能以超越国家主权为前提和代价，人权保护的宗旨是人权在本质上属于国家主权和内政范畴，外部力量在一个国家内部的人权问题上只能发挥"促进""激励""建议"等非强制性的作用，②而不能替代当事国政府及冲突方自身履行人权保护的责任和义务。从当前国际人权保护的实践进程来看，一方面，以联合国为主导的国际人权保护行动在维护世界和平、解决地区冲突、缓解人道主义危机方面发挥着建设性作用，但联合国在国际人权保护中所表现出的"能力赤字"、规范缺失以及国际社会的"不作为"态度也曾酿成卢旺达等人道主义的惨剧；③ 另一方面，一些西方国家过于强调军事干预在国际人权保护中的作用，主张通过否定国家主权来实现对冲突国的人权保护，甚至借口人权保护来推行所谓的"新干涉主义"，导致"失败国家论""新帝国主义论""人权高于主权论""新干涉主义论""主权过时论"等④理论学说甚嚣尘上，西方国家所倡导的人道主义干预观获得生长空间，使"人权保护"异化为大国干预弱国和小国内政的借口。小国、弱国和穷国在国际关系中的主权和内政受到损害和侵蚀的案例比比皆是。北约多国部队以"人权保护"为由，绕开联合国安理会对

---

① 冷战结束以来，随着地区冲突的频发，以及内战和动乱导致的大量侵犯人权事件和人道主义灾难的频繁发生，国际社会（联合国、地区国际组织等）采取了一系列的军事干预行动，包括海湾战争、科索沃危机、索马里内战、海地动乱、苏丹达尔富尔问题，以及2011年中东北非动荡以来北约多国部队对利比亚卡扎菲政权的军事干预等。
② 刘杰著：《人权与国家主权》，上海：上海人民出版社，2004年版，第28页。
③ 张贵洪主编：《联合国发展报告（2012）》，北京：时事出版社，2013年版，第65页。
④ "失败国家论"是后冷战时代凸显的新论调，"9·11"事件前后，"失败国家论"在美英等西方国家开始流行并产生了重要影响。见：Thomas H. Henriksen, "The Rise and Decline of Rogue States", *Journal of International Affairs*, Vol. 54, No. 2, 2001, pp. 349 – 370. Stewart Patrick, "Weak States and Global Threats: Assessing Evidence of Spillovers", *Working Paper*, Centre for Global Development, Number 73, January, 2006, pp. 1 – 31。

"保护的责任"与国际人权规范建构

科索沃的轰炸就是典型的例证。在西方学者看来,"人权"是一个公共化的共享概念,通过国际干预来实现国际人权保护,让"人权"这一合乎"公理"的权利安排取代充斥着利益争夺的旧权力体制的历史时机已经到来。因为国家的对外关系是改善人权的重要领域,而且衡量这种改进的标准是主权和维护既得利益的秩序让位于世界主义人权观的程度。[①] 然而,人权保护传统上被视为主权国家的"国内管辖事项",因此出于对损害国家主权的担忧,国际社会在面对大规模人道主义危机时的态度并不一致。西方国家往往主张对冲突国家进行干预来实现国际人权保护,而发展中国家则从捍卫主权的视角出发,突出人权保护中的不干涉内政原则与联合国的主导作用。在当今国际形势下,国际社会在面对人道主义危机时应该如何做出反应,主权国家和国际社会应该承担何种人权"保护的责任",是当前国际社会必须共同面对的新课题。值得欣喜的是,国际社会对地区冲突中的人权保护正在逐步从分歧走向认同与共识,并逐渐朝着规范化与法制化的方向发展。

一、问题的提出

人权的国际保护是第二次世界大战结束后人类社会在对法西斯野蛮践踏人类尊严和权利的反思中形成的进步的历史潮流,特别是第三世界国家民族解放运动的兴起,极大地促进了人权思想的传播和人权运动的发展,人权已经成为一项国际适用的法律体系的核心内容。[②] 在当今世界,无论是在国际关系还是各国的国内政治生活中,"人权保护"概念已经成为涉及频率极高的范畴,在国际社会中尊重和维护人权已经成为世界各国政府和人民共同努力的目标。对于一些系统性、有组织的国内人权侵犯事件和大规模的人道主义危机,国际社会有责任和义务根据普遍的国际人权标准和规范进行必要的监督、问责和干预。但与此同时,

---

① [英] R·J. 文森特著,凌迪、黄列译:《人权与国际关系》,北京:知识出版社,1998年版,第164页。

② 沈宗灵:"二战后西方人权学说的演变",《中国社会科学》1992年第6期,第57页。

国际社会对"人权保护"概念的阐释、内涵理解及实践期待,一直存在着较大的争议和分歧,尤其是对作为人权保护最后手段的强制性军事干预的多次出现,对以《联合国宪章》为基础的国际法原则造成较大冲击,促使广大发展中国家对以"保护人权"为目的进行武力干预行动产生了质疑甚至排斥。

二战后联合国的建立,使人权保护问题正式进入国际政治和国际立法层面,先后通过了多项关于人权保护的国际公约、文件和条例,确立了人权保护的具体措施,并成立了专门处理人权事项的人权机构。1945年5月25日,50多个国家的代表在美国旧金山共同签署了《联合国宪章》,重申了基本人权、人格尊严与价值,把对人权的尊重列为联合国的三大宗旨之一,强调尊重和保障人权不仅是国家的义务,同时也是国际社会的共同责任。① 1993年,各国代表团齐聚维也纳参加世界人权会议,并以协商一致的方式通过了《维也纳宣言和行动纲领》。该宣言第4项就明确规定:"在联合国的宗旨和原则,特别是国际合作的框架内,促进和保护人权乃是国际社会的合法关注。"这是联合国决议首次承认国际人权保护问题是"合法关注",是助推国际社会对促进和保护人权的承诺的集体决定。会议的具体建议之一是确立人权事务高级专员的授权,从而加强和协调联合国的人权监督能力。在联合国的推动与倡导下,一项涉及人类社会政治、经济等诸领域,规范了明确宗旨、原则、规范和决策程序的全球性人权体制已经基本确立起来。② 国际社会也开始逐步接受具有"统一"和"普遍性"的国际人权条约。

冷战结束后,随着全球化的深入发展与"风险社会"③的到来,国际冲突的形式与内容发生了巨大变化。一些国家因内部"善治"能力的弱化而经常出现滥用主权权力的现象,甚至出现国内冲突导致其政府陷入瘫痪状态,引发大规模的人道主义灾难与侵犯人权事件。据统计,在冷战后世

---

① 朱锋著:《人权与国际关系》,北京:北京大学出版社,2000年版,第7页。
② 刘杰:《国际人权体制——历史的逻辑与比较》,上海:上海社会科学院出版社,2000年版,第304页。
③ [德] 乌尔里希·贝克著,何博闻译:《风险社会》,上海:译林出版社,2004年版,第17页。

"保护的责任"与国际人权规范建构

界上所发生的116次冲突中,有89次纯粹是国内冲突,还有20次是有外国干涉的内部冲突,有超过80个国家行为体、2个地区组织以及200多个非政府组织卷入了冲突之中。[1] 这些地区冲突导致大量人道主义灾难的发生,仅1994年卢旺达的种族大屠杀,就导致约100万无辜平民死亡。索马里内乱导致大约30万人丧生,200万人流离失所,占全国人口一半以上的450万人处于饥饿威胁之中。[2] 2011年,自中东北非巨变以来,利比亚内战所导致的平民伤亡多达60260人,仅在叙利亚危机中伤亡的平民已经超过10万人,流离失所的难民高达900万人。[3] 美国乔治·梅森大学系统和平中心(the Center for Systemic Peace, George Mason University)曾对二战以来国内冲突的趋势进行过详细的数据统计(见图1—1)

鉴于国际社会在卢旺达冲突中无所作为所酿成的人道主义悲剧以及北约多国部队对南斯拉夫干预所造成的"新干涉主义"思潮的泛滥,国际社会开始深刻反思并构建有效的人权保护规范。过去西方大国主要以人道主义干预作为工具发动对冲突国的人权保护行动,然而由于其被错误使用以及缺乏法律基础,国际社会产生了关于"人权"与"主权"孰高孰低的大讨论。西方国家认为,人道主义干预是人类良知国际化的体现,国际社会有责任和义务采取一切手段(包括武力干预)来实现对他国的人权保护;而发展中国家则普遍认为,人道主义干预因缺乏国际法基础而对现有国际秩序产生难以估量的破坏与冲击。在此情况下,亟需一种新的人权保护理念来缓解人权保护与国家主权相冲突的现实困境。国际社会也因此提出诸多新的概念,如"干涉的权利""人类安全""负责任的主权"等。但由于冷战后部分地区发生了多次严重的人道主义危机,国际社会试图发展一

---

[1] [美]小约瑟夫·奈、[加拿大]戴维·韦尔奇著,张小明译:《理解全球冲突与合作:理论与历史》,上海:上海世纪出版集团,2012年版,第236页。

[2] *The Blue Helmets: A Review of United Nations Peace-keeping*, Published by the UN Department of Public Information, pp. 287 - 288.

[3] Lotta Themner, Peter Wallensteen, "Armed Conflicts: 1946 - 2012", *Journal of Peace Research*, Vol. 50, No. 4, 2013, pp. 509 - 521. 叙利亚数据见联合国新闻网:http://www.un.org/chinese/News/story.asp? NewsID = 21024. 2013年12月17日。

图1—1　1946—2017年武装冲突的全球趋势

资料来源：系统和平中心：http：//www.systemicpeace.org/CTfig03.htm.

种"负责任的主权"（Sovereignty as Responsibility）[1]来系统阐述主权作为一种责任的思想，"保护的责任"（Responsibility to Protect，R2P）这一概念就是在此背景下应运而生的。

2001年12月，由时任加拿大政府总理让·克雷蒂安（Jean Chretien）倡导成立的"干预与国家主权国际委员会"（International Commission on Intervention and State Sovereignty，ICISS）首次提出"保护的责任"[2]概念，其主要内涵是："主权国家有责任保护平民免遭可以避免的灾难——大规模屠杀、强奸和饥饿，但是当有关当局无意愿或无力这样做的时候，必须由更广泛的国际社会来承担这一责任。"该报告随后引起国际社会的普遍

---

[1] Francis Mading Deng, Donald Rothchild, I. William Zartman, *Sovereignty as Responsibility*: *Conflict Management in Africa*, Washington D. C.：Brookings Institution Press，1996, p. 12.

[2] International Commission on Intervention and State Sovereignty, "The Responsibility to Protect", Report of the International Commission on Intervention and State Sovereignty, Ottawa：International Development Research Centre, December, 2001. http：//www.globalr2p.org/media/files/iciss_report.pdf.

"保护的责任"与国际人权规范建构

关注和广泛的讨论,不仅得到联合国秘书长的高度重视,而且迅速在国际社会形成一定的共识并被写入2005年《世界首脑会议成果文件》。其原因在于"保护的责任"理念赋予了国家主权新的内涵,即国家主权不仅是维护国家利益的最好的防线,也是对国内人民以及国际社会的一种"负责任的主权",每个主权国家都应该承担保护其国民生命与安全的首要责任,对内向其人民负责,对外则通过联合国对主权国家的行为向国际社会负责,接受国际社会对其行为必要的监督与问责。"保护的责任"的根本目的在于从根本上平衡"人权"与"主权"相冲突的现实困境,并对强制性干预行动进行严格规制,有利于促进具有国际共识的人权规范的形成。2005年世界首脑会议更是将"保护的责任"概念明确写入了世界首脑会议成果文件,150多个国家的元首和政府首脑明确表示对"保护的责任"理念的认可与支持,推动了国际人权保护的法制化和规范化进程。在联合国的大力倡导下与推动下,"保护的责任"被纳入联合国的人权日程,并在联合国框架下形成一定的共识,保护的责任已经有了比较丰富的内涵、原则与实施标准,并开始由原则性的人权保护理念一步步走向国际人权保护实践,不断在应对各种人道主义危机中得以援引,引起国际社会的广泛关注。2011年,联合国安理会通过了对利比亚进行军事干预的第1973(2011)号决议——这是联合国首次以"保护的责任"为由开展人权保护的实践行动。但由于西方国家把保护利比亚平民作为进行政权更迭的借口,"保护的责任"在具体的实践中大大偏离了原来的轨道。这一概念从产生到实施,其进程发展速度之快实属罕见,在国内外学术界引起新一轮关于"国际人权保护"与"国际干预"的大讨论。因此,如何解释当前国际社会频繁的人权干预现象以及在《联合国宪章》基础上构建一项具有共识的国际人权规范?是本书探究的两个紧密相关的问题(见图1—2)。

本书的选题来源于正在发生的国际政治现实,尤其是对自2011年以来国际社会对利比亚军事干预行动的观察与思考。2011年3月,以英、法为首的北约多国部队以人权保护为由对利比亚卡扎菲政权进行了直接军事干预行动,并在短时期内推翻了卡扎菲政权。但后来利比亚国内形势长期动荡的事实充分证明,这场以"保护的责任"为由展开的人权保

```
┌─────────────┐
│  人道主义危机  │
└──────┬──────┘
       ↓
┌─────────────┐
│  国际人权保护  │
└──────┬──────┘
       ↓
┌─────────────┐         ┌─────────────┐
│  人道主义干预  │────────→│  干预的逻辑  │
└──────┬──────┘         └──────┬──────┘
       ↓                        ⇓
┌─────────────┐         ┌─────────────┐
│    困境     │────────→│  责任的逻辑  │
└──────┬──────┘         └─────────────┘
       ↓
┌─────────────┐
│  保护的责任  │
└──────┬──────┘
       ↓
┌──────────────────┐
│ 有共识的国际人权规范 │
└──────────────────┘
```

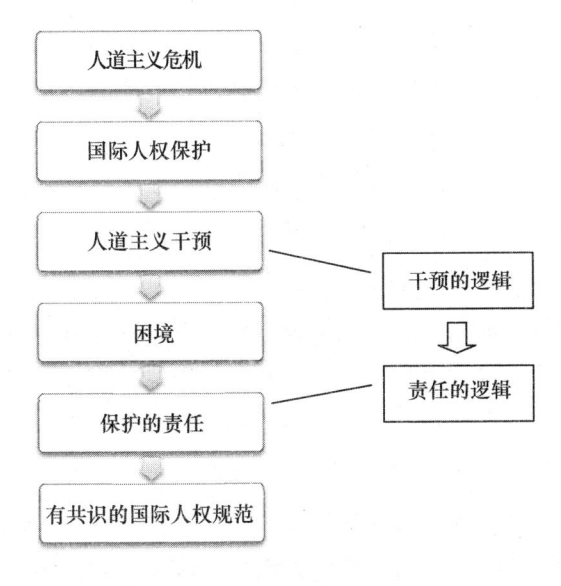

图 1—2　国际人权保护规范化的逻辑结构图

资料来源：作者自制。

护行动，从根本上滥用了"保护的责任"理念。北约多国部队的干预行动引起国际社会的广泛质疑和批评。其重要原因在于北约的军事干预行动所造成的人道主义灾难以及战争带来的破坏力，同时更在于国际社会对这次以"保护的责任"为由的干预行动的合法性、合理性和客观效果的质疑。因此，如何在一国国内局势出现动荡，发生因滥用主权而引发大规模人道主义灾难的情势下保护该国国民的基本权利，成为当今全球治理中的一项重要议题。

当今国际人权保护行动的复杂性促使我们思考：国际社会究竟需要什么样的合法手段和国际人权规范才能真正有利于实现国际人权保护？国际社会是否有权利和义务通过国际干预来实现国际人权保护？国际社会应如何采取有效的集体行动来防止地区冲突与人道主义危机的恶化？从这些经验困惑出发，本研究旨在探讨主权国家、国际组织以及大国在国际人权保护中的责任及互动逻辑，并就以下具体问题来展开：

（1）自第二次世界大战结束以来，以《联合国宪章》为基础的国家主权规范和不干涉内政原则成为现代国际法的基础。但在全球化背景下，随

"保护的责任"与国际人权规范建构

着人权保护国际化趋势的加深，国际干预日益成为国际政治中的一种常见现象，尤其是人道主义干预和"保护的责任"规范的出现会对国际秩序产生何种影响？如何重新认识全球化背景下国家主权与不干涉内政原则之间的关系？国际社会在履行人权保护责任的进程中如何在军事和非军事手段之间进行选择？地区大国、国际组织、主权国家在国际人权保护行动中应该承担何种责任以及如何进行互动？

（2）在冷战后的国际人权保护实践中，国际社会为何对人道主义干预和"保护的责任"理念有着完全不同的态度？"保护的责任"与西方国家所提倡的"人道主义干预"理念有何区别？国际社会在未来的人权保护实践中是否应该将其作为一种标准模式来加以推广？人道主义干预与"保护的责任"对未来国际人权规范的发展会产生何种影响？

（3）"保护的责任"能否真正实现其人权保护的目标？它对当前的国际关系以及未来的国际人权规范建构会产生什么影响？它未来的发展趋势如何？国际社会怎样才能建构一项具有共识的国际人权规范？

（4）在未来的国际人权规范建构进程中，中国应当发挥什么样的作用？如何在未来的国际人权保障合作中超越西方人权观的狭隘认知图式，巩固以联合国为主导的国际人权规范体系，增强中国在国际人权保护和人权规范建构领域的话语权，推动在联合国框架下建立更加规范的国际人权保护新秩序。

本书主要从理论和实践的双重视角把人权"保护的责任"放在时代发展和变迁的宏观背景下进行考察，探究国际人权规范兴起的背景、演化进程及传播机理，并着重对未来国际社会如何构建具有共识的国际人权规范进行深入研究。中国作为正在崛起的发展中大国，面对西方国家在国际人权规范上的强势话语与实践，必须主动适应与应对国际人权规范从"文明标准"到"新文明标准"[①] 的变迁，推动国际社会建构一项具有共识的国际人权规范。本书希望通过对"保护的责任"的研究，推动国际关系学界对人权保护责任议题研究的关注度，在国际人权规范构建方面进行深入挖

---

① 张小明："诠释中国与现代国际社会关系的一种分析框架"，《世界经济与政治》2013年第7期，第23—47页。

掘。虽然学界对人权保护责任议题的研究以及国际人权规范的形成方面远未达成一致共识，但是不管存在怎样的争议与分歧，"保护的责任"这一概念确实已经成为当今国际社会在解决人道主义危机中的重要外交语言和政策工具，尽管它目前还只是一项脆弱的共识，不具有国际法约束力，但在当前的人权保护实践中仍起到鲜明的旗帜性作用。考察这一新型国际规范的发展、巩固及其在国际人权保护实践中的运用，是当前国际关系中的一项重要课题，也是中国参与国际人权规范建构，履行大国责任的一条重要路径。

二、研究的意义

全球化的发展使国际规范和规则在国际社会中的作用日益增强。随着人权国际化进程的进一步发展，国际人权保护正在出现"迈向法治的行动"（move to law）的趋向。[①] "保护的责任"是 21 世纪国际政治领域出现的新概念，是在当前国际人权保护中经常援引的重要外交语言和法理依据，已经成为在联合国框架下国际人权保护的一项重要规范。在此背景下，对国际人权保护问题的研究既具有重要的学理意义，又有着丰富的实践意义。

（一）理论意义

首先，当今国际人权保护的一系列新发展、新理念、新动向对自联合国成立以来以《联合国宪章》为基础的国际人权保护机制形成冲击与挑战，亟需对人权保护责任进行新的理论思考。随着全球化的深入发展，国际人权概念内涵愈发展现出包容性和开放性，人权保护的规范化和法制化进程已经超越西方国家所主导的主体性或主体间性的认知图式。本书旨在建构一个综合性的理论框架，通过对人权保护责任议题的研究，探讨国际人权规范变迁的逻辑与现实困境。本书试图超越"西方中心主义"的偏

---

① Christian Brutsch and Dirk Lehmkuhl, *Law and Legalization in Transnational Relations*, London: Routledge, 2007, p. 2.

"保护的责任"与国际人权规范建构

见,客观认识国际人权规范的变迁与发展。一方面肯定"保护的责任"在国际人权保护进程中有着积极进步的一面;另一方面也从学理角度对西方国家的人道主义干预理论进行辩证性批判,并着重从发展中国家的视角出发,尝试建构一种全新的视角和分析框架来解释国际人权规范演化与规范建构的逻辑。

其次,推动国际关系理论与国际法基本原理的跨学科研究,超越单一学科视野的藩篱。人权的国际保护是国际关系和国际法共同发展的产物。冷战结束后,国际形势发生了诸多新变化,人权保护责任议题的研究一直是国际关系和国际法研究领域的焦点议题之一,因为它涉及国际关系和国际法的诸多根本性理论问题,如国家主权原则、人权保护、武力使用的合法性、集体安全、国际法治、国际机制改革(联合国)等。但由于种种原因,过去学者对这些议题的研究往往局限于其中的一个领域,对两门学科交叉分析的较少。因此,两门学科的"联姻"是新时代进步的要求。[1] 本书旨在复杂的国际关系背景下探寻主权国家和国际社会在人权保护中应该承担的国际法义务、解决地区国际冲突等一系列问题,在方法论与理论方面架起一座学科沟通的桥梁,这将有利于促进学科间的交流与融合,对于丰富现有国际关系理论知识体系具有重要的理论意义。

(二)现实意义

在现实国际社会中,由于国家利益、身份、认知等方面的差异,国际人权保护在理念上还存在诸多人权主张与规范诉求的张力、竞争与冲突。因此,如何构建一项具有国际共识的人权规范,防止冲突的恶化与人道主义灾难的发生是当前国际社会的共同责任与使命,也对维护21世纪的国际和平与地区安全具有十分重要的现实意义。随着中国经济实力的增强与国际地位的日益提升,国际社会对中国参与地区热点问题解决的期待越来越高。良好的国际人权环境不仅关系到未来中国和平崛起的战略环境,而且会对中国的国际形象产生重要影响。因此,如何积极主动地参与国际人权

---

[1] 王逸舟:"重塑国际政治与国际法的关系——面向以人为本、社会为基的国际问题研究",《世界经济与政治》2007年第4期。

规范建构，增强中国在国际人权领域中的话语权，是当前中国开展大国外交面临的重要课题之一。

首先，用发展、辩证、包容的思维来看待"保护的责任"等新规范的发展，区分国际人权规范与西方的人权观、干预观，化解中国在崛起进程中的"规范压力"。随着中国在全球政治、经济中地位的不断提升，中国正在不断加入各种国际规范网络，中国对待现有国际人权规范以及对地区热点问题的态度正日益为世界所瞩目。中国需要在对现有国际规范接受、认同的基础上，参与、创设甚至主导与中国国家利益相匹配的国际规范，从而化解未来崛起进程中所面临的"规范压力"。因此，如何建构一项合乎中国国情与国际社会所共同认可的国际规范，已经成为崛起的中国亟待回答的现实命题。本书通过对"保护的责任"规范的研究，有利于中国更好地把握相关国际规范发展、演变的新趋势以及未来走向，从而在更深更广的程度上参与新一轮国际规范的改组、构建与创新，在更大范围内维护中国的国家利益，推动国际人权体系朝着更加公正、公平与合理的方向发展。

其次，为中国参与国际人权规范建构和国际人权保障合作提供启示。大国的崛起需要在国际规范和理念方面有所突破。中国需要在未来的崛起进程中向世界提供国际人权规范等理念性国际公共产品，拓展国际人权的话语空间。在国际人权规范方面，中国在国际人权保护和人道主义干预问题上一贯坚持维护国家主权、不干涉内政原则和联合国的合法权威。但近年来，面对一些"问题国家"和麻烦地带，中国所坚持的不干涉内政外交原则也日益遭到西方国家的诟病与批评，在处理地区热点问题时往往陷于比较被动的状态，甚至被指责为是对他国人权保护"不愿意承担责任"的国家。因此，既坚守国家主权原则、抵制少数西方国家强权蛮横霸道的干涉行径，又能以建设性和负责任的态度发挥大国作用，对当前中国开展大国外交、构建新型大国关系具有重要的现实意义。尤其是当中国坚持的"不干涉内政原则"与西方国家所主导的"保护的责任"规范相冲突时，中国应该如何应对"保护的责任"规范的传播，采取有效的外交策略与建设性的干预手段开展热点问题外交。作为联合国安理会的常任理事国之一，中国需要具有大国的权利与责任平衡意识，

"保护的责任"与国际人权规范建构

以更加积极的姿态参与国际人权保障合作,提高在国际人权规范塑造与国际人权议程设置中的能力,从适应规则到引导规则制定,从被动融入到主动建构国际人权规范,为维护国际和地区的安全稳定提供相应的规范性国际公共产品。随着中国在全球治理中地位的逐步提升,未来中国的国际责任将越来越大,如何建设性地参与地区热点问题解决和国际人权保障合作,以及如何接受、推动"保护的责任"内涵、标准的具体化,从发展中国家视角完善国际人权规范,已经成为中国开展大国外交的重要使命。

再次,深化国际社会对联合国在国际人权保护中所能发挥的作用进行客观认识与评价。联合国作为当今世界最具权威性、普遍性和代表性的国际组织,在可预见的未来仍然是国际人权保护的唯一核心力量,并且也是唯一有权使"保护的责任"理念付诸实践的合法机构,是国际人权规范的倡导者与实践者。从传统上看,联合国集体安全机制的设计主要是为了避免再度发生国家之间的战争。但是半个多世纪以来,主权国家内部的冲突是滋生严重侵犯人权事件的温床,其大多表现为内战、民族纠纷、宗教冲突以及种族屠杀等形式。针对这些问题,在《联合国宪章》文本中均难以找到解决问题的办法与具体的约束性规范。基于此,联合国维护国际和平与安全的内容和形式正在随着时代的发展而发生新的变化,需要在《联合国宪章》基本原则的基础上对新出现的"议题领域"进行国际法规制。联合国安理会也正在通过相关决议逐渐扩大其对国际和平与安全的解释。未来国际社会必须推动联合国在介入地区问题时,突出其理念、制度和能力等方面的创新和突破。因此,客观、全面地认识"保护的责任"和联合国的合法干预是未来联合国人权机制改革的重要领域。

最后,从国际社会人权保护的现实状况来看,当今世界仍然有许多国家和地区的局势动荡而不稳定,人道主义灾难时有发生。本书着重对国际人权规范的建构进行探究,尤其是从发展中国家视角来完善国际人权规范提供新的思考与政策建议,以便在国际人权规范竞争、冲突和妥协的过程中,形成有利于建设性对话的氛围和国际公共领域,推动国际社会探索预防、治理地区冲突的方法,防止地区冲突的升级、扩大,从冲突国自身的责任与义务来预防人道主义危机的发生，协调国际人权保障合作，更好地实现国际人权保护，推动在联合国框架下建立更加规范的国际人权保护新秩序。

第二节 研究现状与研究评析

冷战结束后，地区冲突和战争多半与所谓的"人道主义干预"和"人权保护行动"有关。① 各种形式的人权干预行动越来越多，其影响也越来越大，开始成为当今国际政治的一种常见现象。国际社会介入地区冲突的形式很多，由于介入的目的、形式、性质不同，既有合理的干预，也有非法不正当的介入，干预行动没有通过联合国安理会的授权，或者是超越联合国的合法授权去实现自己的私利。正是这些现象引起了国内外学者的研究兴趣，相应地出现了大量研究成果，使人权保护问题逐渐进入国际政治议程，成为国际关系和国际法学界所共同关注的议题领域。

在过去很长一段时期内，西方国家开展了大量人权保护的理论研究与政策实践，并竭力将这些理论扩展成国际社会的共同标准与规范，例如有人道主义干涉说、人权高于主权学说、"保护的责任"学说、联合国维和行动的新使命学说等。② 国外学术界关于人权保护的研究成果颇多，然而就研究取向而言，仍然是政策分析多于学术学理研究，带有浓重的"西方中心主义"色彩，过度强调干预主体在国际人权保护中的权利与责任，而强行取代了当事国政府在承担人权保护中的主要地位。

相比国外学者而言，国内学者对于"国际人权保护"的研究还很不充分，这与中国政府在国际人权保护上的立场有很大关系。长期以来，中国

---

① ［英］詹姆斯·马亚尔著，胡雨潭译：《世界政治》，南京：江苏人民出版社，2004年版，第113—115页。
② 王逸舟："发展适应新时代要求的不干涉内政学说——以非洲为背景并以中非关系为案例的一种解说"，《国际安全研究》2013年第1期，第6页。

"保护的责任"与国际人权规范建构

都是国际人权保护领域的旁观者和超脱者,对地区热点问题的参与度也很低。近年来,随着中国国际地位的提升和海外利益的拓展,如何建设性地参与地区热点问题的解决和实现国际人权保护,已经成为中国国际关系学界讨论的热点话题。国内学者对人权保护责任议题的关注,主要分布在国际法与国际关系两个学科领域。国际法学者重在探讨人权保护责任的法理内涵与地位,而国际关系学者则更加侧重于分析人权保护的责任规范的产生、传播及影响。从研究视角来看,在过去中国学者有关人权保护的研究中,大多是对西方国家进行人道主义干预、干涉的价值批判,很少有学者对人权保护中主权国家和国际社会的责任及互动进行系统的理论研究,而对中国如何参与国际人权规范建构的探讨就更少了。

一、人权规范化研究

伴随着国际体系的转型,当今的国际规范体系正在发生复杂而深刻的变化。人权规范变迁得到国际社会的重视,西方国际关系学界出现了对人权、文化、规范等研究的"社会学转向",其核心观点是强调观念、文化、规范等非物质因素的作用。[1] 在人道主义干预问题上,建构主义学派代表人物玛莎·芬尼莫尔(Martha Finnemore)提出"规范生命周期"理论,关注人道主义干涉模式的变迁,认为规范变迁导致干涉目的(什么是值得保护的)和干预手段(怎样进行保护)发生了变化。芬尼莫尔通过研究武力使用规范对军事干涉行为的影响,认为国际社会对外使用武力必须具备合法性,随着人道主义干预和主权规范在全球范围内的传播、扩散,人道

---

[1] [美]亚历山大·温特著,秦亚青译:《国际政治的社会理论》,上海:上海人民出版社,2000年版,第4页。袁正清著:《国际政治理论的社会学转向》,上海:上海人民出版社,2005年版。Martha Finnemore and Kathryn Sikkink, "International Norms Dynamics and Political Change", *International Organization*, Vol. 52, No. 4, 1998, pp. 887–917. [美]朱迪·戈尔斯坦、罗伯特·基欧汉编,刘东国、于军译:《观念与外交政策:信念、制度与政治变迁》,北京:北京大学出版社,2005年版。

主义干涉模式发生了变化。① 也有学者探究"保护的责任"的社会化传播机制，关注规范倡导者的动员策略、行为体的接受态度以及背后的影响因素。例如，国内有学者借鉴社会运动的"框定理论"探讨国际规范传播的动力，指出规范倡导者采取有效的框定战略是推动"保护的责任"规范发展的关键性因素。② 但国外关于国际人权规范化的研究都不同程度地表现出"西方中心主义"的取向，相关研究通常聚焦于西方发达国家如何在全球范围内传播国际规范，"社会化"其他行为体，对人权保护规范体系自身的复杂性与内在矛盾认识不足，漠视非西方国家在规范建构中的"反向社会化"作用。③ 因此，在国家行为体"双向社会化"实践中，这种社会化可能是主动的过程，也可能是被动的过程。建构主义研究更多地关注新理念和规范产生之后的扩展问题，而非规范的"建构"与"革新"。建构主义学者的另一重要代表阿米塔·阿查亚（Amitav Acharya）也从规范传播的视角对人的安全进行了探讨。他指出，随着内战和国内冲突日益频繁，这些有关"人的安全"问题多发生在国家边界之内，而且多为国家自身内部治理不善所造成，人道主义干预已经成为冷战后国际社会中的常见现象。④ 规范理论大多将世界政治中的伦理判断标准作为自己的研究主题，并寻求国际实践中广泛的道德包容和社会重建的共有原则。⑤ 有学者认为

---

① ［美］玛莎·芬尼莫尔、凯瑟琳·斯金克:"国际规范的动力与政治变革",［美］彼得·卡赞斯坦、罗伯特·基欧汉、斯蒂芬·克拉斯纳编,秦亚青等译:《世界政治理论的探索与争鸣》,上海:上海人民出版社,2006年版,第304页。Martha Finnemore, *The Purpose of Intervention: Changing Beliefs about the Use of Force*, Ithaca: Cornell University Press, 2003.［美］玛莎·芬尼莫尔著,袁正清、李欣译:《干涉的目的:武力使用信念的变化》,上海:上海人民出版社,2012年版。

② 黄超:"框定战略与保护的责任规范扩散的动力",《世界经济与政治》2012年第9期。陈拯:"框定竞争与保护的责任的演进",《世界经济与政治》2014年第2期。

③ Xiaoyu Pu, "Socialisation as a Two-Way Process: Emerging Powers and the Diffusion of International Norms," *The Chinese Journal of International Politics*, Vol. 5, No. 4, 2012, pp. 341–367.

④ ［加］阿米塔·阿查亚著,李佳译:《人的安全:概念及应用》,杭州:浙江大学出版社,2010年版,第30页。

⑤ Molly Cochran, *Normative Theory in International Relations: A Pragmation Apporach*, Cambridge: Cambridge University Press, p. 2.

"保护的责任"与国际人权规范建构

未来国际社会的干预观念是一个不断演化和社会建构的过程。① 在全球化时代,治理各种全球问题的新规范正在不断涌现,但目前对国际规范的研究仍然停留在"应该做什么"阶段,还远未达到"实际做什么"的程度。门洪华对联合国人权机制的形成、演变进行了深入剖析,并对如何完善联合国人权机制提出自己的思考。② 陈拯认为,随着中国的快速崛起以及海外利益的拓展,中国政府表现出积极参与国际人道主义干预规范的建构,并且将注意力集中于可操作性的人权规范,强调多边主义框架的新迹象。③ 由此可以看出,西方学者对人权规范的研究集中在探讨如何推动西方主导的人权规范的传播与扩散问题上,带有浓厚的西方中心主义色彩。然而值得关注的是,为何人道主义干预理念遭到广大发展中国家的批评与质疑,而"保护的责任"却得到更多国际社会的认可与支持?这些问题关系到国际人权保护的实践争议与国际人权规范的发展方向。相反,国内学者的研究大多集中于对西方国家所倡导的人权规范的批判,对当前正在发生的人权保护实践和人权理念的发展关注度还不够。因此,对当前国际人权规范发展的新动向还需要进行深入的学理探究。

---

① 西方学者关于国际规范的研究偏重于规范对国家行为的影响,分析规范为何重要以及如何重要等问题。玛莎·芬尼莫尔和凯瑟琳·辛金克从社会建构的角度研究规范本身的演化,即国际规范从出现、扩散到内化的生命周期,关注规范形成、社会化机制和跨国倡议网络等议题。参见:Matha Finnemore and Kathryn Sikkink, "International Norm Dynamic and Political Change", *International Organization*, Vol. 52, No. 4, 1998, pp. 887–890. [美] 玛格丽特·E. 凯克、凯瑟琳·辛金克著,韩召颖、孙英丽译:《超越国界的活动家:国际政治中的倡议网络》,北京:北京大学出版社,2005年版。Ann Florni, "The Evolution of International Norms," *International Studies Quarterly*, Vol. 40, No. 3, 1996, pp. 363–389. Jeffrey T. Checkel, "International Institutions and Socialization in Europe: Introduction and framework", *International Organization*, Vol. 59, No. 4, 2005, pp. 801–882. Jeffrey T. Checkel, "International Norms and Domestic Politics: Bridging the Rationalist-Constructivist Divide", *European Journal of International Relations*, Vol. 3, No. 4, 1997, pp. 473–495. Amitav Acharya, "How Ideal Spread: Whose Norms Matter? Norm Localization and Institutional Change in Asia Regionalism", *International Organization*, Vol. 58, No. 2, 2004, pp. 239–275. Robert Axelrod, "A Evolutionary Approach to Norms", *American Political Science Review*, Vol. 80, No. 4. 1986, pp. 143–172.

② 门洪华著:《和平的纬度:联合国集体安全机制研究》,上海:上海人民出版社,2002年版。门洪华:"联合国人权机制:一种框架性分析",《国际政治研究》2000年第3期。

③ 陈拯:"'建设性介入'与'负责任的保护'——中国参与国际人道主义干预规范建构的新迹象",《复旦国际关系评论》(第十二辑),上海:上海人民出版社,2013年版,第218页。

二、人道主义干预研究

人道主义干预（Humanitarian Intervention）是一个经常引起混淆和误解的概念。该理念由来已久，出于人权保护目的而进行的人道主义干预在不同的历史时期有着不同的发展。随着冷战的结束，国际社会越来越多地以人权保护为由介入冲突国家的内部事务，人道主义干预开始成为国际关系和国际法研究中的一个热点议题，国内外学术界都出现大量研究成果。由于人道主义干预在国际人权保护实践中容易被滥用，学界对此有着不同的主张。

（1）对人道主义干预的批判。20世纪90年代以来，特别是科索沃危机的发生，在西方国家兴起了以"人道主义干预"为主要手段的干涉主义思潮，鼓吹构建干涉别国内政的国际人权保护新理念和修改国际法，对现存以《联合国宪章》为基础的国际法原则造成重大的冲击与挑战，也给世界秩序的稳定带来了难以估量的后果。国内学者对人道主义干预的研究主要有几种观点：一是普遍否认人道主义干预理论，认为人道主义干预理论是一种强权政治理论，是西方国家以"人道主义"为借口来行干预别国内政之实；[1] 二是对人道主义干预持基本肯定的模糊观点，认为人道主义干预有合法与非法之分，区分干预是否合法的标准，主要看其是否符合国际法的基本原则，特别是《联合国宪章》所规定的主权平等原则和不干涉内政原则。伍艳认为，当一国内部发生大规模严重侵犯人权的行为时，允许在联合国框架下进行适当的外部干预，在一定程度上具有伦理的可接受性

---

[1] 代表著作有：魏宗雷、邱桂荣、孙茹主编：《西方"人道主义干预"理论与实践》，北京：时事出版社，2003年版。杨成绪著：《新挑战——国际关系中的"人道主义干预"》，北京：中国青年出版社，2001年版。周琪主编：《人权与主权——人权与外交国际研讨会文集》，北京：时事出版社，2002年版。王运祥、刘杰：《联合国与人权保障国际化》，广州：中山大学出版社，2002年版。刘明著：《国际干预与国家主权》，成都：四川人民出版社，2000年版。张蕴岭主编：《西方新国际干预的理论与现实》，北京：社会科学文献出版社，2012年版。苏长和："论国际干涉"，《欧洲》1996年第4期。李红云："人道主义干涉的发展与联合国"，《北大国际法与比较法评论》2002年第1期。朱锋著：《人权与国际关系》，北京：北京大学出版社，2000年版。

"保护的责任"与国际人权规范建构

和实践的必要性;① 三是认为人道主义干预有其伦理和法理依据,但有必要对其进行严格的国际法规制。时殷弘教授等在《论人道主义干涉及其严格限制———一种侧重于伦理和法理的阐析》一文中从伦理和国际法理的角度深入探讨了人道主义干预问题,指出"一项人道主义干涉要是合理和合法的,至少具备六项限制条件,特别是必须有严格限定的正当理由,必须由联合国作为唯一合法的国际干涉权威来发动、进行和监管,必须仅仅将武力的使用作为最后的手段,而且其干预方式和预期后果必须是适当的,前提是不能破坏现存的国际秩序"。② 日本国际法学者大沼保昭教授认为,国际社会进行人道主义干预是一种现实的需要,但主张干预的决定必须具有真正的全球代表性,只有在充分考虑不同文明的正义观,取得足以超越文化、宗教、社会体制等方面的差异的绝对多数场合才具有合法性。③ 四是认为人道主义干预行动越来越频繁,联合国与国际社会应该从制度与规范方面加以严格规制,将人道主义干预纳入法制的轨道,即在联合国宪章和国际人权公约的基础上强化立法,对发动人道主义干预的条件、程度、监督和程序等各方面进行规范。④ 贺鉴通过考察国际人权保护与国际干预的历史演变进程,对联合国在国际人权保护中的地位和作用进行了探讨,并就规范国际人权保护和完善国际干预机制特别是规制联合国的维和行动提出一些新的思考和政策建议。⑤ 郭寒冰则对国际社会合法使用武力进行了研究,并结合当代国际社会使用武力的案例来分析其合法性,对西方国

---

① 伍艳:"浅议人道主义干预的立法规制",《现代国际关系》2002年第10期。
② 时殷弘、沈志雄:"论人道主义干涉及其严格限制———一种侧重伦理和法理的阐析",《现代国际关系》2001年第8期。罗国强:"人道主义干涉的国际法理论及其新发展",《法学》2006年第11期。迟德强:"从国际法看人道主义干涉",《武汉大学学报》2006年第2期。
③ [日]大沼保昭著,王志安译:《人权、国家与文明》,北京:生活·读书·新知三联书店,2014年版,第6页。
④ 刘文秀:"从冷战后的民族问题看人道主义干预",《现代国际关系》2000年第11期。谷盛开:"西方人道主义干预理论批判与选择",《现代国际关系》2002年第6期。王丽萍:"人道主义干预:国际政治中的理想与现实",《北京大学学报(哲学社会科学版)》2000年第6期。何曜:"作为冲突解决的国际干预",《世界经济研究》2002年第6期。王逸舟:"欧洲干涉主义的多角度透视",《世界经济与政治》2012年第3期。
⑤ 贺鉴:《霸权、人权与主权:国际人权保护与国际干预研究》,湘潭:湘潭大学出版社,2010年版。

家的人道主义干预论进行了批判。① 徐蓉则对军事干涉的合法性与正义性、运行机制以及军事干涉所造成的结果和影响进行了深入探讨,尤其对冷战后人道主义干预和新干涉主义进行了辩证性批判,是国内比较系统化研究军事干涉方面的理论著作。②

在当前国内研究中,"人道主义干预"是一个颇有争议的词语。这一方面是因为其是长期意识形态的紧张对抗性和对国际社会干预行动的一种抵触性认知长期作用的结果;另一方面更是因为人道主义干预本身存在着一种紧张性和矛盾性的张力。过去国内学术界对"人道主义干预"的批判有一种"一边倒"的倾向,认为只要涉及"人道主义干预"都是不可接受的。事实上,对人道主义干预理念的批判需要具体问题具体分析。因为联合国维和行动、国际人道主义救援在本质上也属于人道主义干预行动范畴,如果把一切人道主义干预行为都视为不合理,将不利于中国更深入地参与国际人权保障合作。同时,国内大部分研究缺乏有效利用的理论工具去全面和透彻地解释后冷战时代的国际人权保护实践,因而无法令人信服地解释当今国际人权规范的新发展和新变化所代表的国际力量变化以及所预示的国际规范转型。

(2) 人道主义干预合法论。人道主义干预合法论的支持者大多将外交、国际政治等问题直接与人权相挂钩,鼓吹以人道主义干预促进西方普适性人权观的拓展,主张如果人道主义干预行为伸张了正义并促进了人权保护的实现,那么就应该具备正当性与合法性。当一个国家的公民无法享受国际社会所公认的基本人权时,国际社会(包括大国、联合国或地区性国际组织)有责任采取警告、人道主义援助甚至使用武力等手段来保护该国国民的基本权利。③ 法国学者让·马克·夸克（Jean-Marc Coicaud）在《迈向国际法治：联合国对人道主义危机的回应》一书中分析了冷战后联合国在维和行动中的缺陷与作用,强调联合国必须加强成员国的协调、地

---

① 郭寒冰著：《当代国际社会合法使用武力问题研究》,北京：时事出版社,2012年版,第3—12页。

② 徐蓉：《冷战后军事干涉的理论分析》,兰州：甘肃人民出版社,2006年版。

③ S. D. Murphy, *Humanitarian Intervention*: *The United Nations in an Evolving World Order*, PhiLadelphia: University of Pennsylvania Press, 1996, pp. 11 – 12.

"保护的责任"与国际人权规范建构

区性国际组织以及非政府组织之间的联系。[1] 埃文·卢阿德（Evan Luard）认为通过联合国主导的多边干预比单边行动更为合法有效，多边框架下的干预行动不仅提高了其过程的透明度与合法性，而且有利于促进国际利益共同体的形成，在一定程度上避免了武力的滥用，故其合法性和有效性将大大增强。[2] 马丁·格里菲斯（Martin Griffiths）认为，"当某个主权国家的内部冲突威胁到境外国家或该地区的和平与安全时，即使缺少主权的确认，也获得日益坚实的人道主义干涉的法律基础"。[3] 英国学派代表人物赫德利·布尔（Hedley Bull）从"规范""社会""文化"等方面对人道主义干预问题进行了分析，认为"保护因为受到政府压迫的国外平民可以作为人道主义干预的正当理由"。但布尔并未解释清楚文化差异在多大程度上会引发人道主义干预，以及一旦引发人道主义干预行动，国际社会应该如何规制它的进展。[4] 英国学派另一位研究人权问题的集大成者约翰·文森特（Jhon Vincent）则从社会连带主义视角出发，认为国际人权保护的合法性原则不仅包括普遍人权原则，也包括不干涉内政原则。主权国家对国内人权的侵犯虽然应该成为国际社会所共同关注的重要事项，但这并不能构成国际社会进行人道主义干预的正当理由，除非该国发生的人权侵犯行为"震撼了人类社会的良知"（shock the human conscience）。[5] "社会连带主义"的另外一位代表人物尼古拉斯·惠勒（Nicholas J. Wheeler），在《拯救陌生人——国际社会中的人道主义干涉》一书中从理论和实践两个

---

[1] ［法］让·马克·夸克著，周景兴译：《迈向国际法治：联合国对人道主义危机的回应》，北京：生活·读书·新知三联书店，2008年版。

[2] Evan Luard, "*Collective Intervention*", in Hedley Bull ed, *Intervention in World Politics*, Oxford Clarendon Press, 1984, pp. 169 – 170.

[3] Martin Griffiths, "*Sovereignty and Suffering*", in John Harris ed., *The Politics of Humanitarian Intervention*, London: Pinter, 1995, p. 34.

[4] ［英］赫德利·布尔著，张小明译：《无政府社会——世界政治秩序研究》（第二版），北京：世界知识出版社，2003年版。Hedley Bull, ed., *Intervention in World Politics*, Oxford: Oxford University Press, 1984, p. 2. Hedley Bull, "*The Grotian Conception of International Society*", in Herbert Butterfield and Martin Wight, eds., *Diplomatic Investigation*, Massachusetts: Harvard University Press, 1966, p. 71。

[5] ［英］R. J. 文森特著，凌迪、黄列译：《人权与国际关系》，北京：知识出版社，1998年版。R. J. Vincent, "Grotius, Human Rights and Intervention", in Hedley Bull et, eds., *Hugo Grotius and International Relations*, Oxford: Clarendon Press, 1992. p. 254。

层面对人道主义干预进行了详细阐述，确立了一套人道主义干预的标准：正当的理由、最后的手段、符合比例的要求、实际的人道主义结果。惠勒使用了"有限主权"概念，指出针对那些严重违反人权的国家，主权不能成为其阻止国际干预的保护伞，对于那些无法为自己国民提供基本人权保护责任的国家，国际社会有权对它进行监督与干预。但同时，他也认为人道主义干预具有"选择性"和"不确定性"特点。[1] 以上几位英国学派学者均强调兼顾秩序与正义、人权与主权等相互冲突的需求和价值，强调根据具体历史环境和客观条件进行理性选择，评价其干预行为。美国著名学者迈克·沃尔泽（Michael Walzer）认为，只有当一国的人权侵犯行为"震撼了人类良知"，国际社会才能对其进行人道主义干预，而且国际干预必须是在当事国政府无力制止人道主义灾难的情形下，需要以传统的"正义战争"理论为指导原则，以确保武力使用的合法性。[2] 总的来看，人道主义干预合法论者基本是以国际道德的立场为出发点，强调进行人道主义干预的合理性与必要性。

（3）主权论观点认为，国内冲突表现为对国内法的叛乱、造反，因此各国镇压内乱与叛乱，完全是主权国家的内部事务，应排除其他国家侵犯国内管辖的任何可能性。[3] 杨泽伟从国家主权概念的剖析入手，从国际关系与国际法跨学科视角系统地论述了国家主权与国际干预的关系，并提出"国家主权不仅是一种权力，而且更是一种责任"。[4] 罗艳华在《国际关系中的主权与人权：对两者关系的多维透视》一书中，运用历史学、法学、

---

[1] Nicholas J. Wheeler, *Saving Strangers: Humanitarian Intervention in International Society*, Oxford: Oxford University Press, 2000, p. 299.

[2] Michael Walzer, *Just and Unjust Wars: A Moral Argument With Historical Illustrations*, London: Basic Books, 1997, p. 10. Michael Walzer, *Arguing About War*, New Haven, CT: Yale University Press, 2004, p. 69.

[3] 相关著作有：王沪宁著：《国家主权》，北京：人民出版社，1987年版。刘杰著：《经济全球化时代的国家主权》，北京：长征出版社，2001年版。肖佳灵著：《国家主权论》，北京：时事出版社，2003年版。黄仁伟等著：《国家主权新论》，北京：时事出版社，2004年版。罗艳华著：《国际关系中的主权与人权：对两者关系的多维透视》，北京：北京大学出版社，2005年版。刘明著：《国际干预与国家主权》，成都：四川人民出版社，2000年版。

[4] 杨泽伟著：《主权论——国际法上的主权问题及其发展趋势研究》，北京：北京大学出版社，2006年版。

"保护的责任"与国际人权规范建构

国际政治学等多学科的研究对主权与人权的关系进行了较为深入的研究。① 李东燕则从联合国国际干预与主权国家关系演变的角度对联合国的干预行为进行了深入研究。② 吴征宇则对约翰·文森特关于主权与人权的相互关系以及有关人道主义干涉问题的认识进行了解析,并指出文森特的国际关系思想对于当今国际社会的适用性虽有一定限制,但却不失为一种有关当今及未来国际社会发展的理想模式。③ 潘亚玲则通过对中国不干涉内政外交实践的探讨,阐释了中国对西方主导的国际人权规范态度与应对,并认为中国对国际人权保护规范的态度已经由捍卫式倡导发展到参与式倡导阶段。④

（4）新干涉主义。新干涉主义是20世纪90年代一些西方学者提出的新概念,其核心是"人权高于主权",以人权和人道的名义贬低国家主权。新干涉主义的典型实践是20世纪末北约对前南斯拉夫的空袭事件,造成了大量无辜平民的伤亡。新干涉主义因缺乏合法性和合理性支持而困难重重,遭到世界上大多数发展中国家的批评和抵制。著名学者理查德·哈斯（Richard N. Hass）构建了"新干涉主义"理论,将国际干预与人权捆绑在一起,为美国的对外军事干涉提供了重要法理依据。⑤ 美籍著名华裔国际法学者熊玠（James Hustung）对人道主义干预中国际法庭的建立及权限问题、战争罪的界定、人道主义干预的限度和时机、武力的使用及其合法性等问题进行了研究,对无政府状态下国际法的发展与政治效能给出新自由主义式的评价与预测。⑥ 李少军在《干涉主义及其相关理论》一文中对干

---

① 罗艳华著:《国际关系中的主权与人权:对两者关系的多维透视》,北京:北京大学出版社,2005年版。
② 李东燕:"试论联合国与主权国家关系的演变",《世界经济与政治》2000年第5期。
③ 吴征宇:"主权、人权与人道主义干涉——约翰·文森特的国际社会观",《欧洲研究》2005年第1期。
④ 潘亚玲:"从捍卫式倡导到参与式倡导——试析中国互不干涉内政外交的新发展",《世界经济与政治》2012年第9期。
⑤ Richard N. Hass, *Intervention: The Use of American Military Force in the Post-Cold War World*, Brookings Institution Press, 1999. [美]理查德·哈斯著,殷雄、徐静等译:《新干涉主义》,北京:新华出版社,2000年版。
⑥ 熊玠著,余逊达等译:《无政府状态与世界秩序》,杭州:浙江人民出版社,2001年版,第243—273页。

涉的理论界定、基本概念和历史演变进行了分析,认为干涉与主权是两个相关概念。他把干涉主义作为一种政策取向,其追求的目标可以分为两类:一类是为了"利益";另一类是为了"价值"。① 谷盛开则认为"人道主义干预"应该遵循秩序与道义平衡原则,必须保障联合国在正当国际干预法律化、规范化过程中的主导作用,在干预的主体、方法、目标以及约束机制方面对非联合国的"人道主义干预"做出严格限制。② 从新干涉主义的实践来看,国内有学者对美国及其盟国武力干涉他国事务背后所隐藏的地缘政治及经济考量进行了分析。③ 从国外研究的情况来看,新干涉主义代表人物斯特德曼和格莱农主张通过国际干涉建立一种新的国际秩序。斯特德曼指出,新干涉主义者的目标是建立一种新的人道主义秩序,在这种秩序里,要使政府(如有必要时可通过使用武力)达到较高的尊重人权的标准。④ 格莱农则提出要构建具有道德正义的世界新秩序,冷战结束后的人道主义干预实践表明,反干涉主义的政体已经与涉及公正的现代理念格格不入。⑤ 从根本上讲,"新干涉主义"严重违反了《联合国宪章》的基本精神和宗旨,是对人权国际保护的一种歪曲和挑战。

三、主权责任论研究

从近代国家产生至今,"主权"概念一直是国际关系和国际法领域的核心范畴之一,国际社会越来越重视主权国家的责任。在"人道主义干预"理念提出后,西方国家推动国际干预来保护平民免于伤害,并试

---

① 李少军:"干涉主义及相关理论问题",《世界经济与政治》1999 年第 10 期。
② 谷盛开:"西方人道主义干预理论批判与选择",《现代国际关系》2002 年第 6 期。
③ 罗艳华:"美国与冷战后的新干涉主义",《国际政治研究》2002 年第 3 期。陈东晓:"意象在美国外交决策中的作用——以美国军事干涉科索沃为例",《现代国际关系》2003 年第 8 期。王逸舟:"欧洲干预主义的多角度透视",《世界经济与政治》2012 年第 3 期。唐世平、龙世瑞:"美国军事干预主义:一个社会进化的诠释",《世界经济与政治》2011 年第 9 期。
④ Stephen John Stedman, The New Interventionists, *Foreign Affairs*, Vol. 78, No. 1, 1993, pp. 1–16.
⑤ Michael J. Glennon, "The New Interventionism: the Search for a Just International Law", *Foreign Affairs*, Vol. 78, No. 3, 1999, pp. 2–7.

"保护的责任"与国际人权规范建构

图将这种实践转化为人权保护的一种普世性标准与模式,对以《联合国宪章》为基础的国际法秩序造成较大冲击,遭到广大发展中国家的普遍质疑与强烈反对。国际社会在卢旺达、塞尔维亚人权保护的失败也促使西方国家对人道主义干预的话语和干预权利的强化。但是人道主义干预理念始终没有得到国际社会的普遍支持,尤其是广大发展中国家的支持。在这样的情境下,以西方国家为代表的国际社会呼吁对《联合国宪章》中所强调的国家主权原则、不干涉内政原则进行反思,并试图发展新的人权保护规范来应对主权国家对权力的滥用。在 20 世纪 90 年代,国际社会围绕"人道主义干预"的合法性与合理性进行了激烈的辩论。一些西方学者开始强调应当转换人道主义干预中关于"干预的权利"的争论,重塑国家主权概念,系统阐述主权作为一种责任的思想。1996 年,弗兰西斯·登(Francis M. Deng)、唐纳德·罗斯查尔斯(Donald Rothchild)等人最早在《负责任的主权:非洲冲突管理》一书中提出"负责任的主权"(Sovereignty as Responsibility)[①] 概念,认为主权除了是一种权利,更是一种责任,对国家拥有和行使的主权进行了重新框定和塑造。"负责任的主权"意味着主权国家有义务保障本国国民最低水准的安全和社会福祉,对本国国民和国际社会均负有责任;强调不再争辩人道主义干预行动本身,而应该更多地关注冲突国自身的要求、权利与责任。这种责任包括:国内对自己的人民负责;在国际上,对其他国家负责,尊重他国独立,并服从国际条约及人权和人道主义协议。"负责任的主权"对传统的主权概念进行了重大的修正,赋予了现代主权以新的内涵,为国际干预行为提供了合法依据与理论基础。"负责任的主权"提出后,随即得到国际社会的重视与关注,时任联合国秘书长科菲·安南采纳了"负责任主权"的理念,呼吁国际社会在如何应对系统性侵犯人

---

① 弗朗西斯·邓在1993 年被前联合国秘书长加利任命为国内流离失所者秘书长特别代表。Francis Mading Deng, Donald Rothchild, I. Wiliam Zartman, *Sovereignty as Responsibility*: *Conflict Management in Africa*, Brookings Institution Press, 1996, p. 12. Francis Mading Deng, *Protecting the Dispossessed*: *A Challenge to the International Community*, Washington, D. C.: Brookings Institution, 1995, p. 51。

权和大规模人道主义危机上应该尽早达成共识。① 一些国家也将其运用到具体的国别政策分析之中。美国布鲁金斯学会、纽约大学和斯坦福大学联合开展了一项题为"治理全球不安全因素"（Managing Global Insecurity，MGI）的课题研究，其核心内容是以"负责任的主权"为主体建立规则下的国际秩序，指出各国政府必须在经济安全、气候变化、核扩散、地区冲突、人权保护、恐怖主义等领域开展国际合作，通过与其他国家共同合作来应对全球性挑战。作者在第七章中专门对地区冲突中的国际人权保护进行了阐述，并对国际社会如何管理地区冲突和有效地保护人权提出诸多政策建议。②

国内也有相关的国际法学者对主权责任论进行了专门的研究，并提出主权责任主要包括：维持和平共处的责任、主权合作的责任和保护的责任。赵洲认为，国家主权正在从绝对不受限制的权力转变为需要受到合理限制约束的负责任的主权，即主权不仅仅代表权力或者权利，也是主权国家承担的对国内人民与国际社会的责任。③ 国家主权的绝对性因此发生了重要变化，国家主权在特定情势下应该负有特殊的责任，并受国际法的限制和约束。

四、"保护的责任"研究

"保护的责任"是为了解决冷战后的人道主义危机，面对人权与主权、人道主义干预与不干涉内政原则之间的矛盾而应运而生的。1999年，联合国秘书长科菲·安南（Kofi Annan）在联合国大会上提出一种新的主权观。他认为，由于全球化的深入发展，国家主权应该随着时代的发展而被赋予新的内涵，呼吁国际社会需要接受人道主义干预，以便

---

① Report of the High-Level Panel on Threats, Challenges and Changes on the General Assembly, A More Secure World: Our Shared Responsibility, A/59/565, December, 2004, p.56.

② Bruce Jones, Pascual Carlos and Stephen John Stedman, *Power and Responsibility: Building International Order in an Era of Transnational Threats*. Washington, D.C.: The Brookings Instution, 2009.

③ 赵洲著：《主权责任论》，北京：法律出版社，2010年版，第2—3页。赵州："迈向责任理念的中国主权及其实践"，《南京社会科学》2009年第5期，第112—117页。

"保护的责任"与国际人权规范建构

应对种族灭绝和人道主义灾难的频繁发生。[①] 特别是2001年干预与国家主权国际委员会提出的"保护的责任"报告，作为一种新的国家责任和国际干预新思路，后来构成"联合国改革名人小组报告"和"联合国秘书长安南报告"的重要基础，成为今天国际关系中讨论和处理人道主义危机时经常援引的外交语言与法理依据。"保护的责任"理念提出以来，对该理念的研究不仅在学界掀起热潮，许多国家还成立了专门有关"保护的责任"的民间机构。[②] 西方学者对保护的责任研究文献比较多，国际法与国际关系方面的学者都进行了大量的研究与讨论，并出版了大量研究成果。澳大利亚昆士兰大学亚洲—太平洋"保护的责任"中心学者阿勒克斯·贝拉米（Alex Bellamy）对"保护的责任"进行了长时段的跟踪研究，发表了大量研究成果。他认为2005年世界首脑峰会将"保护的责任"写进《世界首脑会议成果文件》是"保护的责任"规范从"一个概念（concept）"变为"一项原则（principle）"的标志，或者说已经开始从"一个理念"向"一个有着共同预期或共识的事实与行动方向转变"（from words into deeds）。他还认为"保护的责任"实质上是摒弃了"国际共识"的武力干预选项，并将人权保护的范围严格限定在灭绝种族、战争罪、族裔清洗以及反人类罪四种罪行，且需要经过安理会合法授权进行强制性干预行动。他建议应更多地将"保护的责任"中军事干预的部分进行严格限定，建立多渠道应对策略，减少唯军事干预

[①] Kofi Annan, "Two Concepts of Sovereignty", *The Economist*, Vol. 352, Sep. 18th, 1999, pp. 49 – 50.

[②] 西方成立的专门研究"保护的责任"的民间机构主要有：亚洲—太平洋"保护的责任"中心（Asia-Pacific Centre for the Responsibility to Protect）：http://www.r2pasiapacific.org，该中心出版刊物 Global Responsibility to Protect；"保护的责任全球中心"（Global Center for the Responsibility to Protect）：http://www.globalr2p.org/，该中心有专门的刊物 R2P Monitor 出版，主要关注 R2P 有关的重要新闻及分析；"保护的责任"国际联盟（International Coalition for the Responsibility to Protect）：http://www.responsibilitytoprotect.org/等。

化的黩武倾向。① 具有"保护的责任"之父称号的澳大利亚前外长加雷斯·埃文斯（Gareth Evans）作为干预与国家主权国际委员会共同主席，在各种场合宣传 ICISS 在推进"保护的责任"规范发展中的贡献，并对"保护的责任"理念和内容进行宣传解读。② "保护的责任联盟"组织召集人理查德·库珀（Richard H. Cooper）和副召集人居里特·科勒（Juliette Voinov Kohler）认为从"人道主义干预"到"保护的责任"，最大的转变是引导人们将关注的焦点向"令人震惊的侵犯人权犯罪行为的受害者"以及"主权国家和国际社会对于受害者的保护的责任"。当然，国外也有一些学者对"保护的责任"的发展持保留和怀疑态度。国际刑事法院助理卡斯滕·斯塔恩（Carsten Stahn）就认为"保护的责任"只不过是"新瓶装旧酒"而已，他认为"保护的责任"的部分特征事实上已经包含在当代国际法规范中，如有关干预的标准，这就是所谓的"旧酒"；此外，"保护的责任"将人类安全观与特定的义务相联系的做法具有创新性，但是又太"创新"了，这些特定义务甚至超出国际法委员会所论述的国家责任范围，难以被各国所接受。③ 加里·诺特（Geory Nolte）则认为"保护的责任"是一个很模糊的概念，将其作为法律用语是不妥当的。即便是"保护的责

---

① Alex J. Bellamy, *Global Politics and the Responsibility to Protect: From words to deeds*, New York: Routledge, 2011. Alex J. Bellamy, *Responsibility to Protect: Global Effort to End Mass Atrocities*, Polity Press, 2008. Alex J. Bellamy, *Mass Atrocities and Armed Conflict: Links, Distinctions, and Implications for the Responsibility to Prevent*. The Stanley Foundation, Feburary, 2011. Alex J. Bellamy, Realizing the Responsibility to Protect, *International Studies Perspectives*, Vol. 10, Issue. 2, 2009, pp. 111 – 128. Alex J. Bellamy, Robert A. Pape, Reconsidering the cases of Humanitarian Intervention, *International Security*, Vol. 38, No. 2, 2013, pp. 200 – 202. Alex J. Bellamy, Pragmatic Solidarism and the Dilemmas of Humanitarian Intervention, *Millennium: Journal of International Studies*, Vol. 31, No. 3, 2002, p. 210. Alex J. Bellamy, Whither the Responsibility to Protect? Humanitarian Intervention and the 2005 World Summit, *Ethics and International Affairs*, Vol. 20, No. 2, 2006, pp. 143 – 170. Alex J. Bellamy, Conflict Prevention and the Responsibility to Protect, *Global Governance*, Vol. 15, No. 2, 2008, pp. 135 – 157. Alex J. Bellamy, "The Responsibility to Protect and the Problem of Military Intervention", *International Affairs*, Vol. 84, Issue. 4, pp. 615 – 639. Alex J. Bellamy, "Libya and the Responsibility to Protect: The Exception and the Norm", *Ethics and International Affairs*, Vol. 25, No. 3, 2011, pp. 263 – 269.

② Gareth Evans, "From Humanitarian to the Responsibility to Protect," *Wisconsin International Law Journal*, Vol. 24, No. 3, 2006, pp. 703 – 722.

③ Carsten Stahn, Responsibility to Protect: Political Rhetoric or Emerging Legal Norm? *The American Journal of International Law*, Vol. 101, No. 1, 2007, pp. 99 – 120.

"保护的责任"与国际人权规范建构

任"的支持者,也对"保护的责任"的前景表达了他们的担忧。联合国强迫和非自愿失踪问题工作组成杰里米·萨尔肯(Jeremy Sarkin)就认为,"保护的责任"现在只是一种理念,各国仍对人权保护中的强制性干预行为存在较大分歧,"保护的责任"本身的含义和适用性还存在不确定性,尤其是成员国的政治意愿和人权观的差异将继续构成该理念实施的主要障碍。[1]

随着中国在全球治理中地位的不断提升,中国开始建设性地介入地区热点问题,部分学者对中国在参与地区热点问题解决和对待"保护的责任"的立场和态度进行了研究,尤其对中国在地区热点问题介入行为中的原则坚持非常关注。[2] 也有来自印度、巴西、南非、俄罗斯等发展中国家的学者从自身的立场对"保护的责任"进行了研究,这些学者多站在发展中国家的立场,对西方利用"保护的责任"开展人道主义干预行动表示担忧,他们对"保护的责任"规范的未来发展、理念内涵、实施标准与西方发达国家有着截然不同的理解与预期,针对"保护的责任"的理解提出一些补充性的框架,旨在从发展中国家立场对西方国家可能会滥用"保护的

---

[1] Jeremy Sarkin, "The Role of the United Nations, the African Union and Africa's Sub-Regional Organizations in Dealing with Africa's Human Rights Problems: Connectiong Humanitarian Intervention and the Responsibility to Protect", *Journal of African Law*, Vol. 53, Issue. 1, 2009, pp. 31 – 35.

[2] Andrew Garwood-Gowers, "China and the 'Responsibility to Protect': the implications of the Libyan intervention," *Asian Journal of International Law*, Vol. 2, No. 2, pp. 375 – 393. Rosemary Foot, "The Responsibility to Protect (R2P) and its Evolution: Beijing's Influence on Norm Creation in Humanitarian Areas," *St Antony's International Review*, Vol. 6, No. 2, 2011, pp. 47 – 66. Jonathan E. Davis, "From Ideology to Pragmatism: China's Position on Humanitarian Intervention in the Post-Cold War Era", *Vanderbilt Journal of Transnational Law*, Vol. 44, No. 2, 2011, pp. 225 – 244. Allen Caelson, "Helping to Keep the Peace: China's Recent Stance on Sovereignty and Multilateral Intervention", *Pacific Affairs*, Vol. 77, No. 1, 2004, pp. 9 – 27. Jochen Prantl and Ryoko Nakano, "Global Norm Diffusion in East Asia: How China and Japan Implement the Responsibility to Protect", *International Relations*, Vol. 25, No. 2, 2011, pp. 204 – 223. Sarah Teitt, "The Responsibility to Protect and China's Peacekeeping Policy", *International Peacekeeping*, Vol. 18, Issue. 3, 2011, pp. 298 – 312. Katrin Kinzelbach, "Will China's rise lead to a new normative order? —An analysis of China's Statements on Human Rights at the United Nations (2000 – 2010)," *Netherlands Quarterly of Human Rights*, Vol. 30, No. 3, 2012, pp. 299 – 332.

责任"的干预行为进行合理规制与限定。① 发展中国家学者参与"保护的责任"的讨论和提出的诸多建设性补充框架，在一定程度上有利于推动"保护的责任"朝着国际共识的方向发展。

近年来，特别是自2011年中东北非剧变以来，"保护的责任"首次从理念探讨走向国际人权保护实践，引起国际社会的广泛关注，国内学者也相继出现大批研究成果。但对于"保护的责任"的研究，国内学者关注的深度与广度很不够，到目前为止还没有以此为题材的学术专著，大多发表的成果以国际法领域的学者为主。国际法学者主要从"保护的责任"内容本身来探讨其合法性，普遍注意到"保护的责任"理念对传统国家主权观的冲击，尤其是将其与联合国宪章中的相关条款、不干涉内政原则、主权原则进行比较，其研究含有很强的主观价值判断，学理性比较欠缺。② 与此同时，随着"保护的责任"在国际人权保护的实践中带来诸多问题与争议，一些国际关系学者也开始重视从国际关系视角解读

---

① Andrew Garwood-Gowers, *The BRICs and the responsibility to protect: lessons from the Libyan and Syrian Crises*, In Vasilka Sancin & Masa Kovic Dine Eds., *Responsibility to Protect in Theory and Practice*, GV Zalozba, Ljubljana, pp. 291-315. Thorsten Benner, "Brazil as a Norm Entrepreneur: the Responsibility While Protecting Initiative", *GPPI working Paper*, Global public policy institute, March 2013. Paula Wojcikiewicz Almeida, "From Non-indifference to Responsibility While Protecting: Brazil's Diplomacy and the Search for Global Norms", South African Institute of International Affairs, *Occasional Paper*, No. 138, 2013, pp. 1-28. Fetus Aboagye, "South Africa and R2P: More State Sovereignty and Regime Security than Human Security?", Dipankar Banerjee, "India and R2P: Reconciling the Tension Between Intervention and State Sovereignty. http://www.r2pasiapacific.org/docs/In%20the%20Media/E-book-R2P-From_Evasive_to_Reluctant_Action.pdf#page=43.

② 杨泽伟："国际社会的民主和法治价值与保护性干预"，《法律科学》2012年第5期。赵洲："在国内武装冲突中履行'保护的责任'的规范依据及其适用"，《法律科学》2012年第4期。杨永红："论保护责任对利比亚之适用"，《法学评论》2012年第2期。刘波："国际人权保障机制中的保护责任研究"，《国际关系学院学报》2011年第4期。赵洲："履行保护责任：规范实施与观念塑造"，《重庆大学学报（社会科学版）》2011年第4期。高凛："论保护责任对国家主权的影响"，《江南大学学报（社会科学版）》2011年第2期。颜海燕："保护的责任解析"，《西部法学评论》2010年第1期。赵洲："保护责任的功能绩效评估机制的生成与构造"，《电子科技大学学报（社会科学版）》2009年第5期。赵洲："国际保护责任机制的建构与实施——苏丹达尔富问题的实证分析"，《法商研究》2008年第3期。2009年第5期。宋杰："保护的责任"：国际法院相关司法实践研究"，《法律科学》2009年第5期。李斌："保护的责任对不干涉内政的影响"，《法律科学》2007年第3期。李杰豪："保护的责任对现代国际法规则的影响"，《求索》2007年第1期。

"保护的责任"与国际人权规范建构

"保护的责任"。① 尤其是在2011年中东北非政局动荡后,国际社会针对利比亚局势的恶化首次援引了"保护的责任"规范,引起国际关系学界对"保护的责任"的大讨论。② 阮宗泽曾针对"保护的责任"在利比亚被滥用的情况提出"负责任的保护"理念。③ 曲星则针对西方国际社会对叙利亚问题的立场进行了剖析,并就"保护的责任"的实施主体、对象、范围进行了解读。④ 也有部分学者通过对"保护的责任"的发展进程、演变及国际社会的争论进行分析,认为"保护的责任"正在发展成一种新的"国际关系规范",并对现代国际法律秩序产生了方向性的影响。"保护的责任"在传播过程中正在发生新的变异,国际社会争论的焦点正在转向"保护的责任"的具体执行。⑤ 部分学者通过对中国参与联合国维和行动以及国际人权规范行为的考察,对当前中国的不干涉内政外交进行了分析。⑥

---

① 李杰豪:"保护的责任对现代国际法规则的影响",《求索》2007年第1期。赵洲:"国际保护责任机制的建构与实施——苏丹达尔富尔问题的实证分析",《法商研究》2008年第3期。袁武:"试论中国在非洲内部冲突处理中的作用——从保护的责任理论谈起",《西亚非洲》2008年第10期。黄超:"框定战略与保护的责任规范扩散的动力",《世界经济与政治》2012年第9期。邱美荣、周清:"保护的责任:冷战后西方人道主义介入的理论研究",《欧洲研究》2012年第1期。汪舒明:"保护的责任与美国对外干预的新变化",《国际展望》2012年第6期。刘波:"国际人权保障机制中的保护的责任研究",《国际关系学院学报》2011年第4期。

② 杨永红:"论保护责任对利比亚之适用",《法学评论》2012年第2期。杨永红:"从利比亚到叙利亚——保护责任走到尽头了?",《世界经济与政治论坛》2012年第3期。袁娟娟:"从干涉的权利到保护的责任——对国家主权的重新诠释和定位",《河北法学》2012年第8期。骆明婷、刘杰:"阿拉伯之春的人道干预悖论与国际体系的碎片化",《国际观察》2012年第3期。

③ 阮宗泽:"负责任的保护:建立更安全的世界",《国际问题研究》2012年第3期。

④ 曲星:"联合国宪章、保护的责任与叙利亚问题",《国际问题研究》2012年第2期。

⑤ 卢静:"'保护的责任':国际关系新规范?",《当代世界》2013年第3期,第46—48页。李杰豪:"保护的责任对现代国际法规则的影响",《求索》2007年第1期,第101页。宋杰:"'保护的责任':国际法院相关司法实践研究",《法律科学》2009年第5期,第55页。张爱宁:"国际人权法的晚近发展及未来趋势",《当代法学》2008年第6期,第61页。陈拯:"框定竞争与保护的责任演进",《世界经济与政治》2014年第2期。史晓曦:"作为国际法规范的保护的责任:以国际法渊源为基准",《国际政治研究》2017年第5期。

⑥ Pang Zhongying, "China's Non-intervention Question", *Global Responsibility to Protect*, Vol. 1, Issue. 2, pp. 237–252. Jing dong Yuan, "Multilateral Intervention and State Sovereignty: Chinese Views on UN Peacekeeping Operations", *Political Science*, Vol. 49, No. 2, 1998, pp. 275–295. Wu Zheng yu and Ian Taylor, "From Refusal to Engagement: Chinese Contributions to Peacekeeping in Africa", *Journal of Contemporary African Studies*, Vol. 29, No. 2, 2011, pp. 137–154. Chen Dingding, "Explaining China's Changing Discourse on Human Rights 1978–2004", *Asian Perspective*, Vol. 29, No. 3, 2005, pp. 155–182.

吴澄秋考察了中国在应对国际人道主义危机时，在人权、主权和国际责任方面的认知与话语互动。① 苏长和也认为"保护的责任"还只是发展中的一项国际规范，有待完善，其本身并不具有国际法约束力。也正因如此，在 2005 年世界首脑会议成果文件的表述中，用的是"outcome"（"成果"），并不是最终的联合国"决议"。他也指出，国际社会对"保护的责任"理念的共识正日渐增加。但在事关何时以及究竟如何实施"保护的责任"方面，国际社会还存在诸多分歧与争议，中国政府并非反对"保护的责任"理念本身，而是反对西方国家在人权保护实践中将其扩大化和滥用。② 国内大部分学者认为中国政府在原则上是赞成 2005 年世界首脑会议所界定的"保护的责任"理念的，只是反对任何国家以"保护的责任"为名来干涉别国内政。③ 在如何应对"保护的责任"规范传播与参与地区热点问题解决方面，不少学者提出建设性的思考与前瞻性的理论观点，特别是王逸舟教授提出"创造性介入"（Creative Involvement）④ 新理念，即以一种新的积极态度，对国际事务有更大参与意识和手法来发展符合时代要求的不干涉内政学说，这是国内学者回应"保护的责任"发展的最新理论思考。

五、小结

尽管国内外学界对人权保护的研究已经出现大量的研究成果，但是这

---

① Wu Chengqiu, "Sovereignty, Human Rights, and Responsibility: Changes in China's Response to International Humanitarian Crises". *Journal of Chinese Political Science*, Vol. 15, No. 1, 2010, pp. 71 – 97.
② 苏长和："'保护的责任'不可滥用"，《解放日报》2012 年 2 月 8 日，第 4 版。
③ 任晓："主流国际政治研究应注重国际法"，摘录了任晓教授与美国华裔学者熊玠教授关于"保护的责任"的对话。见《文汇报》2013 年 9 月 2 日。
④ 王逸舟著：《创造性介入：中国外交新取向》，北京：北京大学出版社，2011 年版。王逸舟：《创造性介入：中国全球角色的生成》，北京：北京大学出版社，2013 年版。王逸舟著：《创造性介入：中国外交的转型》，北京：北京大学出版社，2015 年版。王逸舟著：《仁智大国："创新性介入"概说》，北京：北京大学出版社，2018 年版。王逸舟："发展适应新时代要求的不干涉内政学说——以非洲为背景并以中非关系为案例的一种解说"，《国际安全研究》2013 年第 1 期。王逸舟："创新不干涉原则，加大保护海外利益的力度"，《国际政治研究》2013 年 2 期。

"保护的责任"与国际人权规范建构

些研究在理论化、实证化方面还有诸多改进的空间。当前国外学界对国际人权保护的研究大多偏向规范性研究路径，带有浓厚的西方中心主义色彩。从整体上来看，西方国家对人权保护的研究思维总是将人权保护建立在对外干预的基础上，过度强调"干预者的权利"，而忽略了当事国自身在国内人权保护中的首要责任。国内外学术界对人权保护规范的内涵、评判标准还远未达成共识，中国国内对"保护的责任"的理论研究也远不够深入。

首先，国际关系学界就国际人权保护的讨论已经展开并出现诸多相关学术成果，但其理论化与系统化程度还不够。关于人权保护的国际责任和国家责任议题的分析还处于一种简单的价值规范争论阶段。目前国内学界对人权规范的研究仍然停留在对西方主流范式的"破"的阶段，尚未根据自己的情势进行系统的国际人权规范建构阶段，这也是未来中国学者需要着重关注与深化的新方向。

其次，由于人权的国际保护一直是针对小国和弱国的保护，国内外学界关注的视角也往往以大国、国际组织是否有权利干预为主，在人权与主权辩证关系上进行"孰高孰低"的循环争论，缺少从整个国际秩序的角度来看待当前的国际人权保护问题。事实上，国际人权保护不能简单地等同于国际社会对中小国家的干预，冲突国自身的国家能力提升才是实现该国人权的最重要的保障，而且主权国家自身承担的是首要责任。因此，目前小国在国际人权保护中自身究竟应该承担何种责任，以及国际社会和主权国家在承担人权保护的责任时如何良性互动，这一系列问题尚未得到学界的关注与应有的重视。

最后，目前国内外学术界有关人权保护与"保护的责任"的研究，更多地在于对该理念的价值判断，关注其应然性和价值性问题。国外学界大多肯定"保护的责任"是新近发展起来的联合国人权保护的新成果，但为了对外干预行动的实施，甚至认为绕开联合国采取军事干预行动来实现"保护的责任"也是合理的，这种观点具有很强的西方中心主义色彩，对国际关系中国家主权原则的坚持和维护构成重要挑战。国内学者则较为谨慎，认为"保护的责任"理念还只是不成熟的规范，反对西方国家对该理念的滥用。本研究旨在从大国、发展中国家，包括国际组织、非政府组织等各个层面,探究国际人权规范建构的逻辑与框架,并始终坚持在联合国安理会框架下来探讨人权保护的责任行为及互动逻辑。

通过对上述国内外研究的现状分析可见,西方学者关于人权保护责任的研究大多带有很浓的"西方中心主义"色彩,并主张在国际人权保护行动中积极推行人道主义干预,强调"干预者的权利",而对造成人道主义危机的根源以及如何解决冲突国家侵犯人权问题关注甚少,忽略了主权国家自身在国际人权保护中的责任,在国际人权规范建构中忽视了广大发展中国家的声音,尤其是对当前争论中的"保护中的责任""负责任的保护"等替代性规范架构重视不够,这些规范也将深刻影响各国在面对世界人道主义危机时的态度和立场选择。而国内现有的研究则停留在对人道主义干预的批判和对现代国际法的冲击上,忽略了对人权保护的责任进行一个整体性的分析和对国际人权规范建构的理论思考,尤其是发展中国家在国际人权规范建构中应该扮演何种角色并未得到足够的重视。本书以国际人权规范建构为主旨,对国际规范理论与人权保护实践进行思考,研究在联合国框架下国际人权规范建构的可行性问题,无论从现实角度还是理论角度都具有一定的学术价值。

第三节 研究方法与创新点

一、研究方法

第一,层次分析法。本书试图从国际体系、地区与主权国家层面对人权保护的责任进行解读。在体系层面,着重从全球层面分析国家、联合国等国际组织在建构人权保护规范进程中的互动。在国家层面,分析主权国家在国际人权保护中所应该承担的首要的"保护的责任",并对全球、区域层面的人权保障合作、机制建构进行了深入分析。

第二,比较案例分析。作为一种备受关注的全球性热点问题,国际人权保护在不同的国家、地区所采用的手段、方式和效果都各不相同。本书通过对比国际人权保护在各个发展阶段内涵的变化,厘清国际人权规范的

"保护的责任"与国际人权规范建构

发展趋势,在分析保护责任规范的演化进程中分别选取了利比亚和叙利亚等多个案例,通过比较"保护的责任"在每次危机中的援引、内涵的确定、适用范围以及在国际人权规范的内涵等方面的分歧对本书的逻辑框架进行检验。在多个案例的分析中,针对"保护的责任"的实践用求异法和求同法来进行比较,对不同国家关于"保护的责任"的态度和立场进行深入分析,提供了丰富的案例内观察机会。

第三,国际关系与国际法跨学科交叉研究。跨学科视野、多学科综合是当今社会科学研究的新趋势。国际法与国际关系研究无论是在研究领域还是内在意义上都有着诸多交汇的地方,两个学科之间的"创造性交锋"往往可以推动相关学科研究的学术进步与相互通约。但国际法学者常致力于人权保护相关法律文本的解读,国际关系学者则注重产生这些法律文本、规范的过程和要素分析。对国际法与国际关系的交叉研究是本书的重要特色,本书虽然侧重于从国际关系的角度分析当前的国际人权保护问题,但也运用国际法的相关知识来分析人权保护实践与国际人权规范变迁的法理基础。从学科领域来看,国际法本身就是国际关系的规范层面,国际人权保护既涉及国际法的知识,背后也深受国际关系领域大国政治博弈的影响,这也是人权保护研究的复杂性和艰巨性之所在。所以,仅仅从一门学科的视角,例如只从国际法或国际关系单一学科的视角很难深刻解读当前的国际人权保护实践及其面临的困境。因此,本书结合国际法、国际关系等跨学科知识体系,运用跨学科研究方法,有助于对当前国际人权保护的责任及其规范化趋势进行更加系统、综合和全面的解释。

二、创新与难点

(一)创新点

首先,选题具有学术的前沿性。本选题是在新型全球治理体系下备受国际社会关注与争议的人权保护的责任议题,在国内外研究都还不够深入。目前关于"保护的责任"的价值探讨与争论,国内外学术界已经展开全面的研究,但始终没有走出"西方中心主义"的价值误区,尤其是对对象国与国际社会在人权保护中的行为互动关注不够。本研究旨在对主权国家和国际社会在人权保护中的责任及互动进行研究,对国际规范建构的非西方取向进行探究,并试图建构一种分析人权国际保护规范的分析框架。本书也探讨了中国政府如何利用"保护的责任"新理念更好地维护中国的国家利益,并在未来的国际人权规范建构中承担建设性引领者的角色。

其次,构建了一个关于国际人权保护与人权规范建构的理论分析框架。本书试图对新形势下国际人权保护出现的新发展、新理念、新规范的影响进行系统的研究和全面的评估,并在此基础上对建构一项具有国际共识的国际人权规范的路径、前景进行了深入探讨。本书研究的一些问题是当前正在形成中的国际规范。随着国际权力结构的变迁,国际规范正处于规范重组和规范改造的新阶段。本书将人权保护放在全球治理的大背景下进行考察,深入客观地分析了国际人权保护与国际安全的关系,并着重分析了国际体系转型与国际规范重建的大背景下,国际人权规范的建构逻辑以及中国的角色,提出诸多创新性的学术思考与建议。

最后,本书综合国际关系与国际法相关理论对人权"保护的责任"进行深入研究,突破了当前国际政治单纯用工具理性和利益博弈来理解国际行为体动机的局限。本书尝试剖析国内冲突和人权保护的深层根源、行为体的理念结构并在此基础上进行理论创新。

(二) 难点

首先,人权保护作为一种正在发生的国际政治现实,涉及政治、经济、文化、法律、外交等各方面的问题。关于"保护的责任"适用于地区国内冲突人道主义危机的保护问题目前在国际社会还存在很大的争论,如关于适用的法律渊源、适用的条件、对象以及对该规范的执行与遵守等都存在较多争议。因此,有关案例的选择受到局限,尤其是叙利亚问题目前仍然处在局势恶化中,究竟国际社会的哪些介入行为属于"保护的责任"的实践还有一定的争论,且需要较长的时间来检验。

其次,人权保护本身是一个相当复杂、敏感的国际政治问题,具有非个体性、有序性和规范性特点,因而很难全面分析其规范化进程中的各种变量。作为一种抽象的权利观念,人权保护要转化为法律权利,就需要借助制度化与规范化的方式来实现，但就目前的国际人权保护的现实来看，国际社会虽然已经达成某些国际共识，但其制度化与规范化程度还远远不够，很难全面把握其规范化进程中的各种变量。

第四节　研究框架与结构安排

从国际人权规范建构层面来探讨符合全人类规范诉求的人权保护理念与规范，是本书的立意所在。本书以国际规范变迁与国际人权规范建构为分析框架，论证了主权国家和国际社会在人权保护中承担的责任及其行为互动逻辑，在对西方人道主义干预实践进行梳理和批判的基础上，关照当今国际人权保护的现实，探讨如何在联合国体系下构建真正具有普遍共识的国际人权规范。

本书除导论和结语外，正文共分为五章。导论部分主要对本书选题背景、研究的问题、意义、现状、方法、创新点、难点以及篇章结构做了简要的界定和阐述。

第一章是对国际人权保护责任与规范建构的理论分析。本章提出本研究的理论分析框架，着重讨论国际人权保护的责任问题。首先从国际政治、国际法等范畴对人权保护的责任、国际规范、国际干预等概念进行界定。其中，《联合国宪章》所确立的国际人权保护的基本原则和规范构成本书以下章节进行分析、讨论的最基本、最核心的理论基础。

第二章主要探讨人道主义干预与国际人权保护的异化。本章重点分析国际人权保护在使用强制性措施方面所取得的突破及其对国际和平、安全、人权产生的影响。首先阐述了人道主义干预的内涵、外延、演变以及实践争议；其次分析了人道主义干预实践中国际人权保护责任的缺失，从法理、实践效果和国际法准则的角度对人道主义干预的不合理因素进行批判，分析在目前的国际环境下人道主义干预存在的缺陷；最后分析人道主义干预对国际人权规范发展的影响。

第三章主要对"保护的责任"进行重点分析。"保护的责任"作为当今国际人权保护规范化的一种趋势，为未来的国际人权保护提供了一种规范化路径。本章讨论了"保护的责任"的起源、内涵以及演化的进程,指出国际人权保护并不以否定主权为目的,并着重分析"保护的责任"的传播对推动国际人权规范建构的影响。同时,对"保护的责任"与人道主义干预进行了区别,以及探讨了"保护的责任"对国际人权规范发展的影响。本章对"保护的责任"的阐释为构建一个具有共识的国际人权规范提供了具体的认识框架。

第四章是对国际人权保护责任的案例研究。本章选取了 2005 年世界首脑会议后国际社会援引"保护的责任"开展国际人权保护的多个案例进行比较分析。通过检验"保护的责任"运用于解决人道主义危机中的具体实践,探讨该理念目前在解决人道主义危机中的适用性、适用范围、手段以及国际社会对这一概念的态度,进而分析当今国际人权规范演化的逻辑与实践困境。本章主要选取 2005—2018 年期间"保护的责任"理念在人权保护中的援引与争论,被认为第一次成功运用"保护的责任"发动的军事干预利比亚行动以及目前正在进行中的叙利亚危机,来解答以上问题。

第五章探讨联合国体系下国际人权规范建构的路径与前景。结合案例分析部分,对当前以联合国为主导的国际人权体制进行评估,分析其面临的困境,对国际人权保护规范的制度化与建构进行重点分析。这部分主要从国际人权保护的理念框定、人权保护的机制培育以及能力建设等方面完善联合国体系下的国际人权规范。

第一章　从理念到规范：国际人权保护责任的理论分析

> 人权是我们时代的观念，是得到国际社会所普遍接受的唯一的政治与道德观念，因此，我们的时代是"权利的时代"
>
> ——路易斯·亨金①

> "人的安全"陷入了一个循环的悖论中，部分的依赖于主权国家，却又部分的为主权国家所威胁。
>
> ——巴里·布赞②

国际人权保护是第二次世界大战结束后国际社会对法西斯野蛮践踏人类尊严和权利的反思中形成的进步的历史潮流。正是两次世界大战的生灵涂炭，国际社会开始深刻反思德、意、日纳粹法西斯任意践踏人类尊严的反人类行为，促成了联合国的建立，人权保护问题开始真正全面地进入国际政治和国际立法领域，联合国先后通过了多项有关人权保护的国际公约、文书和决议，确定了人权保护的具体措施，并成立了处理人权事项的专门机构。国际社会真正建立了以联合国为主导的国际人权规范体系，也使人权保护由一种理念逐渐走向制度化和规范化，并开始从一种地方性话

---

① Louis Henkin, *The Age of Rights*, New York: Columbia University Press, 1990, p. 5.
② Barry Buzan, *People, States and Fear: An Agenda for International Security Studies in the Post-Cold War Era*, London: Harvest Wheatsheaf, 1991, p. 364.

第一章 从理念到规范：国际人权保护责任的理论分析

语变为世界性话语，越来越具有全球性和普适性意义。

冷战结束后，和平、发展与合作成为当今国际社会的主流趋势，主权国家之间发生大规模冲突与战争的可能性大大降低。不过，国内冲突与地区局部动荡呈现出蔓延之势，国内冲突（intra-state conflict）逐渐取代国家间的冲突（inter-state conflict）而成为影响国际和平与安全的主要威胁。原来两极格局掩盖下的民族矛盾、族群纠纷、宗教冲突、独裁暴政以及国家的内部治理等问题纷纷从"潘多拉魔盒"中涌现出来，有些冲突甚至以蓄意伤害平民为攻击对方的手段，在极端情况下导致国家内部呈现无政府状态和震撼人类良知的大规模人道主义灾难。诸如索马里、卢旺达、前南斯拉夫、利比亚、苏丹达尔富尔、中非共和国、缅甸内战、叙利亚等国家和地区所发生的大规模、系统性的人道主义危机，震撼了人类社会的良知。这些事件的发生，不仅对地区和平与稳定造成巨大冲击，更伤害了诸多无辜平民的幸福与尊严，对当前的国际人权保护秩序提出新的挑战。在全球化深入发展的"跨国威胁时代"，随着人权保护国际化程度的不断加深，一国国内的人权状况不再仅仅属于主权国家的国内管辖事项，而且已经成为国际社会所共同关注的国际事项，对于人权问题的讨论"已经被越来越多的国家视为国际关系的正常部分"。[①] 冷战结束后，国际社会中的人权保护往往具有两面性：一方面，个人的安全往往依赖于主权国家政府所建立的正常秩序，国家有责任和义务保护其公民的基本权利；但是从另一方面来看，主权国家政府往往又是侵犯人权的肇事者与纵容者，个人权利有时也因主权国家滥用权力而遭到侵害。[②] 那么在此情况下，应该由谁来对主权国家不负责任的行为进行监督、规制与问责？国际社会是否有权通过干预手段来保护处于人道主义危机中的平民？对此推论的逻辑是国际社会亟需建立一个超国家组织，由它们对主权国家行为的合法性进行监督与问

[①] 周琪："人权——冷战后国际关系中的重要议题"，《国际经济评论》2002年第4期。

[②] Barry Buzan, *People, States and Fear: An Agenda for International Security Studies in the Post-Cold War Era*, London: Harvest Wheatsheaf, 1991, p. 364 – 365.

"保护的责任"与国际人权规范建构

责。① 与此同时,国际社会以"人权保护"为由对国内冲突进行强制性干预成为当今国际政治中的常见现象,但以西方国家为代表的"人道主义干预"行为缺少国际伦理与法理规范,与国际关系的基本原则、人道主义价值目标相背离,很难真正体现人道主义精神,其结果往往导致更为严重的人道主义悲剧,遭到国际社会的广泛质疑与批评。但冷战结束后人道主义灾难频发的现实,也使国际社会开始共同反思如何在人权保护行动中协调好国家主权与人权的关系问题,在此背景下,重建一种具有高度责任感的伦理价值来匡正人道主义干预等行为是时代发展的必然要求。"保护的责任"理念正是在人道主义干预的合法性遭到国际社会诟病与质疑的情况下,通过赋予国家主权的责任意涵和国际社会在保护人权中的共有责任,来推动建立协调主权与人权关系的新规则,其根本目的在于化解人道主义干预的规范的现实困境,推动国际人权保护的规范化进程。冷战后国际人权保护经历了从人道主义干预到"保护的责任"的发展,在整个过程中,国际社会关于人权保护争议的焦点主要集中在如何对待人权保护行动中的军事干预问题上。西方国家则认为,在国际人权保护行动中实施干预是人类良知国际化的具体体现;而发展中国家则普遍担忧武力干预行为会对现有国际秩序和以《联合国宪章》为基础的国际法基本原则造成难以估计的重大冲击。那么,作为冷战后出现的两种人权保护理念,为什么人道主义干预会遭到国际社会的广泛质疑与批评,始终没有进入国际规范的视野;而"保护的责任"却在短时期内得到国际社会的支持与认可,并成为当前国际人权保护中经常援引的外交语言与法理依据。这是本书以下章节需要深入探讨的核心问题。

从学理角度分析冷战后地区冲突中国际人权保护的责任,首先需要明确与人权保护相关的基本概念,并确立国际人权保护的规范基础。这些基本概念和规范基础构成本书研究的基本前提。

---

① Joseph S. Nye, "Duties Without Borders", *Project Syndicate*, Mar. 10th, 2014, http://www.project-syndicate.org/commentary/joseph-s-nye-considers-the-limits-of-political-leaders-transnational-moral-obligations.

| 第一章　从理念到规范：国际人权保护责任的理论分析

第一节　国际人权保护责任的基本概念与规范基础

厘清相关概念是进行学术研究的起点。本章首先界定有关国际人权保护的相关概念，对人权保护的责任、国际干预、国际规范等概念进行清晰的界定，以便帮助我们更好地评估国际人权保护的理论论述，并与当前国际社会中正在进行的国际人权保护实践的行为进行比照。其中，《联合国宪章》所确立的国际人权保护的基本原则构成本书后面章节进行分析、讨论的最基本、最核心的规范基础。

一、基本概念：人权保护责任、国际干预与国际规范

国际人权保护是指国际社会根据《联合国宪章》和国际人权文书的精神和原则，通过国际协调与合作，采取适当的手段和措施，促使各国维护和保障人权，纠正和防止对人权的侵犯行为，以便在全球范围内实现基本人权目标的活动。在全球化时代，国际社会应该具有的"共同体情感"要求各国不能对别国滥用权力、践踏人权的现象置若罔闻，关心他国人权是国际社会的"共同责任"。[①] 本书所探讨的国际人权保护主要是指主权国家和国际社会在当一个国家和地区面临"系统性、大规模和有组织的侵犯人权行为"和大规模人道主义危机时所应该承担的责任问题。在当代国际关系的利益竞争与权力角逐中，一方面主权国家必须履行国际政治伦理所要求的道德义务与责任，而不能为所欲为地滥用国家权力；另一方面，国际社会需要对震撼人类良知的人道主义危机提供辅助性或补充性的保护。

自国家诞生以来，主权国家就一直负有保护和捍卫"人的安全"的责任。更有学者认为，"确保其国内人民的安全福祉"是"主权国家存在的

[①] David Luban. "Just War and Human Rights", *Philosophy and Public Affairs*, Vol. 9, No. 2, 1980, pp. 174–175.

"保护的责任"与国际人权规范建构

唯一重要理由"。[①] 随着安全内涵的扩大,国际法规范对人的基本权利的不断认可和保障,"人的安全"已经成为当前全球治理中的重要议题之一。但是,国际社会关于人权的国际保护的概念、内涵和标准却并不清晰。迄今为止,国际人权保护不仅是一个"发展的非常不全面的概念",而且是一个"具有高度争议性的概念"。[②]

人权保护的责任是指主权国家或国际社会根据《联合国宪章》为基础的国际人权条约、文件和决议,对实现其国内基本人权的某些方面所必须承担特定的或普遍性的国际合作的义务,并对所有违反国际法条约所规定的义务、人权侵犯行为加以预防和制止的活动。人权作为人类进步和文明的一种价值尺度,是衡量人类社会发展水平的重要价值尺度。但人权概念的萌芽、产生、发展和充分实现是与社会的发展阶段相适应的,它与人类的历史、文化、经济和科学技术的发展密切相关,必须考虑到各国特殊的国情、历史文化、社会制度、经济发展水平等多方面的制约因素。国际社会共同关注人权行动是从联合国成立以及《联合国宪章》的制定为开端的。在当今国际社会,对人类的安全威胁主要有以下几种来源:环境退化、人权侵犯、跨国刑事犯罪、致命性疾病、国内冲突与战争等。[③] 但随着当今国际形势和国际法规则的发展,人权观念不断发展并已深入人心,"大规模严重侵犯人权的行为,如出现灭绝种族、族裔清洗、大屠杀、反人类罪等罪行,是违反国际法基本原则的,这些行为可构成对国际和平与地区安全的威胁,从而超出了主权国家的国内管辖范畴,应该纳入国际法管辖范围内,成为国际社会所共同关注的国际事项"。[④] 国际社会需要对此类系统性的侵犯人权行为进行必要的监督、问责甚至在联合国多边框架下开展适当的国际干预,使主权滥用行为尽快得到制止,防止人道主义灾难的发生。

---

① 潘亚玲、时殷弘:"论霍布斯的国际关系哲学",《欧洲》1999 年第 6 期,第 16—17 页。
② Barry Buzan, *People, States, and Fear: An Agenda for International Security Studies in the Post-Cold War Era* (The Second Edition), Boulder CO., Lynne Rienner, 1991, pp. 3-6.
③ Paz Buttedahl, "Viewpoint: True Measures of Human Security," *IRDC Reports*, International Development Research Centre, Canada, Vol. 22, No. 3, 1994, pp. 1-10. http://www.idrc.ca/books/reports/V2223/view.html.
④ 王铁崖著:《国际法》,北京:法律出版社,1995 年版,第 114 页。

| 第一章　从理念到规范：国际人权保护责任的理论分析

在《中国人权百科全书》中，人权保护的责任是指"主权国家或国际组织根据《联合国宪章》为基础的国际人权条约或国际人权习惯法，承担特定的或普遍性的国际人权义务，对侵犯人权的行为加以预防和惩治的行动"。① 二战结束以来，以联合国为主导国际人权保障体系得以建立，人权保护问题开始真正全面地进入国际关注视野，一系列国际人权保护宣言、公约、文件等相继出台，加速了人权保护的国际化与规范化趋势。

人权保护责任的内涵及其实现与发展是一个极为复杂的历史演变过程。传统的人权保护主要是依赖于主权国家的国内政府来实现的，涉及一国的国内政治问题，主权国家承担着保护、实现和发展国内人权的首要责任，这在国际人权文件中已经有明确的规定和要求。② 但随着人权国际化进程的深入发展，保护和发展国内人权也是国际社会所承担的重要责任，这反映了现代国际社会相互依存共同进步发展的趋势和需要。比如，现在各种超越国界的刑事犯罪活动越来越多，许多犯罪组织都建立了跨国网络，一些造成重大人员伤亡和人道主义危机的国内冲突已经到了非国际干预不能解决的地步，如索马里曾一度陷入无政府状态，联合国却处理不当，维和行动遭到挫折；而卢旺达曾经发生的种族大屠杀和斯雷布尼察惨剧更是暴露了国际社会的漠视所酿成的人道主义悲剧是多么可怕。相反，后来的科索沃危机中北约多国部队以"人权保护"为由对南联盟实施赤裸裸的人道主义干预行动则导致更为惨重的人道主义悲剧，遭到国际社会的普遍质疑与反对。人权保护的理想与现实的国际政治之间存在着巨大的鸿沟。那么我们不禁会发出疑问，为什么有些人权保护的干预行动得到国际社会的积极响应，而另一些人道主义危机却遭到无情漠视？因此，厘清主权国家与国际社会在人权保护中的责任问题非常重要。重新定位国家的责任及权利，把对个人的保护纳入其中，是国际法在20世纪后期出现的一大

---

① 刘海年、王家福编著：《中国人权百科全书》，北京：中国大百科全书出版社，1998年版，第484—485页。
② 1993年4月2日，世界人权会议通过的《曼谷宣言》明确强调：要尊重国家主权和领土完整，并认为主权国家负有主要责任通过适当的基础设施和机制来促进和保护人权。1999年3月联大通过的《在促进和保护普遍公认的人权和基本自由方面的权利和义务宣言》强调说明，每个国家在保护和促进人权实现方面负有首要的责任与义务。

"保护的责任"与国际人权规范建构

新动向。

"国际干预"是指国际社会为实现特定的政治与安全目标而在有关地区和国家实施的政治、经济、司法、军事等各类行动的综合。① 从这个意义上讲，国际社会实施国际干预的手段可以分为几类：1. 心理压力，包括对一个国家的国内政策进行谴责，对反对派、革命或内战中的一方表示支持等；2. 经济手段，包括提供经济和军事物质方面的援助，实施贸易或经济制裁；3. 政治手段，如给予、拒绝或撤销对某一国家政府的承认以及阻止国际组织接纳某国或从国际组织中驱逐等；4. 秘密行动，包括秘密宣传、操纵外国选举过程、颠覆外国政府、秘密金钱援助以及暗杀外国政治领导人等；5. 准军事干预，支持外国政府武装分子，以便在不需要直接军事干预的情况下推翻该国政府；6. 军事干预行动，包括有限军事行动和大规模军事入侵。② 但自冷战结束以来，强权政治、霸权主义及其非法侵略和干涉的行径常常以种种借口和理由，打着"人权保护"的旗号，以联合国的名义行干涉别国内政之实。这一现象的长期存在也正是本书的主题——如何建构具有共识的国际人权规范所具有的重要意义和现实针对性之一。

本书探讨的是人权保护中的国际干预情形，其中人道主义干预属于国际干预中最为常见的一种形式。目前为止，国际社会对人道主义干预概念并没有形成一种统一的共识。《牛津法律词典》中将人道主义干预定义为："一个或多个国家使用武力手段干预另一国的内部事务，目的是让被干预国施行更为人道的政策。"③ 霍尔兹格里夫（J. L. Holzgrefe）则将人道主义干预定义为"一国或多个国家在另一国的领土内，使用或威胁使用武力，其目的是阻止或结束正在发生的或迫在眉睫的大规模严重侵犯基本人权的行为，使用或威胁使用武力没有得到被干预国合法政府的邀请"。④ 玛莎·芬尼莫尔（Martha Finnemore）则将人道主义干预定义为"为了保护外国国

---

① 刘明：《国际干预与国家主权》，成都：四川人民出版社，2000 年版，第 14 页。
② Peter J. Schraeder, ed., *Intervention into the 1990s: US Foreign Policy in the Third World*, London: Lynne Rienner Publishers, 1992, pp. 130 – 132.
③ *The Oxford Dictionary of Law*, Oxford University Press, 4th edition, 1997, p. 29.
④ J. L. Holzgfere and Robert O. Keohane eds. *Humanitarian Intervention: Ethical, Legal and Political Dilemmas*, New York: Cambridge University Press, 2003, pp. 18 – 19.

第一章 从理念到规范：国际人权保护责任的理论分析

民免遭人为的暴力而进行的跨边界的军事部署"。① 迈克尔·曼德鲍姆（Michael Mandelbaum）则认为国际干预是国际社会进行人权保护的权利与义务。② 以上对于人道主义干预概念的界定只是众多界定中的一部分，学界至今并没有形成一个统一的共识。不过从众多学者对人道主义干预的解释中，可以把其归纳为两种：一种是指一切以"人道主义"或者"保护人权"为名义而实施的武力干预行为；另一种是指当一国出现大规模侵犯其国民基本人权的状况时，特别是主权国家政府无力控制威胁到人数众多的国民生命安全的人道主义灾难时，他国或联合国为制止这种灾难的发生而采取的武力干预行动。其共同之处在于国际干预必须是以人权保护为根本目的，而分歧则在于如何界定被干预的对象和手段与主体。国内有学者根据这些分歧把众多观点明确分为狭义派和广义派。③ 狭义派的观点对人道主义干预的限定较为严格，认为人道主义干预或者保护的对象不能是干预国本国的公民，即人道主义干预的目的是为了"拯救陌生人"（Saving Strangers），否则将被视为自卫行动而不是人道主义干预。此外，狭义派对人道主义干预的方式的界定也仅限于武力干预或者威胁使用武力。④ 而广义派则认为人道主义干预的方式可以是武力的，也存在非武力的国际干预行为，如联合国维和、经济制裁、人道主义救援、冲突后重建等都已成为人道主义干预的重要手段。⑤ 在主权国家或地区发生大规模人道主义危机的情况下，常常会有外部力量进行国际干预。冷战后国际形势的新变化为国际干预提供了可能性，美苏两极对抗结束后，爆发世界大战的威胁几乎成为不可能，国际局势呈现出总体缓和的态势，和平、发展、合作成为主流，但局部动荡、国内冲突等新问题开始成为国际冲突的首要形式。一些

---

① ［美］玛莎·芬尼莫尔著，袁正清、李欣译：《干涉的目的：武力使用信念的变化》，上海：上海人民出版社，2009年版，第55页。
② Michael Mandelbaum, "The Reluctance to Intervene", *Foreign Policy*, Vol. 95 (Summer), 1994, pp. 3 – 18.
③ 魏宗雷、邱桂荣、孙茹：《西方人道主义干预理论与实践》，北京：时事出版社，2003年版，第30—33页。
④ ［英］尼古拉斯·惠勒著，张德生译：《拯救陌生人——国际社会中的人道主义干涉》，北京：中央编译出版社，2011年版第8页。
⑤ 魏宗雷、邱桂荣、孙茹：《西方人道主义干预理论与实践》，北京：时事出版社，2003年版，第214页。

"保护的责任"与国际人权规范建构

国家内部冲突的各派,往往与周边国家有着复杂的种族、宗教、经济和文化联系,这就使得原本属于国内问题范畴的冲突呈现出多边化和国际化的趋势,对地区稳定乃至国际和平与安全产生重要影响。

国际规范是国际关系学领域的重要研究内容,随着国际规范在国际关系中的重要性日益凸显,西方国际关系学者对国际规范进行大量的定义与讨论。玛莎·芬尼莫尔认为:"国际规范是特定国家行为体共同做出适当行为的集体预期。"[1] 彼得·卡赞斯坦则把其定义为"在给定行为体身份的情况下,对行为体适当性的共同预期"。[2] 他认为制度化的规范可以限制或促进行为者的政治选择。综合两位学者的观点,可以将"国际规范"定义为:"在特定的时间和空间范围内,主权国家在互动进程中所形成并接受的关于彼此行为适当性的一种稳定预期(Stable Expectations)和共有观念(shared beliefs)。"在具体应用方面,国际规范在全球治理中不仅履行其作为规则制度上的理性主义功能,即在提供"服务""制约""示范""惩罚"等作用的同时,在一定程度上发挥着"社会化"的作用,以满足国家对协调和稳定的预期需求。国际规范往往是由国家通力合作在国际组织框架内制定的。人权作为一种抽象的权利观念,要具体落实到国际人权保护的实践中去,就必须借助制度化和规范化的方式才能得以实现。由于人权本身具有的"非物质性"和观念特质,从某种意义上而言,它本身就是一种典型的国际规范。这种规范既有法律意义上的,比如已经为国际社会所广泛接受的国际人权公约;也有组织制度意义上的,比如联合国内部设立的各种人权机构;还有道德意义上的,比如尚未上升到国际法层面,但已经为国际社会大多数国家和地区所遵循的国际惯例和非正式规则。

自二战后联合国成立以来,国际社会已经初步建立了以联合国为主导的国际人权规范体系,把人权问题提升到国际高度。人权在20世纪末期被认为已取得不容违反、不容质疑的普遍国际法规范的地位,任何与之抵触

---

[1] Martha Finnemore, "Norms, Culture, and World Politics: Insights From Sociology's Institutionalism", *International Organization*, Vol. 50, No. 2, 1996, p. 326.

[2] Peter Katzenstein, ed., *The Culture of National Security*, New York: Columbia University Press, 1996, p. 4.

的单方面行动在法律上都是无效的。① 国际人权保护也日益趋向于规则治理或日益建立在规则上的一种进程或趋势。值得关注的是,在联合国框架内国际人权概念和规范的形成与发展,在一定程度上反映了国际社会在国际人权保护进程中所达成的共识。此外,随着人权保护国际化和规范化趋势的加深,东西方国家之间、发达国家和发展中国家之间在国际人权规范的价值诉求方面一直存在着分歧和激烈的斗争。

当今国际人权保护的特点和发展趋势使国际法约束的范围越来越广,对《联合国宪章》的解释也越来越宽泛,而国家主权的绝对管辖范围在相对缩小。换言之,国家主权的绝对主义神话正在被打破,相反,其相对性在逐渐增强。② 国际人权保护在二战结束后的很长一段时间内,并没有强制性的人权保障机制与之相配套。人权保护问题在本质上属于主权国家的国内管辖事项,在《联合国宪章》里无法找到强制性干预措施来进行人权保护的选项。冷战结束后,随着人权保护观念以及"人的安全"(Human Security)内涵的拓展,人权保护问题得到前所未有的重视,尤其是在联合国框架下通过调节和干预,加强对人道主义危机的预防和应对的观念逐渐得到国际社会的普遍认可与接受。然而,随着强制性手段在国际人权保护中的频繁使用,发展中国家对国际干预可能会损害国家主权的担忧也在不断增加。从历史的角度来看,基于《联合国宪章》所确立的国际人权机制的概念与范围,可以将国际人权保护的责任与传统西方大国所倡导的"干涉主义"区分开来,因此只有二战后以联合国为主导的国际人权保护才是本书所重点讨论的对象。

二、《联合国宪章》与国际人权保护

第二次世界大战结束以后,尤其是自联合国成立以来,人权保护作为一种理念已经逐渐深入人心,并得到国际社会的普遍认可与支持。在此背

---

① Lung chu Chen, *An Introduction to Contemporary International Law*, New Haven: Yale University Press, 1989, p. 215.

② 梁西著:《国际组织法》,武汉:武汉大学从出版社,1998年版,第411—414页。

"保护的责任"与国际人权规范建构

景下,国际人权保护也出现诸多新的发展态势和新动向:即从最初的观念形态、宣言式的呼吁,开始逐渐转向联合国体系为主导的国际人权规范建构。从实践进程来看,联合国的建立本身大大推动了国际人权保护的重大发展,尊重和保障人权问题被多次强调,并被提上国际立法日程。以《联合国宪章》和其他相关国际文件为基础,国际社会逐渐形成一整套有关国际人权保护的基本规范和准则,这些基本规范和准则构成本书研究人权保护责任问题的规范基础。联合国作为当今国际社会实现和平与正义的重要机构,《联合国宪章》所确立的国际人权保护的宗旨和基本原则决定了联合国在当今国际人权保护体系中的核心作用。《联合国宪章》的序言、第一条第2、3款、第十三条第1款丑项、第五十五条第3款、第六十二条条第2款、第六十八条以及第七十六条第3款都规定了和人权问题有关的条款。[①] 联合国成立后,经社理事会根据宪章的第六十八条,设立了人权委员会,从不同方面构成和完善了联合国体系下的国际人权保护机制的规范基础。

《联合国宪章》是联合国系统的纲领性文件,也是国际人权保护行动的基本法理依据。宪章宣布:联合国人民决心"重申基本人权,人格尊严与价值,以及男女与大小国平等权利之信念",并在其宗旨中规定"不分种族、性别、语言或宗教,增进并激励对于全体人类之人权及基本自由之尊重"。[②] 宪章多处提到人权,并把尊重和保障人权和基本自由作为维护国际和平的重要条件之一。总的来看,联合国的建立和《联合国宪章》的制定,构建了一种以集体安全机制代替传统的军事结盟制度,以大国协调一致来维护战后国际和平、安全与人权的方式,这在国际人权保护的历史进程中具有十分重要的意义,为二战后近70年来的国际人权保护确定了基本的原则,建立了行动体系,提供了组织保障、决策程序、工作方法和实施手段,使国际人权保护成为国际法范畴内的"合法关注"事项。

---

① 《联合国宪章》,见联合国网站:http://www.un.org/zh/documents/charter/。
② 《联合国宪章》第一章宗旨及原则,第三条,见联合国网站:http://www.un.org/zh/documents/charter/chapter1.shtml。

第一章 从理念到规范：国际人权保护责任的理论分析

从权限来看，联合国安理会、大会、人权理事会、人权高专、经社理事会等主要的联合国机构都分别承担国际人权保护的重要责任，但需要特别指出的是，联合国将通过强制性行动维护国际和平、安全与人权的主要职责（Primary Responsibility）赋予了安理会。《联合国宪章》规定，安理会有权力调查任何争端或有可能影响国际或地区和平与安全的任何情势，并断定该情势是否对国际和平与安全产生威胁和破坏，从而决定是否对该争端或情势采取行动以及采取何种行动。按照《联合国宪章》的规定，联合国安理会拥有从和平解决办法到强制执行手段直至军事干预行动在内的各种行为能力。可见，按照《联合国宪章》的规定，联合国各会员国在把遵照联合国宗旨和原则来维持国际和平与安全的这样责任授予联合国安理会后，同意按照《联合国宪章》的基本原则来接受并执行安理会的相关决议。同联合国大会主要属于审议性的职权相比，安理会的职权则主要属于执行性的，它是联合国体系中唯一有权采取强制性行动（enforcement action）来维持国际和平与安全的机关，使国际人权保护的实施更加现实和有效。① 因此，只有在联合国安理会合法授权下的人权保护行动才具有合法性与正当性。

从国际人权保护的方式来看，按照《联合国宪章》的规定，为了实现"维持国际和平与安全"的目的所实施的国际人权保护行动可以分为两类：一是"以和平的方式，调整或解决足以破坏和平之国际争端或情势"；二是"采取有效集体行动，以预防且消除对于国际和平之威胁，制止正在发生的侵略行为或其他和平之破坏"。《联合国宪章》所指的和平办法是《宪章》第六章、第十四章等章节所规定的方式，包括和平谈判、事实调查、危机调停、外交斡旋、和解、仲裁以及地区组织或区域办法等方式，或通过诉诸于国际法院以司法程序来解决。《联合国宪章》第七章对"对于和平之威胁、和平之破坏及侵略行为之应对办法"进行了明确的规定，包括对"和平之威胁、和平之破坏及侵略行为"是否发生的断定（第39条），"为防止情势之恶化"而"促请当事国遵循安理会所认为必要或合宜之临时办法（第40条），"武力以外之办法"以及"必要之陆海空行动"（第

---

① 梁西著：《现代国际组织》，武汉：武汉大学出版社，1984年版，第93页。

· 53 ·

"保护的责任"与国际人权规范建构

41、42条），为维持国际和平及安全所必须之军队、协助及便利（第43、44、45条），武力使用计划的组织（第46、47条），有关行动的决定与实施（第48、49、50条）以及会员国的自卫权等。

但是，需要特别指出的是，《联合国宪章》中关于人权的条款都规定得很抽象模糊，既没有关于人权概念的具体定义，也没有对人权实施保障的具体措施。

在战后联合国等国际社会实施的国际人权保护行动实践中，《联合国宪章》第七章所规定的集体安全办法并未得到有效运用，也未能真正防止西方大国和地区国际组织绕过联合国以"人权保护"为由对别国实施人道主义干预行动。进入20世纪90年代以来，在联合国的人权保护实践中，联合国维持和平行动（UN Peacekeeping Operation）不仅明显增加，而且扩大了以往的维和行动范围。联合国维持和平行动作为一种创造性的手段却逐步发展起来，成为战后国际人权保护行动的主要干预形式，大大地拓宽了国际人权保护的领域，增强了国际人权保护的有效性。[1] 冷战结束后，随着国内冲突的增多，地区人道主义危机频繁发生，以联合国为主导的维和行动次数逐年增多，其规模不断扩大，维和行动的性质和作用也往往超出其传统的职责范围，开始从维持和平向建设和平方面发展。[2] 因此，联合国的对外干预职能得以强化，强制性措施成为其经常采用的维和规范。但是某些联合国维和行动陷入了直接干预别国内战中，成为冲突中的一方，违背了联合国宪章的基本原则。尽管特定意义上的强制性维持和平行动在法源和地位方面还存在着诸多争议，但不能否认，维持和平行动是联合国在国际人权保护行动方面的一大"发明创造"，它使联合国主导的国际人权保护行动进入了一个新的发展时期。

值得注意的是，随着国际形势的发展变化，国际人权保护行动并未仅仅停留在最初《联合国宪章》所规定的活动范围之内，国际社会正在根据

---

[1] 李一文著：《蓝盔行动》，北京：当代世界出版社，1998年版，第350—375页。
[2] 薛磊："联合国维和行动的新发展：从维持和平走向建设和平"，《国际展望》2005年第6期，第49—59页。

国际形势的新变化对《联合国宪章》的诸多条款进行适合时代发展的新解释。在后冷战时代，和平手段依然在使用，传统意义上的维和行动仍然在进行，并且已经发展至监督选举、选举援助、人权观察和难民重返家园、冲突后重建等领域。更值得注意的是，包括《联合国宪章》第七章界定的"有效地集体办法"在内的广义上的维持和平与安全行动，也正在不同领域和不同层次上展开，并且在人权保护的实践中强制性地得以运用。可以说，当前国际人权保护行动已经进入一个实践日益丰富、理念不断创新、相应争议不断扩大的新时期。

第二节 国际人权保护责任的主体与对象

厘清了有关国际人权保护责任的相关概念，本节将具体界定国际人权保护的对象、主体。事实上，国际人权保护问题主要包含三个方面的内容：即主体、对象以及国际人权保护的方式。有关国际人权保护是否合法或者合乎伦理的争论多是起因于对这三个问题的不同认识。从国际人权保护的主体来看，谁有权开展国际人权保护或者干预手段的使用是国际社会争议的关键所在。国际社会的主流观点认为联合国是唯一合法的人权保护的主体与核心，但现实中的单边干预实例又给国际习惯法提供了先例，"随着国际干预实例的增多，人道主义干预会不会逐渐发展成为一种人权保护的规范"[①]的担心是有道理的。从国际人权保护的对象来看，一国确实存在大规模人道主义危机或人权侵犯行为是干预者进行干预的先决条件，但众多学者在讨论人权干预行动是否需要得到被干预者同意的问题上又产生了分歧。从干预方式来看，武力和非武力方式并不构成判断干预行动是否为人道主义干预的条件。正是由于以上三个方面存在着争议，国际人权保护问题才显得如此复杂。但从国际人权保护发展的实践

---

① 刘波：《在秩序与正义之间：国际社会人道主义干预问题研究》，北京：中国社会出版社，2011年版，第4—5页。

"保护的责任"与国际人权规范建构

进程来看,人权保护往往针对的是对"弱国家"或"失败国家"[①]的人权保护,在全球化时代,对国家及其主权的质疑与反思已经成为一种时尚。在当今国际人权保护体系中,主权国家和以国际组织为代表的国际社会在国际人权保护中分别发挥着不同的作用,它们究竟在国际人权保护中应该承担何种责任?特别是在何种情况下,国际社会可以干预一国的内部事务并承担相应的国际人权保护责任?主权国家与国际社会在国际人权保护中存在怎样的互动与协调?这是履行人权"保护的责任"需要思考的问题。

一、国际人权保护的主体

在国际人权保护行动中,主权国家自身承担着保护、实现和发展国内人权的首要责任,这在国际人权文件中已经有明确的规定和要求。随着人权保护国际化进程的深入发展,国际社会也逐渐介入主权国家对其国内人民的保护领域,并在特定情形下被要求承担保护国内人权的责任。在这方面,2002年成立的国际刑事法院是一个重大的发展。根据《国际刑事法院规约》,在主权国家不能或不愿追诉、惩治国内人权犯罪时,国际刑事法院对特定的人权侵犯行为可以行使补充性质的管辖权。2005年《世界首脑会议成果文件》首次以宣言的形式表明,主权国家有责任保护本国人民免遭灭绝种族、战争罪、族裔清洗和危害人类罪之害。当主权国家无能力或无意愿履行该责任时,国际社会应通过适当的外交、人道主义和其他和平方式履行该责任,在必要时甚至通过联合国安理会授权采取强制性干预行动。[②] 这是对国际社会参与国际人权保护行动的最新的权威表述。总的来说,我们可以按照不同的行为体力量将国际人权保护的主体分为三种:主权国家、以联合国为代表的国际组织以及其他大国所主导的国际人权保护行动。

---

① Thomas H. Henriksen, "The Rise and Decline of Rogue States", *Journal of International Affairs*, Vol. 54, No. 2, 2001, pp. 349 – 370. Stewart Patrick, "Weak States and Global Threats: Assessing Evidence of Spillovers", *Working Paper*, Centre for Global Development, Number. 73. January, 2006, pp. 1 – 31.

② 联大第六十届会议决议:《2005年世界首脑会议成果》文件, A/RES/60/1, 第27页。

（一）主权国家的地位和作用

对国内人民人权的保护，既是主权国家的权力和权利，更是主权国家的责任和义务。作为责任主体的国家具有保护其国内公民的责任，这既是国内宪法的基本要求，也是当今国际法律秩序的要求。人权作为普遍性的权利，保护人权成为所有主权国家所负担的一项国际义务。在现代国际法中，主权国家与其国民的关系在一定程度上已经超出传统国际法上的意义，而进入国际社会所共同关注的领域。其要求主权国家在对内绝对权力与对外独立自主的基础上，承担起保护其国民基本权利的责任。在国际人权保护的责任中，主权国家是极其重要的国际行为体，特别是与以联合国为代表的国际组织和国际社会相比，主权国家对其国内人民承担着实现其安全、物质和精神方面权利的首要责任。

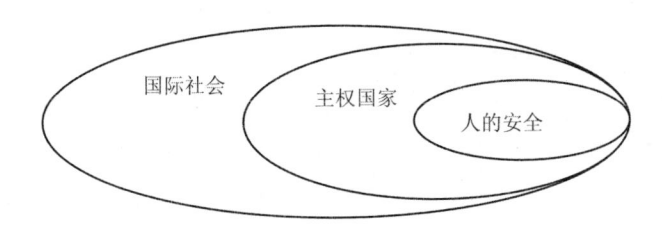

图1—3 人权保护责任示意图

资料来源：作者自制。

国际人权保护的主体是主权国家，国家不仅直接制定国内人权法，参与制定国际人权法，还承担着将国际人权法转化为国内法的义务。首先，国内人权法是由国家直接制定并由国家保证其实施的，国内人权的实现是国家立法和司法实践的结果。其次，国际人权法同样是由国家集体参与制定，并通过国家之间的合作保证其得以实现的。再次，国际人权法规定的基本人权和自由必须经过国家将其转化为国内立法，并保证在国内得以贯彻和实现。因此，没有主权国家的参与，任何个人和集体均无法直接享受到国际人权的保护。

(二) 国际社会 (包括国际组织)

尽管保护人权的主要责任在于主权国家自身，但随着人权保护国际化趋势的加深，国际人权保护还需要一种超越主权国家秩序之上的法律与规范来对主权国家滥用权力的行为进行监督与问责。[①] 当一个主权国家或地区在出现"大规模、有组织和系统性侵犯人权行为"和人道主义危机现象而背离国家自身目标时，国际社会就需要将人权保护的责任纳入国际法的相关管辖范围内，承担必要的干预、问责与监督的责任。但必须是应冲突国合法政府的呼吁或申请，国际社会有义务施予必要的人道主义援助，以防止事态的恶化，甚至向其他国家蔓延。从增强"主权"对内的责任来说，国际社会的介入是帮助而非限制国家主权的实现。[②] 对于一个"脆弱"或"失败"国家来讲，保护其主权的最好方式就是得到国际社会的帮助。[③] 只不过外部的援助行动只能是辅助性和补充性的，人道主义问题的最终解决还必须依靠当事国政府自身的能力建设与国内人民的共同努力。

国际社会履行人权保护责任的主体主要包括两大类：大国以及以联合国为主的国际组织。大国是国际人权保护行动中的重要行为体，大国常常因其具有普遍利益而不断地参与到世界事务之中，创造"游戏规则"，处理国际危机和冲突。英国学派学者赫德利·布尔（Hedley Bull）将人权保护的干预行动视为大国行为的显著特征，认为"大国就是那些发动干预行动而本身不被干预的国家。一旦它们成为被干涉的对象，如1918—1922年的俄国，那么它也就失去了大国应有的地位"。[④] 由此可以看出，大国自身所具有的强大实力是其对外开展人权保护行动的必要条件。在涉及强制性

[①] [加] 约翰·汉弗莱著，庞森等译：《国际人权法》，北京：世界知识出版社，1992年版，第5—7页。Mark Bovens, "Analysing and Assessing Accountability: A Conceptual Framework," *European Law Journal*, Vol. 13, Issue. 4, 2007, pp. 447–468。

[②] 邱美荣、周清："保护的责任：冷战后西方人道主义介入的理论研究"，《欧洲研究》2012年第2期。

[③] Francis M. Deng, *Sovereignty as Responsibility: Conflict Management in Africa*, Brookings Institution Press, 1996, p. 19.

[④] Hedley Bull, ed. *Intervention in World Politics*, New York: Oxford University Press, 1984, p. 1.

的国际人权保护行动中,联合国安理会常任理事国的作用往往是其他大国所无法替代的。当联合国试图介入某国国内出现的人道主义危机或灾难时,没有得到联合国安理会常任理事国的支持便很难取得实质性的成果,也无法得到国际社会的认可与支持,卢旺达悲剧和科索沃危机就是很明显的例证。

冷战结束后,联合国授权的国际人权保护行动范围不断扩展,因此开始有研究者将国际组织作为分析的基本单位,国际组织被赋予了重要的"保护者"地位。[1] 人权保护本来属于一国的国内管辖事项,但随着全球化的深入发展,人权保护日益呈现出国际化的发展趋势。国际社会对人权保护负有"剩余责任"(Residual Responsibility)。安勒·彼得斯(Anne Peters)指出:"国际人权保护是一个多层次治理(Multilevel Governance)的进程,从主权国家到区域再到全球的多个层面。当国家层面不能履行责任时会启动更高一层面的治理。国际社会的人权保护责任来自'互助原则'(Principle of Solidarity),这个原则主张人民有权寻求其他国际社会的人道主义援助。[2]

从国际社会人权保护的历史实践来看,联合国作为当今国际社会最具权威性、普遍性和代表性的国际组织,无疑是当今国际人权保护体制的核心力量。尽管冷战期间联合国未能很好地发挥《联合国宪章》所赋予的职能与作用,在维护国际和平与安全方面有许多不尽如人意之处,但它在当今国际人权保护进程中的作用仍然无可替代。联合国不仅是国际人权机制和人权规范的最重要的载体,而且已经形成一系列人权规范的网络和机制链条,联合国主导下的国际人权保护行动具有以下特点:

首先,联合国主导下的国际人权保护行动合法性比较高。自威斯特伐利亚秩序诞生以来,主权国家观念深入人心,从严格意义上讲,对一个国家的内部人权事务进行干预和保护是与国际法的基本原则相冲突的。但是,联合国可以根据《联合国宪章》精神,在必要的时候对那些被认为是

---

[1] Sean D. Murphy, *Humanitarian Intervention*: *The United Nations in an Evolving World Order*, Philadelphia: Philadelphia University Press, 1996, p. 37.

[2] Anne Peters, Humanity as the A and Ω of the Sovereignty, *The European Journal of International Law*, Vol. 20, No. 3, 2009, pp. 518 – 536.

"保护的责任"与国际人权规范建构

对地区稳定和国际安全造成严重威胁的事务采取强制性的手段。因此，从理论上说，联合国在特定的情势下可以介入一个国家内部的人权事务。联合国的人权保护行动是以联合国安理会或者大会的相关决议为基础的，并在很多情况下是得到冲突国的同意或是国际社会的一致认可才能进行的，因此联合国所主导的国际人权保护行动具有较高的合法性。

其次，联合国开展人权保护行动在一定程度上依赖于国际社会各成员国的集体行动与共识，尤其是联合国安理会各成员国的意见。联合国安理会是唯一有权授权采取行动的机构。正如罗伯特·考克斯（Robert Cox）和哈罗德·雅各布森（Harold Jacobson）在其研究中所指出的那样，联合国安理会议题内容与各成员国的国家利益密切相关，联合国安理会自主能力较低，组织决策结果也必须通过具体国家来加以实施。[①] 尤其在使用武力这种与成员国利益直接相关的议题下，成员国的意见和参与情况至关重要，这也恰恰是联合国在人权保护行动中常常面临困境的主要原因。

通过以上分析，与国际社会在人权保护中的责任相比较，主权国家在当今的国际人权保护中应该承担的责任具有特别突出的意义。对内来说，这使得主权国家具有了一种最高的权威，成为所有公民的权利的首要保护者。正是终极保护者这一角色，使得许多国家强调一种"主权绝对主义神话"的错误信念。在这一观念的主导下，有些主权国家往往成为平民权利的威胁者或肇事者，做出许多侵犯公民权利的事情来，在极端情势下甚至酿成人道主义灾难。[②] 目前问题的关键在于：当不涉及一国内部事务时，主权国家与国际社会在承担国际人权保护的责任的分工是清晰的；但当涉及一国内部事务时，两者所承担的人权保护的责任的界限究竟在哪里呢？如果不能确定这种边界，那么两者必然竞相争夺或是放弃某一部分职能，从而导致世界政治的混乱。

因此，必须就主权国家和国际社会在国际人权保护中承担的责任的大致分界确定一些指导性的原则，如此才能在人权保护中协调好二者的关

---

① Robert Cox and Harold Jacobson, *The Autonomy of Influence: Decision Making in International Organization*, New Haven: Yale University Press, 1973, pp. 20–23.

② Barry Buzan, *People, States and Fear: An Agenda for International Security Studies in the Post-Cold War Era*, London: Harvest Wheatsheaf, 1991, p. 364.

系。笔者认为，既要使得主权国家在人权保护中承担首要的责任，又使得它对本国人民利益的负面效应降到最低，就有必要在全球化的大背景下对国家主权持一种开放型的态度。在这种开放型的新型全球治理体系下，国界不再具有那种能够将国内与国际进行截然区分的作用，主权国家对其公民负有首要的责任，但为所欲为的主权权力滥用行为将受到来自国内与国际社会的监督、限制与问责。就像一种世界主义伦理所主张的那样，主权不是一种私域（private），而应该是一种负责任的主权（sovereignty as responsibility）。[①] 当主权国家自身因能力或意愿缺失而无法承担对其人民保护的责任时，国际社会就应该替代性地肩负起这一责任。

那么，如何来判断一国国内人权保护途径是否失效？以及如何确定国际社会以协助性或辅助性方式来承担国际人权保护的责任呢？一般来说，国内人权保护的途径包括：制度内保护，即主权国家政府通过自我调整或政府的正常更替（如通过选举）来停止对人民的权利侵犯，人民则通过游行、示威、舆论来对此施加压力；有的甚至通过暴力推翻既有政权来制止侵害。而国际社会则通过相关手段促使主权国家改变其侵犯本国人权的政策，其影响手段主要包括：利益诱导、外交孤立与经济制裁、武力干预等。但国际社会的介入往往会导致主权国家权威的损害甚至颠覆，因此在运用这些国际社会的人权保护手段时应该极其慎重，正如有的学者在论述人权保护的责任时所指出的："国际人权保障原则上限于国内纠正难以实施的情况。"[②] 沃尔泽也承认在特殊情况下有人道主义干预的必要性，但这种特殊情况是指在当事国政府不能或无力制止人道主义危机这一情况。他指出，"人道主义干预如果是对震撼人类良知的人权侵犯行为的反应，那么它就是正当的"。[③] 因为这捍卫了个人生命和共同体自主的价值，而国家主权不过是这些价值的表现。他的观点是承认正当干预具有一定的合理性

[①] Catherine Lu, *Just and Unjust Intervention in World Politics*, New York: Palgrave Macmillan, 2006, pp. 85–86.

[②] [日] 大沼保昭著，王志安译：《人权、国家与文明》，北京：生活·读书·新知三联书店，2003年版，第121页。

[③] Michael Walzer, *Arguing About War*, New Haven, CT: Yale University Press, 2004, p. 69. [美] 迈克尔·沃尔泽著，任辉献译：《正义与非正义战争——通过历史实例的道德论证》，南京：江苏人民出版社，2008年版，第120页。

"保护的责任"与国际人权规范建构

和必要性,但必须对其做出严格限制。

可见,人权保护责任的承担和履行被界定为具有国内和国际两个层面,并在相互关系上做了原则性的理想安排。但必须明确的是,国际社会基于国际主义的义务和普遍原则进行的国际人权保护的责任,并不意味着国际社会可以越俎代庖,把原本属于该国政府的责任也包揽过来,甚至以"救世主"自居,打着人权保护的招牌干涉别国内政。长期以来,国际社会在人权保护中的争议,就是未能清晰地界定国际社会与主权国家在国际人权保护中的责任。一方面,过分夸大了来自国际社会的外部干预对于国际人权保护中的作用,在人权保护问题上采取双重标准;另一方面,却忽略了主权国家自身在人权保护中的首要责任。国际层面的努力最终都需要落实为国内层面主权国家的保护,这是实现人权价值最为重要和关键的条件。因此,妥善处理好主权国家与国际社会在人权保护中的责任问题,分清其界限与主次,是当前国际人权保护必须认真对待的问题。

二、国际人权保护的对象

人权国际保护(International Protection of Human Rights)主要是指主权国家和国际组织根据国际人权条约或国际人权习惯法,承担特定的或普遍的国际人权义务,对侵犯人权的行为加以预防和惩治的活动。[1] 自联合国成立以来,人权国际保护的对象随着时代的发展,其内容和方式都在不断地发生变化。人权的国际保护全面进入国际法领域主要是在联合国成立以后,鉴于德、意、日法西斯对全人类所犯下的滔天罪行及其惨痛教训,人权的保护开始得到国际社会的普遍性关注,并开始从原来的"国内管辖事项"(The Matters of Domestic Affairs)逐渐拓展成"国际关切事项"(The Matters of International Concern)。[2] 但当时的国际人权保护主要是为了阻止和延缓国家间战争的爆发,防止他国因发动战争而对国际人权的践踏。

---

[1] 刘明著:《国际干预与国家主权》,成都:四川人民出版社,2000年版,第14页。
[2] Jack Donnelly, *International Human Rights*, Westview Press, Second Edition, 1998, pp. 4 – 10.

二战结束后，随着全球相互依赖的加深，各种全球性问题日益凸显，国家之间发生战争的可能性大大降低，原来隐藏在两极格局下民族矛盾、种族纠纷、国家内部治理等问题所引发的内乱与冲突开始成为威胁地区和平的主要因素。詹姆斯·费伦（James D. Fearon）曾指出："当今国际社会面临的威胁不是来自强国的征服与兼并，而是来自第三世界的国内政治动荡、国家崩溃和治理不善所导致的诸多安全和政治、经济后果，这迫切需要国际社会一起努力，共同承担治理的责任。"[1] 这时期国际人权保护的对象主要是国内冲突中出现的大规模、系统性的人权侵犯行为，如大屠杀、分裂主义、种族隔离、种族灭绝、国际恐怖活动等，甚至出现国家政府处于瘫痪或无政府状态。这些冲突往往伴随着极端的民族主义与宗教狂热，甚至出现种族清洗、大屠杀等反人类的暴行。其结果是不仅使大量无辜平民成为地区冲突的直接受害者，而且导致大量难民与人道主义危机，危及周边国家和地区，乃至影响国际和平稳定与安全。

总的来看，二战以来的国际人权保护主要是大国与联合国为主的国际社会针对小国或"弱国家"国内人权的保护行动。在全球化进程深入发展的今天，任何一个国家或地区出现大规模、系统性的人道主义灾难时，对于冲突中无辜平民基本权利的保护都不能遭到漠视，国际社会需要在尊重《联合国宪章》基本原则的基础上，通过外交、人道主义援助等适当的方式提供人权"保护的责任"。

三、人权保护中的责任及互动

在当前的国际人权保护进程中，主权国家自身和国际社会在人权保护中应该分别承担何种责任呢？这两种责任主体在国际人权保护进程中存在着怎样的互动关系？其背后互动的逻辑（见图1—4）对于本书探讨国际人权规范变迁有着重要的意义。

首先，主权国家承担和履行着保护国内人民的首要责任，保护本国人

---

[1] James D. Fearon and David D. Laitin, "Neotrusteeship and the Problem of Weak States", *International Security*, Vol. 28, No. 4, 2004, pp. 40–42.

"保护的责任"与国际人权规范建构

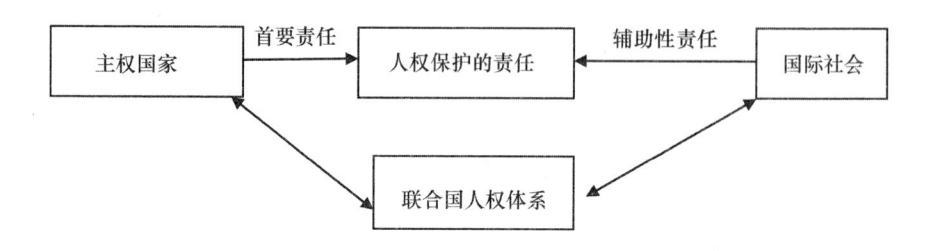

图 1—4 主权国家与国际社会在人权保护责任中的主从关系
资料来源：作者自制。

民免遭灭绝种族、战争罪、族裔清洗和危害人类罪的首要责任在于主权国家自身，这是与《联合国宪章》中所强调的国家主权原则相一致的。主权国家可以通过在国内实施政治、经济、文化和社会保障等多方面的措施，促进本国经济发展、社会及民主政治的发展，培育包容性的政治文化，从根源上改善冲突国的人权状况。国家在总的方面来说是"人的安全"或人权保护的"容器"，但在某些情势下也可能成为其障碍甚至威胁的来源，这就需要得到国际社会的协助、监督与问责。

其次，国际社会则承担和履行辅助性或补充性的责任。国际社会履行人权保护的责任必须充分尊重、维护目标国的主权身份。无论是国内人权还是国际人权，合法有效的人权义务主体只能是主权国家，即公民所属国的政府和法律制度。[①] 以联合国为主导的国际人权保障体系在二战后的国际人权保护进程中发挥着举足轻重的作用。但是在当今无政府的国际社会中，联合国并不是世界政府，《联合国宪章》也从来没有赋予过国际社会必须通过强制性干预来实现国际人权保护。离开主权国家与国际社会的合作与协调，联合国也不可能在国际人权事业进程中发挥建设性作用。相反，联合国在推动国际人权保障合作中，始终强调发挥主权国家作为人权保护责任主体的首要作用。《联合国宪章》第 55 条和 56 条不仅规定了主权国家所承担有保障人权的义务，而且要求主权国家采取"合作行动"，推动国际间对人权的尊重。[②] 但是，宪章第 56 条中"国际合作"，并不意

[①] 朱锋著：《人权与国际关系》，北京：北京大学出版社，2000 年版，第 106 页。
[②] 《联合国宪章》文本，http://www.un.org/zh/documents/charter/。

味着联合国同意大国、国际组织等国际行为体同样具有人权保护责任主体的资格。

因此，在现代国际社会中，国家主权一直构成保护国内人民和实现、发展人权的物质基础和手段。人权的国际保护不能替代国内保护，而只能是国内保护的辅助和补充，只有当主权国家的国内措施不能或不足以保护其国内人权时，才需要依照国际社会所普遍认可的正当程序进行干预。① 在某些情形下，国内人民未能得到很好的保护并非因为国家主权的缺失，而是因为主权国家对其主权的不当运用甚至滥用。此时，国际社会可以向国内人民提供保护，并致力于主权权能的引导，纠正其滥用的行为。② 但是，在这种情形下，国际社会的保护也只能是辅助性或补充性的，其最终目的是要促使主权国家自身能回到履行保护责任的正当性轨道上来。

第三节 国际人权规范演进的理论分析

"规范"（norms）属于一种社会约定，包括规则、法律、标准、习惯、习俗等。近年来，对国际人权规范的研究已经成为国际法与国际关系研究的热点话题。国际规范之所以成为国际社会生存与发展之必需，其根本原因就在于：国际规范作为一种主体间的"共有理念"，能够为国际社会中相关行为体提供一种相对稳定的行为预期。③ 规范一旦固化，就不会简单代表单个行为体的偏好、价值观和意识形态，已经制度化的规范往往代表的是一种集体持有的共有信念，它可以限制或促进行为体的选择。美国学者彼得·卡赞斯坦（Peter J. Katzenstein）认为国际规范是"描述给

---

① 李先波著：《主权·人权·国际组织》，北京：法律出版社，2005年版，第197页。
② 赵洲著：《主权责任论》，北京：法律出版社，2010年版，第243页。
③ [美] 亚历山大·温特著，秦亚青译：《国际政治的社会理论》，上海：上海人民出版社，2000年版，第277页。

"保护的责任"与国际人权规范建构

定身份者的行为体采取某种行为的共性"。① 斯蒂芬·克莱斯纳（Stephen D. Krasner）认为"规范是以权利和义务定义的行为准则"。② 人权规范作为一项抽象的"文明标准"，也是当今国际社会现实的秩序规则，不仅关涉国际伦理与法理，背后还隐藏着诸多复杂的国际政治问题，必须借助规范化的方式来实现。当代西方著名学者哈贝马斯认为尊重人权已经具有道德层面的规范意义。"真正有效的国际法，它的功能不仅是以尊重主权来维持一种狭义的世界和平，而是以加入人权规范来实现一种广义的和平。"③ 国际人权规范的迅速传播与扩散，给以《联合国宪章》为基础的国际法基本规则带来了挑战与冲击，已经成为国际关系研究必须予以回应的现象。④ 当前国际社会对人权问题的关切，使得在许多跨越国家边界的人们中间产生了新的主体间共识，许多关于人权保护的理念在全球范围内扩散并得以实践，上升为一种明示或默认的行为规则或道德规范，从而推动了国际人权规范的演进。伴随着国际体系的转型，当今的国际人权规范体系也正在发生复杂而深刻的新变化，出现了一些值得关注的新理念与动向。

一、从人道主义干预到"保护的责任"

二战结束以来，国际社会已经建立以联合国为主导的国际人权保障体系，特别是近年来，有关人权保护的新理念和新规范已经得到国际社会的普遍认可与支持。冷战结束以来，随着人权保护国际化进程的深入发展，人权保护理念正在发生诸多新的变化，并开始呈现出从理念走向规范的发展态势。尤其是人道主义干预自西方国家提出以后，人权保护成为大国干

---

① Peter. J. Katzenstein, *The Culture of National Security: Norms and Identity in World Politics*, New York: Columbia University Press, 1996, p. 5.
② Stephen D. Krasner, "Structural Cause and Regime Consequences: Regimes As Intervening Variables", *International Organization*, Vol. 36, No. 2, 1982, pp. 185 – 187.
③ 徐贲："秩序和道义：哈贝马斯的国际人权观"，《二十一世纪》（香港）总第58期，2000年4月号。
④ Jack Donnelly, "International Human Rights: A Regime Analysis," *International Organization*, Vol. 40, No. 3, 1986, pp. 99 – 642.

预小国或弱国的借口,西方国家希望将整个世界纳入西方所主导的制度和政治体系,导致人道主义干预思潮的盛行。但人道主义干预行动并未真正解决发展中国家所面临的人道主义问题,反而酿成诸多更为严重的人道主义悲剧,因此遭到广大发展中国家的反对与批评。由于人道主义干预的现实困境,人道主义干预理念也逐渐被"保护的责任"所取代。为什么人道主义干预理念遭到国际社会的批评与质疑,无法成为国际人权保护的新规范,而"保护的责任"却能在短时间内得到国际社会的认可与赞同?那么,究竟是什么因素在推动着国际人权规范不断演化的呢?在人权规范变迁的国际化进程中,规范在各方框定策略互动的作用下也不断发生变化与调整。人权的国际保护在冷战后受到西方国家的重视具有其特殊背景。由于冷战后出现的人道主义危机不断增多,外部力量介入国家和地区冲突事务急需一种新的政策主张提供理论化的行动指导和正当性支持。西方国家将个人权利和"干预者的权利"至上作为其论述的起点,人道主义干预理念由此应运而生。人道主义干预理念将维护人权和捍卫西方共同价值观作为行动目标,以武力手段干预别国内政。自20世纪90年代以来,卢旺达、科索沃、索马里等国家和地区发生的人道主义危机反映了传统的联合国集体安全机制的"能力赤字",而以美国为首的西方国家对南斯拉夫联盟的军事轰炸则引起国际社会对西方国家"人道主义干预"行动的批判与质疑,抵制人道主义干预的呼声高涨。中国、俄罗斯等国在安理会都对北约的行动表达了强烈的反对,并将人道主义干预看成是严重违反《联合国宪章》的非法行为。

冷战结束后,随着人道主义危机的频发,人权保护的理念和实践都呈现出新的发展趋势。在理论方面,人道主义干预的倡导者们将两极格局的崩溃看成是世界历史的重要转折点。[1] 在冷战期间被大国竞争所压制的各种矛盾,如民族分裂主义、种族冲突、宗教问题等纷涌而至,世界进入了一个新的"危险时期",具体表现在国内冲突超过国际冲突而成为威胁世界和平与安全的重要挑战。因此,国际社会需要介入地区冲突国家的内部

---

[1] [美] 弗朗西斯·福山著,黄胜强、许铭原译:《历史的终结及其最后之人》,北京:中国社会科学出版社,2003年版。

"保护的责任"与国际人权规范建构

来开展人权保护行动。当西方国家所倡导的人道主义干预遭到国际社会的质疑与反对时,为有效应对地区冲突中的人权侵犯行为和解决"人道主义干预"理论先天不足的问题,国际社会也不得不正视当前一些国家或地区正在发生人道主义灾难的现实,国际社会呼吁产生一种新的国际人权规范来缓解当前人道主义干预的现实困境。

冷战的结束虽然未从根本上动摇或改变国际体系中大国支配的局面,但国内战争、宗教矛盾、族群纠纷等纷至沓来,维护国家安全的传统方式不足以胜任新安全的挑战,许多新的安全威胁已经大大超越了国际社会的预期,以联合国为代表的国际社会也呼吁国际社会必须对此做出相关回应,但这种回应通常并未达到预期的效果,后来酿成 1993 年索马里国际维和行动的失败、1994 年的卢旺达大屠杀悲剧、1995 年的斯雷布雷尼察族裔清洗事件等。[①] 随后的 1999 年科索沃危机中,联合国安理会在俄罗斯威胁使用否决权时再次不能有效地采取集体行动。这一切都说明,20 世纪 90 年代人道主义危机的频繁发生揭示了传统的人道主义干预或联合国维和行动都无法有效地保护地区冲突中的平民,国际社会必须根据新的国际形势对国家主权概念进行新的诠释。联合国前秘书长布特罗斯·加利(Boutros-Ghali)认为,"行使了几个世纪的绝对的排他式的主权学说已经不再成立,全球化时代需要重新思索主权问题,其宗旨并非要削弱主权的本质,它对国际关系与国际合作至关重要,而是承认它或许采取不止一种形态和发挥多种功能。"[②] 1999 年,时任联合国秘书长科菲·安南(Kofi Annan)提出一种新的主权观,他认为当今国家主权原则仍然是国际法的根本原则,但主权的内涵已经随着时代的发展而被赋予了新的内涵与使命,个人权利必须得到足够重视。在全球化时代,国家主权是为人们服务的工具,个人权利必须得到充分尊重。[③] 安南也呼吁国际社会产生一种新规范用以指导国

---

① Gareth Evans, "The Responsibility to Protect: An Idea Whose Time Has Come and Gone?", *International Relations*, Vol. 22, No. 3, 2008, pp. 284–285.

② Boutros Boutros-Ghali, "Enpowering the United Nations", *Foreign Affairs*, Vol. 71, No. 5, 1992, pp. 96–99.

③ Kofi Annan, "Two Concepts of Sovereignty", *The Economist*, Vol. 352, No. 8137, 1999, pp. 49–50.

第一章　从理念到规范：国际人权保护责任的理论分析

际社会应对地区冲突中的人道主义危机。

作为对安南秘书长呼吁的回应，加拿大政府倡导成立"干预与国家主权国际委员会"，该委员会起草了一份关于如何应对人道主义危机的报告，对国际人权保护中军事干预的标准、授权程序进行系统设计，首次系统地阐述了"保护的责任"概念，主张每个国家均有责任保护本国公民免遭可以避免的灾难——免遭大规模屠杀和强奸，免遭饥饿，当主权国家不愿或无力这样做的时候，必须由更广泛的国际社会来承担这一责任。"保护的责任"概念是对主权原则、国际人权保护与国际责任进行重构的新尝试，随后引起国际社会的广泛讨论，并产生了巨大反响。

二、国际人权规范演进的理论分析

"保护的责任"概念自2001年由"干预与国家主权国际委员会"提出后，经过了10多年的发展、完善与定型，在针对人道主义危机中的平民保护方面已经有着比较丰富的内涵、原则与具体实施标准。[1] 联合国作为"保护的责任"规范的坚定倡导者与推动者，在近20年时间里，联合国秘书长发表了多份与"保护的责任"相关的报告，开展了数次正式与非正式的辩论，使"保护的责任"理念得以不断发展和完善，并朝着实践的方向迈进。在联合国倡导下，"保护的责任"理念在全世界得到广泛的传播与扩散，并写入了联合国相关文件、决议之中，在一定程度上得到国际社会的认可与支持。"保护的责任"在如此短的时间内就取代人道主义干预而迅速演化为一种备受关注的人权保护理念，甚至有进一步发展成国际习惯法的新趋势。[2] 这对当前的国际人权保护实践产生了重要影响。从人道主义干预到"保护的责任"的发展过程中，既有联合国等规范倡导者的框定策略发挥着重要作用，也与国际社会不同行为体的态度差异及规范竞争

---

[1] 邱昌情："保护的责任发展趋势及对联合国人权保护理念的影响"，《人权》2013年第4期，第37页。

[2] *Human Rights Center, Religion, Politics and Globalization Program, International Human Rights Law Clinic*, University of California, "The Responsibility to Protect: Moving the Campaign Forward," p. 3. http://www.escholarship.org/uc/item/7ch761zb.pdf.

"保护的责任"与国际人权规范建构

有关。

(一) 框定策略与"保护的责任"的发展

框定理论(Framing Theory)作为当前社会科学分析的热门范畴,在心理学、传播学与社会学等领域都有广泛应用。一般认为,"框定"是通过提供一种全新的认知模式,赋予事件或发生情况以特定的情境与意义,发挥着归因和标注的作用。在社会学的讨论中,它引导注意力的分配,影响受众的认知与讨论方式,塑造其对合理性与正当性的判断。[1] 国际规范在形成过程中实际上是行为体通过自身选择的策略使他者接受其理念而策略性建构一种全新"框架"的过程,这个过程需要重新框定(framing),主要是通过赋予现实实践或正在发生的情况以特殊的意义,建构一种普遍性认知与可接受的框架,进而对个人和集体的行动起到启示与指导作用。[2] 它注重强调和凸显现实社会的发展状况与社会生活的某些方面,通过把这些方面框定为不公正、无法容忍的和通过发起集体行动来加以改变的情势。正是在面对冷战后国际社会在索马里内乱、卢旺达大屠杀和科索沃危机中失败的大背景下,作为对安南秘书长呼吁的回应,"干预与国家主权国际委员会"将对之前人道主义干预所强调的"干预者的权利"转向"人道主义危机中平民"被保护的权利,构建"负责任的主权"新理念,从而试图缓解"人道主义干预"面临的"干预的权利"与"被保护者的权利"、"人权"与"国家主权"相冲突的现实困境。

首先,强调对人权保护中关注议题的转变。从人道主义干预所强调的"干预者的权利"转向对危机中无辜平民的权利的关注,将议题框定在地区冲突中的平民而非那些实施人道主义干预行动的主体,从而有效地缓解了人道主义干预理念中"干预者的权利"与"受保护者权利"相冲突的困

---

[1] Amos Tversky and Daniel Kahneman, "The Framing of Decisions and the Psychology of Choice", *Science New Series*, Vol. 211, No. 4481, pp. 453 – 458. Michael Barnett, "Culture, Strategy and Foreign Policy Change: Israel's Road to Oslo," *European Journal of International Relations*, Vol. 5, No. 1, 1999, p. 5. 黄超:"说服战略与国际规范传播",《世界经济与政治》2010年第9期,第72—87页。

[2] David A. Sonw, et al., "Frame Alignment Process, Micro Mobilization, and Movement Participation," *American Sociological Review*, Vol. 51, No. 4, 1986, pp. 464 – 481.

境。20世纪90年代西方国家实施的人道主义干预实践过度强调了"干预者的权利",狭隘地关注干预行动本身,而忽视了主权国家自身在人权保护中的首要责任,因而遭到广大发展中国家的强烈反对。因为在当前的国际社会里,国家主权原则和不干涉内政原则仍然是国际社会开展国际人权保护的规范基础,大多数发展中国家坚定地支持不干涉内政与国家主权原则,将西方国家所倡导的人道主义干预视为强国干涉弱国内政的工具。而"保护的责任"理念认为国际社会不应将国际人权保护的注意力放在"干预的权利"上,而应该集中于人权保护的责任上。这种话语与注意力的转移更容易获得国际社会的认可与支持,从而有利于"保护的责任"理念被国际社会所广泛认可与支持。

其次,构建了"负责任主权"新理念。"干预与国家主权国际委员会"的报告提出国际人权保护的具体方案与实施标准,阐述了究竟应该由谁行使、由谁授权以及该用怎样的手段来履行国际人权保护的责任。自威斯特伐利亚体系以来,国家主权是一国最高、绝对和不受控制的权力。但随着人权保护国际化趋势的深入发展,国家主权的"绝对主义"神话被打破。"保护的责任"通过赋予主权也是一种责任的新理念,从而提出主权国家自身负有保护本国公民免遭大规模屠杀和强奸、免遭饥饿之害的首要责任,一旦该国不能或无意愿承担此项责任,那么必须由更广泛的国际社会来承担对平民的"保护的责任"。此外,"保护的责任"还具体提出国际社会进行军事干预的限制条件和原则,并将相关限定写入联合国的相关法律文件中,为"保护的责任"的传播创造了良好的舆论环境,有利于该理念在国际社会的广泛传播与扩散。

综上,当前的国际人权规范一直处于不断变迁进程中。"保护的责任"理念的迅速传播与20世纪90年代"人道主义干预"所面临的现实困境分不开,该理念之所以迅速由一种宣言式的理念演化为当今国际社会所广泛援引的人权规范,其主要原因就在于"保护的责任"将"干预的权利"向被保护的平民的目标转移,在国家主权与人权保护之间找到一个平衡点,使之更易于为国际社会所认同与接受。

"保护的责任"与国际人权规范建构

（二）国际人权规范演进中的规范竞争

虽然国际社会绝大多数国家认可与赞同2005年《世界首脑会议成果文件》中所严格限定的"保护的责任"规范。但在"保护的责任"日益成为国际人权保护援引的法理依据时，国际社会也开始越来越多地关注其范围界定和具体的实践层面。基于自身的国家利益、认同与规范立场，发展中国家行为体也往往会通过自身的话语实践来影响当前"保护的责任"规范的内涵、标准与实施机制，力图从发展中国家立场来对现行的"保护的责任"规范进行补充与完善，从而形成多种理念竞争较量的局面，这种人权规范之间的竞争与冲突在发达国家与发展中国家之间表现得非常突出（见图1—5）。

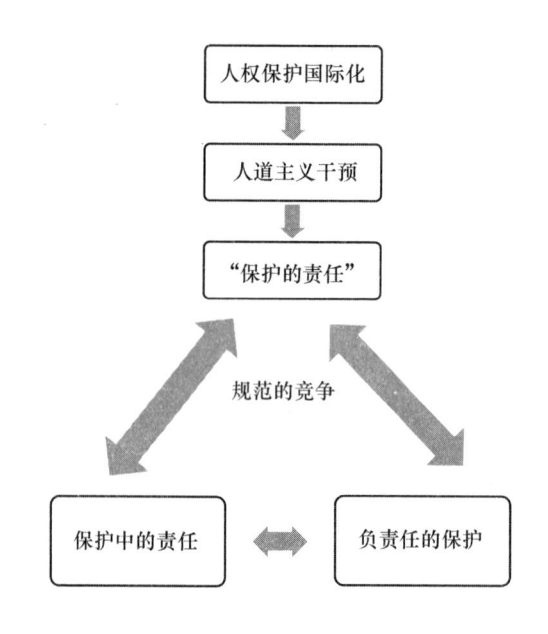

图1—5 国际人权规范演进示意图

资料来源：作者自制。

在利比亚危机后，针对西方国家对"保护的责任"理念的滥用，中国学者阮宗泽就提出"负责任的保护"（Responsible Protection，RP）概念，反思了西方国家在利比亚军事干预行动中"保护人权"的欺骗性,并对"保护的责任"的主体、手段、目标、事后问责机制进行了明确的阐述。①2011年9月,巴西总统迪尔玛·罗塞夫在第66届联大会议中提出"保护中的责任"(Responsibility While Protecting,RWP)理念,强调冲突预防的重要性,认为必须谨慎运用军事干预手段来实现国际人权保护。② 由巴西主导的2005年框架内的"保护过程中的责任"概念,意在鼓励各国采取一系列标准,规制国际社会对"保护的责任"的滥用,尤其对强制性武力干预行动进行监督。在后来有关"保护的责任"讨论中,巴西代表也多次强调国际社会在履行"保护的责任"时必须高度重视"保护过程中的责任",充分权衡军事干预行动目标的达成及其造成的伤害,包括意图之外的可能性后果。巴西代表指出,"保护过程中的责任"概念的提出并非呼吁抛弃"保护的责任"概念,而是期望将两个概念加以结合,以确保干预主体不但具有"保护的责任",且在人权保护过程中也体现出责任感。③

从发展中国家的视角来看,"负责任的保护"与"保护中的责任"的提出充分体现了发展中国家与西方发达国家在国际人权保护理念方面的竞争与博弈,双方在国际人权规范的建构中有着不同的立场与态度。作为国际规范的参与者与后进力量,发展中国家试图通过自身的话语与人权保护实践策略来引导"保护的责任"朝着更加平衡与有序的方向发展。面对西方国家在国际人权保护问题上的话语强势,这些国家采取了一系列策略构建自己的新框架,在规范冲突与竞争中融入了更多的非西方元素。

从人道主义干预到"保护的责任"规范的发展进程来看,"保护的责任"是国际社会在人道主义干预面临诸多现实困境的情势下,试图重构国家主权、人权与责任的重要尝试,也是国际人权保护规范化和法制化的重

---

① 阮宗泽:"负责任的保护:建立更安全的世界",《国际问题研究》2012年第3期,第9—22页。

② Paula Wojcikiewicz Almeida, "From Non-indifference to Responsibility while Protecting: Brazil's Diplomacy and the Search for Global Norms", *Occasional Paper*, No. 138, April, 2013, pp. 5 – 28.

③ [加]乔安娜·哈林顿文,韩蕾、王洪如、侯家琳译:"保护过程中的责任及其对保护的责任的影响",陈泽宪主编:《国际法研究》(第八卷),北京:社会科学文献出版社,2013年版,第91页。

要表现。目前国际社会关于人权保护问题的争论不在于应不应该保护的问题，而主要围绕"是否应该强制性干预"和"如何进行干预"进行，发达国家与发展中国家在该问题上还远未达成共识。而国际社会也在争论过程中不断修正、完善当前"保护的责任"的内涵与实施机制，从而有力地推动了国际人权规范的发展。

第四节 小结

现代国际社会的民主、法制、文明秩序的不断推进离不开世界各国人权的广泛实现和发展，尊重和保护人权已经成为全人类的普遍关怀。人权保护的实现已经构成现代国际秩序的基础和重要目标。冷战结束后，在西方国家的强力推动下，人权保护理念的新发展对当今国际秩序产生了实质性影响。在当今新型全球治理体系下，规则治理与规范化治理已经成为全球治理的必然趋势。在人权保护方面，几乎没有国家能够公开宣称不接受人权价值观，也很少有国家能够完全忽视其国内人权状况恶化所带来的国际国内压力。一国的国内主权对本国人权的有效保护往往会给主权国家的对外交往带来有利的外部环境。相反，如果主权国家任意践踏人权，通过采取暴力、酷刑、种族灭绝、反人类等非人道的方式践踏人权，就会使本国陷入人道主义灾难之中，也会招致国际社会的反对。本章主要从概念和理论角度探讨了主权国家和国际社会在国际人权保护中所应该承担的责任，这两种责任的组合与互动构成未来国际人权保护的治理结构。在全球化深入发展的时代，国际社会对于失败及脆弱国家所导致的人道主义危机的态度和政策已经发生重大变化。国际人权规范的发展是以人道主义干预在 20 世纪 90 年代的兴起和挫折为基本背景的。"保护的责任"这一理念在短时期内迅速得到国际社会的认可与支持，离不开倡导者将"干预的权利"转向"保护的责任"的话语策略，也是各种人权理念的碰撞与规范竞争的结果。但是，"保护的责任"仍然是一项尚未成熟的国际规范，不具有国际法约束力。发达国家和发展中国家在该问题上还存在诸多分歧与立场差异，随着国际权力结构的变迁，发展中国家在全球治理中的地位日益提升，作为国际人权规范的积极参与者与后进力量，发展中国家也纷纷提出自己的理念与人权规范诉求，与西方国家形成规范竞争之势，力图对其构成限制与补充，并融入了诸多发展中国家元素，从而有力地推动了国际人权规范不断向前发展。

"保护的责任"与国际人权规范建构

第二章 人道主义干预与国际人权保护的异化

如果人道主义干预真的是对主权的一种令人无法接受的冲击,那么我们应当怎样对卢旺达、斯雷布尼察的人道主义危机做出反应呢?对影响我们共同人性的各项规则的人权的粗暴和系统侵犯,我们又该怎样做出反应呢?

——联合国前秘书长科菲·安南[①]

《联合国宪章》是国际法最重要的规范,它是国际法律制度首要价值的浓缩和体现,它是国家独立和自主的保护神。

——路易斯·亨金[②]

冷战时期,美苏两大阵营的军事对峙和意识形态斗争掩盖了国际关系中的人权因素。随着冷战的结束,美苏两极均衡的国际政治权力格局被打破,国内冲突开始取代国家间冲突成为国际安全和地区和平稳定的主要威胁,尤其是由冲突造成的大规模人道主义危机成为摆在国际社会面前现实

---

① Kofi Annan, "We, the Peoples—The Role of The United Nations in the 21st Century", A/54/2000, March 27, 2000, http://www.un.org/millennium/sg/report.

② Louis Henkin, *International Law: Politics and Value*, Dordrecht: Martinus Nijhoff Publishers, 1995, p. 113.

而又棘手的问题，人权问题在国际关系中的地位日益突出。此外，伴随着全球化进程加快而产生的全球性问题却日益凸显，一些国家民族矛盾、族群冲突、宗教纠纷导致国内出现大量人权侵犯事件和人道主义危机现象，为西方国家的人道主义干预行动提供了借口。人道主义干预开始成为冷战后国际关系的一种重要的人权保护思潮和实践，对当今国际秩序产生了重大的冲击。但人道主义干预到目前为止尚未形成统一的共识，从概念、特征到合法地位均存在颇多争议。在冷战后的人道主义干预实践中，西方国家在外交政策中不断强化"人权"与"道义"因素的重要作用，认为出于保障人权的需要，任何国家都不能借主权的名义在国内肆意侵犯人权。其中，以"制止人道主义灾难"和"维护人权"为旗号的人道主义干预将西方人权价值观和道义外交推向一个新的高峰。西方国家在国际人权保护实践中不断宣扬"人权高于主权"的理念，主张对发生大规模人道主义危机的主权国家进行国际干预是合法的和正当的，并在实践中将人道主义干预的逻辑用于为在索马里、伊拉克、海地、科索沃、利比亚等地的干预行动提供政治和法理支撑，这导致"人权高于主权论""新干涉主义论""主权过时论"等学说一度甚嚣尘上。这些学说所倡导的人道主义干预行为缺少伦理与法理规范，与国际关系的基本原则、人道主义价值目标相背离，很难真正体现人道主义精神，其结果往往导致更为严重的人道主义悲剧，极大地冲击着现行国际法规范和国际秩序，遭到国际社会的广泛抵制和批评。从国际人权保护的后续发展进程来看，人道主义干预使国际人权保护面临着被扭曲和异化的危险。

进入 21 世纪以来，随着全球化和国际社会相互依赖程度的加深，国际社会有关人道主义干预的形式和理念也发展到一个新的阶段。西方国家更多地强调用一种道德和伦理视角来干涉他国内部的冲突，并试图构建人道主义干预新秩序。① 但是，西方国家所倡导的人道主义干预旨在"保护个人权利，其武力干预行为容易推翻一个旧政权，却很难建立一个更具活力

---

① David Chandler, "Rhetoric without Responsibility: The Attracts of Ethic Foreign Policy," *British Journal of Politics and International Relations*, Vol. 5, No. 3, 2003, pp. 295 – 316.

"保护的责任"与国际人权规范建构

的新政权，因而无法真正实现国家的人权保护问题"。① 由于全球化时代国家主权的敏感性和脆弱性，人道主义干预直接对国家主权构成威胁和挑战，其合法性、有效性一直受到发展中国家的批评与质疑。因此，人道主义干预虽然在一部分西方学者那里得到大力倡导，并在人权保护实践中频繁使用，但始终没有进入国际法的规范视野。本章通过对人道主义干预和国际人权保护的相关实践行为进行考察，分析西方国家在人道主义干预行动中依据的所谓"干预的权利"和"人权保护责任"的法理缺失，明确人道主义干预的性质与本质，对人道主义干预所过度强调的"干预的权利"进行批判。在此基础上，分析人道主义干预对国际人权规范发展的影响，以期能更加深入地理解和辨析本书重点探讨的人权保护的责任问题，并对未来建构具有共识的国际人权规范提供相关的参照。

第一节 人道主义干预的理论演变与实践争议

第二次世界大战结束以来，特别是冷战结束后，人道主义干预问题开始成为当代国际政治领域中最具争议的热点问题之一。② 随着全球化进程的深入发展，国际社会开始认可在特定情势下的国际人权保护具有其存在的合理性与必要性。然而，在现实国际关系中，人道主义干预作为一种"对违反国际规范和反对公认国际社会意愿的政府或叛乱行为的强制性行动"，被越来越多的西方人士鼓吹为避免人道主义危机、确保集体安全的重要手段。③ 尤其自20世纪90年代以来，西方国家兴起"人权高于主权"的核心主张，到处推动"新干涉主义"，甚至呼吁"新干涉主义者不应因

---

① Robert Cooper, *The Breaking of Nations, Order and Chaos in the Twenty-first Century*, London: Atlantic, 2004, p. 74.

② Jan Nederveen Pieterse, *World Orders in the Making: Humanitarian Intervention and Beyond*, Macmillan Press, 1998. pp. 1 – 5.

③ Thomas G. Weiss, "Intervention: Whether the United Nations?", *Washington Quarterly*, Vol. 17, Issue. 1, 1994, pp. 109 – 128.

害怕破坏《联合国宪章》中反干涉主义的崇高法律殿堂而胆怯"。① 人道主义干预也被西方国家自身看作是对其他法律和道德上无能的民族的拯救。② 人道主义干预的理论和实践在这一时期被推向高潮,增加了国际社会在人权保护中围绕国家主权和国际干预的担忧和争论。人道主义干预不论作为一种西方人权保护的思潮,还是作为西方国家在推动人权保护国际化背景下的一种对外政策主张,都与冷战结束后国际政治的深刻变化密切相关。

一、人道主义干预的理论演变

人道主义干预（Humanitarian Intervention）是一个相当古老的议题,也是一个经常引起混乱和误解的概念,在国际法与国际关系领域颇具争议。③ 西方国家对以维护人类权利为目的而使用武力的讨论可以追溯到欧洲早期的政治思想家,如奥古斯丁（St. Augstinus）和托马斯·阿奎那（Thomas Aquinas）等人的著作中。他们在讨论正义战争时均把反对暴政、保护平民生命安全作为检验战争正义性的重要标准。④ 其定义在国际法和国际关系学界都尚存争议。传统的人道主义干预在西方至少可以追溯到19世纪,由欧洲列强组建的"神圣同盟"对奥斯曼土耳其帝国的干涉,向其境内信仰基督教民族提供军事保护的行动被西方人道主义干预倡导者看作是早期的人道主义干预实践。其主要是指由一国、多个国家或国际组织,以保护目标国人民免于被大规模人道主义灾难而对目标国威胁或使用武力

---

① Michael F. Glennon, "The New Interventionism: The Search for a Just International Law." *Foreign Affairs*, Vol. 78, No. 3, 1999, pp. 1–7.
② 张睿壮:"警惕西方以人道主义干涉为名颠覆现行国际秩序",《现代国际关系》2008年第9期。[英]尼古拉斯·惠勒著,张德生译:《拯救陌生人：国际社会中的人道主义干涉》,北京:中央编译出版社,2011年版。
③ Advisory Committee on Human Rights and Foreign Policy and Advisory Committee on Issues of International Public Law, *The Use of Force foe Humanitarian Purposes*, The Hague, 1992, pp. 14–18.
④ [美]肯尼斯·汤普森著,谢峰译:《国际思想之父：政治理论的遗产》,北京:北京大学出版社,2003年版,第50—54页。

的行为。① 胡果·格老秀斯认为"人道主义干预"是指："如果一个国家的统治者对其国内的臣民进行迫害，以至于无法保障该国平民的基本生存权利，那么在这种情况下国际社会或者某一特殊国家为了保护国民对这一主权进行的干预就是合法的。"② 英国著名国际法学者霍尔格里菲（J. L. Holzgrefe）认为"人道主义干预"的含义是指："一个国家或国家集团为了防止或终止对非本国国民基本人权的大规模严重侵犯，而超越国界，在未征得对象国同意的情况下，在其境内使用或威胁使用武力的行为。"③《奥本海国际法》则将"人道主义干预"定义为："当某个主权国家国内确实存在着大规模、系统性、有组织的人权侵犯行为，且当事国政府无力制止人道主义灾难的发生或本身就是该行为的肇事者或纵容者时，或者当事国政府无能力或无意愿承担保障国内人民最基本的权利的责任时，国际社会未经当事国政府邀请或同意而采取的针对当事国政府、旨在制止该国出现大规模侵犯人权行为和满足当事国人民最基本生存需要的强制性武力干预行动。"④ 而从国际政治理论与实践角度对人道主义干预概念进行界定的也很多，同样是见仁见智，尚未达成一致认识。玛莎·芬尼莫尔（Martha Finnemore）将人道主义干预定义为："以保护外国平民的生命和福祉为目标的军事干预行为。"⑤ 小约瑟夫·奈（Joseph S. Nye）则将其定义为："影响另外一个主权国家内部事务的外部干预行为，他根据干涉的强弱把干涉分为讲话、进行广播、提供经济援助、派遣军事顾问、支持

---

① Sean D. Murphy, *Humanitarian Intervention: The United Nations in an Evolving World Order*, Philadelphia: Philadelphia University Press, 1996, pp. 49 – 56.
② H. Lauterpacht, *The Grotian Tradition in International Law*, Richard Falk et. eds. *International Law: A Contemporary Perspective*. London: Westview Press, 1985, pp. 28 – 30.
③ J. L. Holzgrefe, "*The Humanitarian Intervention Debate,*" in J. L. Holzgrefe and Robert O. Keohane eds, *Humanitarian Intervention: Ethical, Legal and Political Dilemmas*, UK: Cambridge University Press, 2003, p. 18.
④ Jennings and Arthur Watts edited, *Oppenheim's International Law*, 9th edition, Harlow Essex: Longman, 1992, pp. 430 – 432.
⑤ Martha Finnemore, "*Constructing Norms of Humanitarian Intervention*", In Peter J. Katzenstein: *the Culture of National Security: Norms and Identity in World Politics*, New York: Columbia University Press, 1996, pp. 153 – 155.

| 第二章　人道主义干预与国际人权保护的异化

反对派、封锁、有限军事行动和军事入侵等相关层次。"[1] 从以上诸多定义中，我们可以对人道主义干预的内涵和外延进行区分。狭义的人道主义干预是指一国、多国或国际组织在没有得到联合国合法授权的前提下对他国发生的人道主义危机以武力或威胁做出的干预行为，强迫被干涉国停止对人权的侵犯；而广义的人道主义干预则指在武力或武力威胁的基础上，还可以对被干涉国提供各种人道主义援助和救济，帮助被干涉国缓解人道主义危机。从冷战后国际社会开展的人道主义干预具体实践来看，大部分人道主义干预行为都属于狭义的干预。

随着冷战的结束，人道主义干预的理论和实践都有了新的发展趋势。在理论方面，人道主义干预的倡导者将两极格局的崩溃看作是世界历史的重要转折点。[2] 在冷战期间被大国竞争所压制的各种矛盾，如民族分裂主义、种族冲突、宗教问题等纷纷从"潘多拉魔盒"中涌现出来，世界开始进入一个新的"危险时代"。其具体表现为国内冲突超过国际冲突而成为威胁世界安全与和平的重要来源。随着人权问题日益受到重视，所谓的人道主义援助（Humanitarian Assistance）、维和行动（Peacekeeping Operation）、新干涉主义（Neo-Interventionism）等均被纳入人道主义干预的范畴，使得"人道主义干预"的概念极为宽泛模糊。无论国际政治领域、国际法学界和国家之间如何争论，国际社会的人道主义干预实践一直在进行。冷战期间，干涉者很少援引人道主义干预理论来为自己的行为辩护，而且国际社会也从未承认其合法性与合理性。但冷战后的人道主义干预的频率大大超过以往，对国际人权规范也产生了重要的影响。

冷战后的人道主义干预主要可以分为两大类：一类是联合国授权的合法的人道主义干预，主要是指以联合国维和行动和制裁行动为主题的干预行为；另一类是联合国授权之外的干预行动，主要是指某些地区组织或大

---

[1] ［美］小约瑟夫·奈、［加拿大］戴维·韦尔奇著，张小明译：《理解全球冲突与合作：理论与历史》，上海：上海人民出版社，2012年版，第240页。
[2] ［美］弗朗西斯·福山著，黄胜强、许铭原译：《历史的终结及最后之人》，北京：中国社会科学出版社，2003年版，第7页。

"保护的责任"与国际人权规范建构

国单独进行的干预行动①（具体分类可见表2—1）。

表2—1　冷战后人道主义干预的不同形式

	传统的干预方式	现代干预方式	综合分析对比
联合国合法授权的人道主义干预	集体武力干预	联合国维和	联合国合法授权的人道主义干预体现了国际社会的普遍正义，是国际人权保护和维护世界和平的需要
	非武力的人道主义干预	政治斡旋	
		经济制裁	
		劝说	
		外交孤立	
单方面武力干预	武力入侵	政治施压	单方面人道主义干预行动往往会造成更大规模的人道主义灾难
		经济制裁	
		军事干预	

资料来源：作者自制。

从以上分析可以看出，在不同的历史阶段和时代背景下，人道主义干预的表现形式、干预主体、内容、手段和效果各不相同。本章主要讨论的是冷战结束后的国际人道主义干预行为。随着人权保护国际化趋势的深入发展，西方国家所倡导的人道主义干预理论得到不断丰富和发展，出现了很多有关人权保护的新理念和新主张，如人道主义干预合法论、新干涉主义、失败国家论、人权高于主权论、不干涉原则例外说等。这些理论学说构成冷战后西方发达国家对发展中国家进行人道主义干预的道义支撑和法理基础。

二、人道主义干预的实践争议

人道主义干预作为人权保护的一种新理念或思潮，其理念本身是一个美好的概念，有着积极和进步性的一面，因为它致力于倡导保护地区冲突中的无辜平民的基本权益。然而，在当今国际政治现实中，"人道主义干

---

① 魏宗雷、邱桂荣、孙茹编：《西方人道主义干预理论与实践》，北京：时事出版社，2003年版，第192页。

预"行动从一开始就存在两个方面的基本事实：其一是人道主义干预在国际法上缺乏合法性依据，始终未得到国际社会的普遍认可与支持，尤其是发展中国家对人道主义干预理念持坚定的反对立场；其二是人道主义干预行动大多是由西方大国和地区性国际组织来发动的，但人道主义干预行动针对的都是小国和弱国，多数行动并未得到联合国安理会的合法授权，往往采取的是典型的双重标准，其实施对象也具有选择性，在国际人权保护的实践中存在诸多争议。因此，这些争议导致人道主义干预无法真正发展成一种具有普遍共识的国际人权规范。

西方发达国家首次以人道主义为由进行干预的实践是在19世纪初期。欧洲列强进行人道主义干预的对象主要是奥斯曼土耳其帝国，大多是以保护土耳其境内的基督徒免受宗教迫害为由。[①] 但长期以来，由于国际政治实践以权力政治为主导，这种"人道主义干预"实践并不多见。特别是在冷战期间，越南1978年底干涉柬埔寨出兵推翻红色高棉政权被一些西方学者认为是人道主义干预的"完美"案例。[②] 随着全球化的深入发展与全球性问题的日益凸显，国家行为日益被认为不再仅仅是一国内部的事情，国际社会对国家的渗透力和影响力也不断增强，这一切都为冷战后人道主义干预思潮的兴起提供了环境和条件。

在第二次世界大战之前，人权保护一直被视为一国内部管辖事项。但第二次世界大战期间的纳粹大屠杀使得国际社会开始反思在国际层面如何确保基本人权得以保障。《世界人权宣言》和一系列人权公约的颁布，成为人权从国内保护向国际保护转变的重要标志。有学者曾指出，自1945年以来，世界一直处于一种困境中，即对于那些正在遭受其政府施加骇人听闻的暴行的"陌生人"来说，国际社会应该通过何种途径和手段来拯救他们。[③] 这种困境与当前国际社会开展人权保护行动所面临的种种理论与实

---

① 魏宗雷、邱桂荣、孙茹编：《西方人道主义干预理论与实践》，北京：时事出版社，2003年版，第17页。

② M. Bazyler, "Reexaming the Doctrine of Humanitarian Intervention in Light of Atrocities in Kampuchea and Ethiopia", *Stanford Journal of International Law*, Vol. 23, No. 1, 1987, pp. 608–615.

③ ［英］尼古拉斯·惠勒著，张德生译：《拯救陌生人：国际社会中的人道主义干涉》，北京：中央编译出版社，2011年版，第10页。Nicholas Wheeler, "Legitimating Humanitarian Intervention: Principles and Procedures," *Melbourne Journal of International Law*, Vol. 2, No. 2, 2001, p. 566.

"保护的责任"与国际人权规范建构

践的混乱存在很大相关性。例如，在人道主义干预的内涵与实践对象上，国际社会从未达成一致共识。有西方学者认为："人道主义干预就是国际社会为了防止或阻止他国国内发生大规模、系统性、有组织地侵犯人权或破坏国际人道法的暴力行径，可以在不经当事国政府的邀请或同意，无论联合国安理会是否授权，而对冲突国进行的武力干预行动。"① 也有学者指出，除了通过强制性干预手段来开展国际人权保护以外，"人道主义干预还可以用来指那些以减轻人们苦难为目的提供的衣服、食物、医疗援助等各种人道主义援助行动。"②

20 世纪初期，由于受当时国际关系的影响，国际社会对国家发动的战争权利予以特别的限制，不干涉内政原则和国家主权原则得到进一步确立和强化，冷战期间几乎没有人道主义干预的典型案例。③ 加拿大的干预与国家主权国际委员会总结了该期间的 10 个案例，其中包括 1960 年比利时干预刚果（金），1965 年美国干预多米尼加共和国，1971 年印度干预东巴基斯，1979 年法国干预中非共和国，1989 年美国干预巴拿马。④ 这个时期西方国家普遍以保护本国公民生命安全作为干预借口，人道主义干预理论并未获得国际社会的认可，上述案例中干预国的法律依据也并非完全适用于人道主义干预。

1991 年苏联解体后，美苏两极均衡的国际权力结构被打破，国际战略力量对比严重失衡，以美国为首的西方国家对外干预失去了强有力的战略制衡，对外干预力度开始增大。伴随着全球化进程的加快而产生的全球性问题日益凸显，一些国家内部或地区动荡所导致的人权侵犯行为和人道主义危机对地区的和平稳定产生严重的负面影响，这在客观上为西方发达国

---

① 杨成绪编：《新挑战——国际关系中的"人道主义干预"》，北京：中国青年出版社，2001 年版，第 213 页。

② Catherine Lu, *Just and Unjust Intervention in World Politics*, New York: Palgrave Macmillan, 2006, pp. 135 – 138.

③ 爱尔布莱特·斯奇纳贝尔：《有争议的道义——人道主义干预、科索沃与变化中的世界政治》，杨成绪主编：《新挑战——国际关系中的"人道主义干预"》，北京：中国青年出版社，2001 年版，第 80 页。

④ International Commission on Intervention and State Sovereignty, "*The Responsibility to Protect*", Report of the International Commission on Intervention and State Sovereignty, Ottawa: International Development Research Centre, December, 2001. http://www.globalr2p.org/media/files/iciss_report.pdf.

家推动人道主义干预提供了借口（见表2—2）。

表2—2 冷战结束后以"保护人权"为由进行的人道主义干预

干预时间	干预主体	干预对象	干预理由
1991年	美国	伊拉克	保护伊拉克北部的库尔德少数民族
1993年	联合国	海地	人道主义危机对地区和平构成威胁
1992年	联合国	索马里	无政府状态、人道主义形势恶化
1994年	联合国、法国	卢旺达	大屠杀
1999年	北约	科索沃	民族冲突、种族清洗
1999年	联合国	东帝汶	系统的、有组织的违反人权行为
2011年	美国、英国、法国、联合国	利比亚	履行"保护的责任"，保护利比亚人民免遭灭绝种族、战争罪、族裔清洗和反人类罪之害

资料来源：作者自制。

1999年3月24日，北约多国部队以"制止南联盟政府压制科索沃人民，保护当地阿尔巴尼亚人的安全与人权"为由，对南联盟共和国发动了长达78天的空中打击，其结果是南联盟总统米洛舍维奇被指控犯有大规模种族灭绝而遭逮捕，送交海牙联合国前南战犯国际刑事法庭。[1] 这场被西方称为拯救生命的"捍卫人权"的战争在国际社会引起广泛的质疑和批评，原因就在于北约多国部队是在没有得到联合国安理会授权的情况下，以"人道主义干预"为借口，对一个主权国家发动了战争。

从以上冷战结束以来的国际人道主义干预的具体实践来看，以人权保护为由或者以人道主义为重要目的干预行为，无论是从其发生频率，或是得到世界各国的关注程度来看，都远远地超过以往任何时期，已经成为现今国际政治中的一个重要议题，并且对国际和平与地区安全局势产生了重大影响。一方面，人道主义干预的强度与频度明显加快。联合国对地区冲突和国内战争中的干预次数由20世纪80年代平均不到5起上升到90年代

---

[1] Robert McCorquodale & Martin Dixon, *Case and Materials on International Law* (Forth Edition), Oxford University Press, 2003, pp. 545–546.

"保护的责任"与国际人权规范建构

的17起之多。① 另一方面，在干预的形式上，强制性武力使用的频率越来越高。无论是以联合国为主导的国际组织的集体干预，还是西方大国的单边干预，通过强制性的武力方式开始逐渐成为国际人权保护的常见手段。但是，由于人道主义干预在不同的时期有着不同的表现形式，不同国家在国际人权保护中的价值取向和人权规范诉求存在着差异，再加上西方大国在开展人道主义干预行动时，往往怀有特殊的政治动机与战略利益指向，发展中国家对西方大国所主导的人道主义干预行动有很深的担忧与疑虑。②因此，西方国家所倡导的人道主义干预实践与"新道德使命"并没有得到国际社会的广泛支持与认可，也未能有效地建构一项关于人权保护的"全球规范"。

第二节 人道主义干预中的人权保护责任分析

毫无疑问，在和平、发展与合作成为时代主旋律的全球化时代，国际社会加强对地区冲突中无辜平民的人权保护无疑是当今国际政治的重大进步。从人道主义干预理念本身来讲，尊重人权与本书对国际人权规范建构的倡导是相一致的。人的各种正当利益自然地构成其诸项权利。这些权利不因国界的不同而有实质不同，任何国家都不能以国家主权的名义滥用主权，任意践踏国内人民的基本人权。人道主义危机中这些无辜平民的权利应该得到国际社会的尊重和保护，国际社会也逐渐认可在遵守《联合国宪章》基本原则的基础上开展人权保护行动。但是，必须特别指出的是，目前国际人权保护实践中由西方大国主导的人道主义干预基本上不属于真正的人道主义干预行为，他们在人权保护实践中强调的是"干预者的权利"，关注的是人道主义干预行动的本身，具有很强的战略指向与政治动机，从根本上忽略了主权国家自身在人权保护中的首要责任。因此，其行动往往

---

① 刘波著：《秩序与正义之间：国际社会人道主义干预问题研究》，北京：中国社会出版社，2011年版，第53页。

② 时殷弘、沈志雄："论人道主义干涉及其严格限制"，《现代国际关系》2001年第8期，第56页。

具有选择性和双重标准,打着人权招牌干涉弱国内政,其结果往往造成更为严重的人道主义悲剧,使得人道主义干预的动机与干预效果出现巨大反差,凸显了人道主义干预在国际人权保护实践中所面临的现实困境。

一、强调"干预者的权利"

首先,西方大国的人道主义干预行动关注的是"干预者"开展行动的效果本身,忽视了主权国家自身在人权保护中的首要责任。大国主导使人道主义干预往往具有选择性,其主要衡量标准是大国自身的国家利益。冷战结束后,无论是在联合国框架下发起的人道主义干预行动,还是由其他大国或地区国际组织所主导的人道主义干预实践,西方发达国家在其中始终起着主导性和决定性作用,这些人道主义干预行动最终都异化成西方大国实现其战略利益的借口与有力工具,因而在干预时具有明显的选择性。美国著名的国际法学者朱丽斯·洛贝尔(Jules Lobel)就曾指出:"人道主义干预主要是为西方霸权国家推行其战略目标提供合法支撑,因而西方国家主导的人道主义干预实践已经是且将继续是具有高度选择性的。"[1] 尽管西方国家在科索沃战争中义正严词,但显然不能掩盖其具有选择性干预的事实。美国前国务院政策计划办公室副主任、南非威特沃特斯兰德大学国际关系主任约翰·斯特里姆劳在《接受非洲战争》一文中指出,1999年北约多国部队对科索沃开展人道主义军事干预行动之后,西方国家领导人表明了一种反对任何地方类似侵犯人权行为的决心。然而,在塞拉利昂、埃塞俄比亚与厄立特里亚边界重新爆发战争导致数百万人遭到杀戮或流离失所时,西方大国对非洲地区所发生的人道主义灾难的反应却表现得极为冷淡。美国和欧洲等发达国家也并不热心参与该地区防止战争和维持和平的行动,其原因就在于非洲地区的战争不会对美国的战略利益造成明显的威胁,而美国在那里也尚未发现与美国相关的重大战略利益与战略价值。[2]

---

[1] Jules. Lobel, Benign Hegemony: Kosovo and Article 2 (4) of the UN. Charter, *Chicago Journal of International Law*, Vol. 19, No. 1, 1999, p. 19.

[2] John Stremlau, "Ending Africa's Wars", *Foreign Affairs*, Vol. 78, No. 4, 2000, p. 117.

"保护的责任"与国际人权规范建构

特别是在科索沃战争之前的卢旺达大屠杀事件中,西方国家基本上毫无作为,西方大国的冷漠态度体现了人道主义干预行动的选择性。在科索沃战争后,美国前国家安全顾问兹比格涅夫·布热津斯基在接受记者采访时承认:"我们在科索沃的行动首先属于地缘政治行动,我们担心东南欧的动荡,担心如果北约不打这场战争就会彻底失去威胁,担心美国的欧洲盟国会陷入最终的相互冲突。"[1] 因此可以看出,西方国家所倡导的人道主义干预行动在很大程度上是现实主义式的,即根据自身国家利益程度来衡量是否干预及干预的程度,它与现实主义的权力政治极为吻合。现实主义大师汉斯·摩根索就曾认为,普遍的道义原则在抽象的普遍形式下是无法适用于国家的对外行为的,而必须把道义原则渗透到具体的实践、地点与环境中加以贯彻。[2] 而所谓的具体实践、地点与环境,在现实主义看来往往是由国家自身的利益所决定的。正是这种现实主义干预观,造成实施人权保护行动缺乏"一致性和连贯性",使得人道主义干预行动"充满了偏见和不公正"。[3]

从理想的角度来看,国际社会所开展的人道主义干预行动作为一种以人权保护为目的的行为,它在本质上应当是一种规则或规范取向,即人道主义干预行动必须符合《联合国宪章》的基本原则。但在具体的实践中,虽然冷战后所有的人道主义干预实践都宣称以"人权保护"为由,但是却缺乏系统、明晰的规范,最终导致其由规则取向异化为国家战略利益取向,主导人道主义干预实践的大国往往希望通过对外干预行为来为自身的国家利益服务。有学者就认为,国际政治问题"在表象上可谓千变万化,但剥笋剥到最里层时,终究会发现国家利益的内核。国家和它所追求的现实和长远的民族利益与政治动机,一直是国际政治中最活跃、最有决定意义的因素。"[4] 对于20世纪90年代以北约为代表的多国部队空

---

[1] 刘明著:《国际干预与国家主权》,成都:四川人民出版社,2000年版,第8页。
[2] [美] 汉斯·摩根索著,徐昕等译:《国家间政治:寻求权力与和平的斗争》,北京:北京大学出版社,2009年版。
[3] [美] 迈克尔·爱德华兹著,朱宁译:《积极的未来》,南昌:江西人民出版社,2006年版,第116页。
[4] 陈乐民:"黑格尔的国家理念和国际政治",《中国社会科学》1989年第3期,第146页。

第二章 人道主义干预与国际人权保护的异化

袭南联盟的干预行为,虽然西方国家曾一再解释其干预行动是为了阻止该国正在日益恶化的人道主义危机,是合理且正义的战争,但是从北约人道主义干预行动所造成的重大人员伤亡情况来看,其行为无疑是赤裸裸的对南联盟内政的粗暴干涉,反而促使了南联盟国内人道主义局势的进一步恶化。

其次,人道主义干预行动中人权保护责任的内涵模糊不清。因此,在国内冲突中即使不存在严重的人道主义危机,也可能以人道主义之名行干预之实。在现实国际社会中,完全超越国家利益之上的真正的人道主义干预行为是不现实的。美国著名国际法学者路易斯·亨金就曾断言:"国际社会无政府状态下真正对一国出于人权保护的目的而开展人道主义干预的现象是不可能存在的。自19世纪以来或两次世界大战期间,以及在其后的欧洲,没有任何一个国家会这么做。"① 由于国家利益成为"人道主义干预"的首要动机,是否存在人道主义危机以及危机程度如何,反而在一定程度上变得次要了。1999年1月16日,有人在科索沃的拉察克村发现了45具阿族人的尸体,欧安组织观察团团长、美国人沃克尔因此宣布:塞族警察屠杀了大批阿族平民。对于科索沃发生的种族暴行,西方媒体也进行大肆渲染,从而为发动战争提供了恰当的舆论支撑。应该承认,在科索沃地区确实发生了种族大屠杀暴行,在其中南联盟的政府负有不可推卸的责任,"但是,伤亡人员的数目却远远少于其所宣称的数量。同样,所谓的大规模屠杀也远远少于西方媒体及政府官员在战争之前及战争期间所报道的数目"。② 而且,与其他国家的内战、战争或是卢旺达大屠杀这样的惨剧相比,科索沃冲突所导致的人员伤亡是相对较少的,当然这并不能成为南联盟军警脱罪的理由,但充分说明了西方国家在国际人道主义干预问题上的选择性与私利性,其进行人道主义干预的行动标准的根基是国家利益而非人道主义关切。在科索沃战争结束八年以后,科索沃宣布独立,西方国家不顾塞尔维亚的坚决反对,不顾塞阿两族矛盾可能再次激化的现实,支

---

① [美] 路易斯·亨金著,张乃根等译:《国际法:政治与价值》,北京:中国政法大学出版社,2005年版,第180页。
② [美] 尼克·福臣、时殷弘主编:《战争的道德制约:冷战后局部战争的哲学思考》,北京:中国法律出版社,2003年版,第259—260页。

"保护的责任"与国际人权规范建构

持其独立,再次印证了正是西方一贯的地缘政治意图主导着它对科索沃以及整个巴尔干的政策。由此可见,西方国家为了更好地推行其政策,往往会打着人道主义干预的旗号,为谋求其国家的战略利益服务,所谓的人权保护只是其进行人道主义干预行动的重要借口与工具。

最后,人道主义干预可能会比不干涉导致更大的人道主义灾难。西方国家所极力推动的国际人道主义干预的效果难以保证。在现实国际社会中,赤裸裸的武力干预行为不仅会严重侵犯当事国的国家主权,往往还会给当事国带来更大的人道主义灾难,甚至于干预可能会比不干预带来更糟的结果。[1] 爱德华·卢特瓦克(Edward N. Luttwak)认为,无论出于多么美好的借口与动机,由外部力量来对地区冲突局势施行强制性的军事干预行动从长期来看,往往会使地区局势更加恶化,无法带来该地区的稳定与和平。[2] 这也正是当前西方国家所主导的人道主义干预困境的现实写照。从具体的人道主义干预实践来看,西方国家每次人道主义干预行动的手段选择,最终都过度依赖于武力干预这一选项,过于强调在人权保护中的"黩武"倾向,从而引发诸多不良的后果。北约多国部队发动的科索沃战争虽然是以"保护人权"和防止"人道主义危机恶化"为由发动的,但从科索沃战争的后续发展来看,为期79天的空袭却人为地酿成一场更大规模的人道主义灾难。有50多座桥梁被毁坏,当地的公路、铁路、机场等基础设施损失殆尽,导致经济损失高达2000多亿美元。就"在北约轰炸科索沃之前,大约有2500名居民因国内武装冲突而丧生,有约23万人被迫流离失所;但西方国家长达两个多月的轰炸却导致超过1万多无辜平民伤亡,140万人被迫迁徙,86万人成为难民和流离失所者"。[3] 军事上是塞族人占据上风,而科索沃的阿族人却付出了惨重的代价。多达万人死于塞族人的手中,死者主要为无辜的平民;更有数千名妇女惨遭强奸,或遭非人的凌

---

[1] Virginia Page Fortna, "Does Peacekeeping Keep Peace? International and Duration of Peace after Civil War," *International Studies Quarterly*, Vol. 48, Issue. 2, pp. 269 – 292.

[2] Edward N. Luttwak, "Give War a Chance", *Foreign Affairs*, Vol. 78, Issue. 4. Jul/Aug, 1999, pp. 36 – 44.

[3] Jhon F. Murphy, "Kosovo Agonistes", Villanova University School of Law, Public Law and Legal Theory, *Working Paper*, March. 2001, pp. 20 – 25.

辱。大约有 80 万人被强行赶出科索沃,另外有数十万人虽然留在科索沃,却都痛失家园,流离失所。① 事实上,北约多国部队的空袭所造成的人道主义灾难并不比塞族军警的镇压导致人道主义危机死亡的人数少。更加没有正当理由的事情是,北约多国部队针对南联盟的铁路、桥梁和医院等民用目标发动了军事袭击。此外,在轰炸中,美国飞机为了尽可能地减少自身人员的伤亡,避免国内人民的反战情绪,要求军事行动人员主要开展空中军事打击,结果导致大量无辜平民伤亡。据国际人权观察组织的一份报告数据统计显示,在对南联盟开展的军事打击中,总共发生了 90 多次造成平民伤亡的空袭事件,而北约自己则只承认有 20 多起。前美国国家安全委员会顾问布热津斯基就曾指出:"残酷的现实是,在轰炸中处于危险的人民被分为三个等级:最值得保护的是北约飞行员的生命(空袭军事战略明显地是为降低军队人员伤亡而设计的),次之才是科索沃的平民。"② 北约多国部队在南联盟开展的军事打击行动几乎完全破坏了西方国家以人权保护为由对其进行人道主义干预的"正义形象"。在这一过程中,北约多国部队的人道主义干预行动实际上导致并更加恶化了该国的人道主义形势。③

因此,人道主义干预理念突出强调的是西方大国的"干预者的权利",关注的是自身的战略利益与干预行动的效果,而不是为了真正保护冲突国家或地区无辜平民的人权,从根本上忽略了主权国家自身在人权保护中的诉求与责任,其核心主张是"人权高于主权"。这种"黩武"式的思维导致西方国家在开展人道主义干预行动中具有选择性和任意性,其结果往往导致更为严重的人道主义灾难发生。

---

① [美]伊沃·达尔德、迈克尔·奥汉隆著,沈建译:《丑陋的胜利——解剖科索沃战争》,北京:新华出版社,2001 年版,第 2—5 页。
② Zbigniew Brezezinski, "Compromise Over Kosovo Means Defeat," *Wall Street Journal, Europe*, May 25, 1999.
③ Alan Kuperman, "Moral Hazard of Humanitarian Intervention," *International Studies Quarterly*, Vol. 52, No. 1, 2008, pp. 49–80.

"保护的责任"与国际人权规范建构

二、人道主义干预的法律基础分析

大多数人道主义干预的倡导者都认为,在特定的情势下,国际社会应该具有实施人道主义干预行动来进行人权保护的权利,而这种干预的权利也具有相关的国际法律基础,即以《联合国宪章》为基础的国际人权法以及相关文件和条例。从当今人权保护的规范发展来看,人道主义干预行为在国际法条约中的相关法律基础非常薄弱。但人道主义干预的倡导者往往选择从国际习惯法中寻找其行动的合法依据。

《联合国宪章》中在明确规定"本宪章不得认为授权联合国干预在本质上属于主权国家国内管辖之事件"的同时,对何种情况属于"本质上属于主权国家国内管辖之事件"并没有做出明确界定。宪章还明确把"对和平之威胁""和平之破坏"和"侵略行为"[①] 作为例外排除在外。这成为人道主义干预倡导者认为其行动具有国际法依据的重要条款。但实际上,《联合国宪章》的规定并未赋予人道主义干预行动的充分合法性:首先,它们针对的是特殊的国际情势,没有涉及人道主义干预者提倡的对人权保护任意采取军事干预行动;其次,判断这些例外行动的唯一合法主体是联合国安理会,其他任何国家和地区国际组织均没有授权干预行动的权利。

从上述人道主义干预的具体实践来看,西方国家之所以认为人道主义干预具有国际法的合法基础,是因为他们人为地扩大化解释了《联合国宪章》中的相关规定,其根本目的是为自身的战略利益服务。事实上,人道主义干预不仅涉及国际法上的国家主权和道德上的人权干预,也涉及国际社会的主权价值观和人权价值观问题。但西方国家的人道主义干预是出于国家利益和意识形态的双重考虑:它所倡导的自由、法制、人权和公开社会的价值观既满足了西方国家意识形态的需要,又有助于它们自身的国家利益。[②] 但从法理基础来讲,人道主义干预作为一个空泛的概念,至今并

---

① 《联合国宪章》第七章第三十九条,http://www.un.org/zh/documents/charter/chapter7.shtml。

② 张睿壮:"人道主义干涉神话与美国意识形态",《南开学报(哲学社会科学版)》2002年第2期,第110页。

无统一的被所有国际社会认同的内涵，缺乏国际法的规范基础，这也是人道主义干预被国际社会所批判与质疑的重要原因。

通过以上分析可以看出，国际社会关于人道主义干预的争论主要围绕军事干预行动的合法性、主权与人权孰高孰低等话题展开，这些话题相对狭窄，带有浓重的高政治、抽象式特点，经常将关于国际人权保护的讨论引入误区。[①] 国际法对跨越国界的人道主义干预尚未有任何共识，现有国际法与规范上仍然缺少人道主义干预理念的发展空间。国际人权保护的实践表明，人道主义干预通常是大国针对小国或弱国的单向干预行为，在这个过程中，人权保护的责任强调的仅仅是"干预者的权利"，而忽视了主权国家自身在人权保护中的首要责任，西方大国往往会使用各种借口为自己的干预行为寻找合法性与正当性依据。冷战后由西方国家主导的人道主义军事干预行动，从结果来看都导致当事国人道主义危机形势的进一步恶化，而并非真正保护冲突中的平民权利，这无疑背离了人道主义干预中关于人权保护的初衷，从根本上降低了人道主义干预行动在国际人权保护实践中的合法性与合理性，异化为西方国家借人权保护为由来干预别国内政的法律依据，从而无法在国际社会中产生共鸣与被广泛接受。

第三节　人道主义干预对国际人权规范的影响

20世纪90年代在西方兴起的人道主义干预思潮，在本质上是为谋取自身国家的战略利益而干预别国主权和内政寻找合理性和合法性依据，为此，它的核心内涵是强调"人权高于主权"，在国际人权保护中的承担方式上也主张"干涉主义"，过度强调了"干预者的权利"，而忽视了"被保护者"国家在国内人权保护中的首要责任。因而，其在国际法上缺乏足够的合法性支持，在国际人权保护的实践中困境重重，遭到国际社会的广泛质疑与批评，并对当前的国际人权保护实践与国际人权规范的发展产生

[①] Gareth Evans, "From Humanitarian Intervention to R2P," *Wisconsin International Law Journal*, Vol. 24, No. 3, 2006, pp. 703–722.

"保护的责任"与国际人权规范建构

了重大的冲击。

一、人道主义干预的现实困境

通过以上分析,国际社会通过人道主义干预在特定的情形下开展人权保护行动是有必要的,但绝非应该像西方国家所倡导的那样动辄使用军事干预手段开展人权保护行动。特别是,"鉴于有的军事干预行动本身就是一个重大的人道主义悲剧,在什么时间、何种条件下才能进行武装干预是合理的?"[1] 这应该成为国际关系学者认真思考的一个重要问题。英国学者尼古拉斯·惠勒(Nicholas J. Wheeler)认为一项干涉行动必须满足四个条件才能被称作是人道主义的:(1)必须具备正当的理由,即最紧迫的人道主义情势,但不能坐等杀戮开始;(2)使用武力必须是最后的手段;(3)必须满足相称原则(Proportionality);(4)使用武力必须有希望达到积极的人道主义预期的结果。[2] 很显然,西方国家的人道主义干预行动滥用甚至直接违反了这些原则。

国际人道主义干预之所以面临上述困境,一个重要原因就在于国际社会缺乏对西方国家主导的人道主义干预行动的法律规制。事实上,人权的国际保护并非等同于赤裸裸地强制性武力干预行动,在进行人权保护中应尽量采取外交、经济援助、劝和促谈等和平的人道方式,使用武力必须是最后的手段;干预必须是针对大规模侵犯人权和违反国际人道主义法的行为。但需要强调的是,不是任何违反人权的国家行为都必须以武力来开展人道主义干预活动,它只限于那些大规模的、系统性、有组织的人权侵犯行为。但在人道主义干预的具体实践中,由于世界各国不同的历史文化、经济发展水平等多方面的制约因素,国际社会对冲突国的人权状况往往存在不同的认知,也很难达成一个让所有国家都共同认可的标准与共识。随着新兴发展中国家在全球治理中的地位日益重要,国际社会对西方国家那

---

[1] 杨成绪编:《新挑战——国际关系中的"人道主义干预"》,北京:中国青年出版社,2001年版,第223页。

[2] Nicholas J. Wheeler, *Saving Strangers: Humanitarian Intervention in International Society*, Oxford University Press, 2000, p. 33 – 35.

种迷信武力的人道主义干预思想进行了坚定的批判与抵制,任何单方面通过武力进行人道主义干预的行为都很难在当今国际社会中得到推行。

二、人道主义干预对国际人权规范的影响

冷战结束后,随着人道主义干预理念在国际人权保护实践中频繁运用,其影响已经嵌入国际关系和国家内部的各个层面,一个以西方国家为主导的初步具备原则、措施和决策程序的人道主义干预机制已经成型。西方有学者甚至认为,冷战后人道主义干预的发展,事实上已经确认人道主义干预成为习惯法,因为从道义与政治方面来看,以人道主义为目的而违反国家间不使用武力原则的行为是合理的。[①] 这种"黩武"式的理念无疑对当前以《联合国宪章》为基础的国际人权规范体系造成重大的冲击与挑战。

首先,"以人权高于主权"为出发点的人道主义干预思潮严重动摇了以《联合国宪章》为基础的现行国际法基本规范。二战结束以来,国际社会所构建的以《联合国宪章》为核心的战后国际法律秩序,从根本上凸显了国家主权、不干涉内政以及禁止使用武力原则在国际秩序中的核心作用。它宣布除自卫和联合国授权的集体安全行动之外使用武力均为非法行为,从而构筑了现代国际人权保护的法理基础。从法理上来说,人道主义干预的内在逻辑在根本上是与国家主权原则相悖的。人道主义干预对当今国际关系的基本立足点——国家主权原则提出前所未有的挑战。而西方人道主义干预者们所要削弱和摧毁的是主权平等的法律和原则,即限制大国权力的最后一道屏障。这种意图无疑将改变现有国际秩序,导致国际社会最终重新回到"武力即正义"的时代。

由于联合国人权保护体系对于主权原则的支持,人道主义干预倡导者们甚至还呼吁直接抛弃联合国,重新构建一个"意愿联盟"(Coalition of Willing)。他们认为由于存在大国一致原则和广大的第三世界,联合国并

---

① 丹麦关于《人道主义干预——法律和政治分析》,杨成绪编:《新挑战——国际关系中的"人道主义干预"》,北京:中国青年出版社,2001年版,第219页。

"保护的责任"与国际人权规范建构

不可靠,人道主义干预应该独立于联合国系统而存在。[1] 由意愿联盟来替代联合国,其实质是由西方国家来承担国际人权保护行动的义务。[2] 这些说法都从根本上动摇了《联合国宪章》所确立的国际法基本原则。固然联合国在冷战后存在行动"能力赤字"、缺乏效率等问题,但它毕竟是目前世界上最能够被广大国家所接受,也最具代表性、合法性和权威性的国际组织。一个客观存在的事实是,目前任何绕开联合国自行采取单边措施的人权保护行动都不可避免地会降低行动的合法性与正当性。西方国家在科索沃和伊拉克的人道主义干预行动都是这方面的最好例证。而人道主义干预的最大危害也恰恰在于其可能导致现行联合国主导体系下国际法体系的崩溃。

其次,在一定程度上提升了"人权"和"道义"等因素在当今国际规范互动中的地位。尽管人道主义干预在《联合国宪章》等规范所构成的国际法体系中不能获得充分的合法性支持,但完全漠视极端情形下的人权保护的客观需要,以及不考虑有关武力使用的原则、规范的发展变化也是不现实的。在全球化时代,任何国家都无法对发生在其他地区和国家的大规模侵犯人权的行为置若罔闻。从国际规范变迁的角度来看,《联合国宪章》第二条第四款确实存在着一定缝隙,《联合国宪章》中关于人权保护的原则对国际社会提出人权保护责任的要求。冷战后的西方人道主义干预理论与实践是西方国家及其盟友试图建立霸权秩序的重要工具。它们以强大的实力为后盾控制国际人权规范制定中的话语权,提升"人权"和"人道主义"等道义因素在国际互动规则中的地位,并且通过人道主义干预实践来加以强化。

综上,在国际人道主义干预的实践中,存在着目标设定与结果效用相背离的严重异化现象。一方面,大多数人道主义干预不但没有实现其避免人道主义灾难的目标,反而造成更为严重的非人道后果,甚至恶化了最终的结果;另一方面,西方国家在国际人权保护的实践中常常偏离人道主义

---

[1] Geoffrey Robertson, *Crimes Against Humanity: The Struggle for Global Justice*, London: Penguin, 2000, pp. 446-448.

[2] Martin Shaw, *Global Society and International Relations: Sociological Concepts and Political Perspectives*, Cambridge: Polity Press, 1994, pp. 80-82.

干预理念的初衷。因此，人道主义干预行动的异化行为对当前国际人权规范所造成的冲击与危害是显而易见的，如果任由西方国家主导的人道主义干预思潮泛滥，将会颠覆以《联合国宪章》为基础的现行国际法规范，也会给许多发展中国家的独立和生存造成严重威胁，将对未来的国际人权保护实践以及国际人权规范的发展造成难以估量的负面影响。

第四节 小结

从理论上讲，人道主义干预的初衷是从非政治立场出发，为防止一国国内大规模侵犯人权行为的发生，保护被干预国国民的基本人权。但从冷战后西方国家的人道主义干预具体实践情况来看，人道主义干预的美好愿望不仅没有实现，其还常常沦为西方大国推行霸权主义、强权政治和干涉别国内政的有力工具，使国际人权保护行动出现了异化趋势。因此，西方国家主导的人道主义干预在法理基础上并不稳固，在具体实践中也存在多重动机、选择性干预等问题。人道主义干预理论既违反了现有国际法基本规则和国际政治道德伦理，又无法在国际社会达成国际社会广泛接受的共识，因此其合法性与正当性十分薄弱。

人道主义干预理念的倡导者们以国际法、道义原则和政治伦理等为基础构建的人道主义干预的法理基础存在着重大缺陷，尤其是以"人权高于主权"等一系列人道主义干预相关理论无疑侵蚀和颠覆了以《联合国宪章》为基础、以主权和不干涉内政原则为主要内容的现行国际法规范，使西方国家对外干预行动合法化，这种新的人权保护理念无疑将恶化国际社会中广大中小国家的生存环境，给世界和平与安全造成严重威胁。西方国家所倡导的人道主义干预与国际人权保护中的异化主要表现在：（1）西方国家的人道主义干预具有选择性，其衡量标准主要是干预国的国家战略利益与行为能力；（2）即使冲突国并未发生大规模、系统性的人道主义危机，西方大国也可能以人权保护为由推动对外干预；（3）人道主义干预常常导致更为严重的人道主义后果。

在进入21世纪的今天，人道主义干预作为一种被滥用的人权保护思

"保护的责任"与国际人权规范建构

潮,对于维护国际和平与地区安全以及现行的国际法基本原则和规范都带来了极大的冲击和挑战。然而,从传统的国际法基本原则来看,人权保护问题一般属于主权国家的国内管辖事项。但随着全球化进程的深入发展,人权保护呈现出国际化与规范化的发展趋势,一国内部发生的人道主义危机对国际和地区的和平与安全造成重大的威胁与挑战,任何一个国家和地区都无法漠视其他地区和国家发生"大规模、系统性和有组织的"人道主义灾难。因此,人权保护问题逐渐从国内管辖事项转变为"国际关切事项"。面对这种新的变化趋势,以《联合国宪章》为基础的国际法和国际人权规范的发展却明显滞后。因为《联合国宪章》中并没有明确对人道主义干预进行限制,也尚未对人道主义危机是如何影响国际和平与地区安全的进行明确的定义。相反,在人道主义干预的具体实践中,由于利益的分歧,联合国安理会依然是采取模糊的扩大化解释,缺乏关于人道主义干预的专门性的国际法规制。其根本原因在于:一方面,国际社会无法就如何开展国际人权保护问题达成共识,形成具有国际法约束力的规则,使得西方大国推动的人道主义干预行动缺乏强有力的国际法基础。因此,在这样的背景下通过强制性手段开展国际人权保护行动,必然会受到冲突国与国际社会的批评与质疑。另一方面,西方国家主导的人道主义干预行动往往强调干预行动本身,关注的是干预行动的权利与效果,忽略了主权国家自身在人权保护中的首要责任,从根本上导致人道主义干预的责任错位与走向异化,进而沦为少数西方大国谋取私利的法理依据。在此背景下,国际社会亟需产生一种新的人权规范来缓解"人道主义干预"所面临的现实困境,以有效应对当前频发的人道主义危机。正是国际人权保护中人道主义干预所面临的现实困境,促成了2001年"保护的责任"理念的提出。

第三章 "保护的责任"与国际人权保护的规范化

国际社会有责任根据《联合国宪章》第六章和第八章，使用适当的外交、人道主义和其他和平手段，帮助保护人民免遭种族灭绝、战争罪、族裔清洗和危害人类罪之害。如果和平手段不足以解决问题，而且有关国家当局显然无法保护其人民免遭种族灭绝、战争罪、族裔清洗和危害人类罪之害，我们随时准备根据《联合国宪章》，包括第七章，通过安理会逐案处理，并酌情与相关区域组织合作，及时、果断地采取行动。

——《世界首脑会议成果文件》[①]

防止大规模暴行需要联合国全系统的努力，有关"保护的责任"的目标不仅为我们在人权、人道主义事务、维持和平和政治事务方面的工作提供参考，而且也为我们的发展和建设和平工作提供参考。

——联合国前秘书长潘基文[②]

冷战结束后，西方国家先后以"人权保护"的名义频频发动人道主义

[①] 第六十届联大会议通过的《2005年世界首脑会议成果文件》，A/RES/60/1，2005NIAN 10月24日。见：http://www.un.org/zh/documents/view_doc.asp?symbol=A/RES/60/1。

[②] The Stanley Foundation, *Implementing the Responsibility to Protect*, Policy Memo, Jan., 2010; http://www.stanleyfoundation.org/publications/policy_memo/Policy_Memo01212010R2 PConferenceP-DF.pdf。中文版见：http://www.un.org/zh/preventgenocide/adviser/un_role.shtml。

"保护的责任"与国际人权规范建构

干预行动的做法引起国际社会的广泛质疑和批评。地区冲突中血腥践踏人权的人道主义灾难频繁发生的惨痛现实与国际干预行动的滥用无疑都因责任的缺失而引发,在此背景下,如何合法有效地保护地区冲突中无辜平民的基本人权,重建一种具有高度责任感的伦理价值来匡正人道主义干预行为的滥用,是时代发展的必然要求。为了更好地保护人权,修正人道主义干预的缺陷,在创新人权保护模式的推动下,"保护的责任"(Responsibility to Protect,简称 R2P)产生了。① "保护的责任"概念最早由加拿大"干预与国家主权国际委员会"于 2001 年提出,在这份报告中,首次阐释了主权国家与国际社会在国际人权保护中的责任承担问题:即"保护平民免遭大规模暴行(即免遭大规模屠杀和强奸、免遭饥饿等罪行),但是当它们不愿或者无力这样做的时候,必须由更广泛的国际社会来承担这一责任"。② 作为新时期的一种新的国际人权保护理念和国际人权干预的新思路,构成了"联合国改革问题名人小组报告"和"联合国秘书长安南报告"对"保护的责任"展开进一步讨论的重要文件基础,在国际社会引起了普遍关注与广泛讨论,不仅得到联合国秘书长的高度重视,而且在 2005 年世界首脑会议中被写入《世界首脑会议峰会成果》文件,文件中第 138 段和 139 段对"保护的责任"概念的内涵进行了框定和确认。这份文件虽然不具备国际法约束力,但至少反映了国际社会在人权保护问题上形成一定的共识,大大推动了国际人权保护的国际化、规范化和法制化进程。"保护的责任"是在人道主义干预的合法性遭到国际社会诟病与质疑的情势下,通过赋予国家主权的责任意涵和国际社会在保护人权中的共有责任,以责任伦理来重构"主权"与人权保护的关系:一方面,它避免使用人道主义干预等敏感词汇,强调"保护的责任"而非人道主义干预;另一方面,在人权和保护之间建立起直接联系,从而缓解了人道主义干预理念中人权与主权、干预者权利与受保护者权利相互冲突的困境。它因以保护平民、阻止人道主义灾难的道德伦理为目的而备受国际社会关注,又因直

---

① Report of International Commission on Intervention and State Sovereignty, "The Responsibility to Protect", December 2001, http://www.globalr2p.org/resources/298.

② ICISS, "The Responsibility to Protect", December, 2001, http://www.globalr2p.org/media/pdf/ICISS_Report.pdf.

接触及国际法与国际关系的基本原则而引起国际社会对其在政治、法律、道义上的合法性与正当性的讨论。

现行的"保护的责任"理念还只是一项尚未成熟的国际规范（理念），2005年世界首脑会议上所达成的共识具有脆弱性和敏感性，其内涵发展和适用性还存在诸多不确定性，尤其是在如何履行"保护的责任"方面，国际社会有着不同的立场和担忧。从其产生的影响来看，"保护的责任"理念的出现对当前的国际秩序与国际法规范产生了重大的影响与冲击，特别是对国家主权原则、不干涉内政原则以及禁止使用武力等国际法基本规范造成很大的冲击。尤其自2011年利比亚危机和叙利亚危机爆发以来，"保护的责任"理念正面临着被西方国家滥用的危险，引发了国际社会的诸多担忧、批评与质疑，发展中国家对"保护的责任"实施的具体标准存在根本性分歧。从目标上来看，"保护的责任"旨在通过限制主权的滥用与赋予主权不仅是权利而且是一种责任（sovereignty as responsibility）的新含义来强化国家主权原则作为国际关系原则的作用。[①] 就目前而言，2005年世界首脑会议所确定的"保护的责任"内涵是全世界各国首脑充分讨论与妥协的结果。时至今日，"保护的责任"开始频繁出现在联合国的相关文件、决议与宣言中，成为国际人权保护实践中频繁援引的外交语言与法理依据。经过10多年的发展，该理念已经得到越来越多的国家和地区国际组织的接受与认可，并开始呈现出从理念走向规范、从分歧走向共识的发展态势。作为一种规范路径，"保护的责任"提出推动关于规制地区冲突中的"免遭灭绝种族罪、战争罪、族裔清洗罪、危害人类罪"四种罪行，推动相关国际法律规制的确立和发展，提出解决人道主义危机的预防责任、做出反应的责任和重建的责任等一系列综合行动框架，既是从国际政治伦理和法理视角来反思冷战后人道主义干预的新尝试，也是对国际人权保护与全球治理关联的新探索。

本章首先剖析了"保护的责任"理念提出的背景、主要内容、最新发展和理论意义，对"保护的责任"与人道主义干预的内涵进行了区别与比较分析，指出其得到迅速传播的动力，并对"保护的责任"对推动人权保

[①] 赵洲著：《主权责任论》，北京：法律出版社，2010年版，第60页。

"保护的责任"与国际人权规范建构

护的规范化与法制化进程进行了深入剖析,最后对"保护的责任"目前存在的困境与不确定性进行了阐述。

第一节 "保护的责任"概念提出的背景

"保护的责任"是为解决冷战后的人道主义灾难,面对人权与主权、人道主义干预与不干涉内政原则之间的矛盾而应运而生的。冷战结束以来,随着国际政治权力结构的变迁与全球相互依赖的日益加深,和平、发展与合作成为当今国际社会的主流趋势,国家间发生大规模冲突与战争的可能性日益降低。不过,国际社会也正面临着日益复杂的新威胁和新挑战:国内冲突和地区局部动荡持续不断,原来两极格局掩盖下的民族矛盾、族群纠纷、宗教冲突以及国家的内部治理等问题纷纷从"潘多拉魔盒"中涌现出来,国家内部的暴力冲突开始取代大国间的战争而成为国际冲突的主要形式。特别是发生在索马里、卢旺达、波斯尼亚、科索沃、刚果(金)、利比亚以及叙利亚等国家或地区的人道主义危机,在信息化时代的内外联动下,考验着国际社会的良知。与此同时,西方国家大力推动"人道主义干预"来干预别国内政遭到广大发展中国家的批评与质疑,并直接冲击联合国集体安全机制下的基本人权规范。正是基于对冷战后人道主义灾难频发的反思,国际社会亟需构建一种新的国际人权规范来缓解当前人道主义干预的现实困境。在此背景下,时任联合国秘书长科菲·安南(Kofi Annan)向国际社会提出质疑,并紧急呼吁国际社会,要求它们设法一劳永逸地就如何合法有效地保护地区冲突中无辜平民的基本人权问题达成新的共识,希望通过各方的讨论与对话找到可行的方法来缓解当前人道主义干预的现实困境。[①] 在此背景下,加拿大政府倡议成立"干预与国家主权国际委员会"作为解决人权保护问题的协调机构。2001年,该委员会提出"保护的责任"理念,该理念提出后很快便得到时任秘书长安南

---

① Alex J. Bellamy, *Responsibility to Protect: The Global Effort to End Mass Atrocities*, Cambridge: Polity Press, 2009, p. 35.

的认可,并在国际社会产生了强烈的反响,随后更是进入联合国的人权工作议程。联合国作为"保护的责任"的坚定倡导者与推动者,在13年时间里,联合国秘书长发表了数份报告,在多个正式与非正式场合进行了广泛的讨论,使"保护的责任"理念得以确认、定型,并开始逐渐向规范化方向发展,为联合国未来开展国际人权保护实践奠定了坚实的规范基础。

一、人权保护的国际化与规范化

关于人权保护问题,在第二次世界大战之前一直被国际社会普遍认为是属于一国的国内管辖事项。国际人权保护问题引起国际社会的广泛关注,并全面进入国际法领域是二战以来的事情。[①] 随着《联合国宪章》对人权问题做出明确规定和1948年《世界人权宣言》的通过,人权问题开始纳入国际保护的范畴,标志着人权保护国际化的开端。随后1966年通过的《经济、社会、文化权利国际公约》《公民权利和政治权利国际公约》及其《任意议定书》表明了以联合国为主导的国际人权规范体系的初步形成。包括中国在内的90%以上的国家均赞同1993年《维也纳人权宣言》,成为国际人权公约的缔约国。所有这一切都使人权进一步法制化与规范化,人权保护的内涵随着法制的发展日益丰富繁多,愈加规范而有保障。

在冷战结束后,国际环境发生了新的变化,国际安全面临诸多新的挑战,国际社会围绕人权议题的互动越来越表现出"国际化"与"规范化"的新趋向。20世纪90年代以来,各国在人权国际化问题上展开了激烈的争论乃至冲突博弈。一方面,少数西方国家以人权保护为由频频介入世界各地的人权事务,试图发挥领导和裁判作用,要求发展中国家按其规则与价值观行事;另一方面,大多数联合国成员国对西方国家的做法并不赞成、支持和配合,西方国家在人权问题上干预别国主权和内政的行为常常遭到有关国家的坚决反对和抵制。但人道主义灾难频发的现实又使得国际

[①] 王铁崖著:《国际法》,北京:法律出版社,1995年版,第193页。

"保护的责任"与国际人权规范建构

社会不得不重新反思过去的人权保护理念。尤其突出的是,主权国家国内冲突导致的大量震惊人类良知的人道主义灾难的频繁发生,揭示了传统的人道主义救援或传统的联合国维和行动均无法有效地保护冲突中平民的基本权利,这就促使国际社会开始酝酿一种新规范,用以指导国际社会保护这些无辜受害者的基本人权。正如前联合国秘书长哈维尔·佩雷斯·德奎利亚尔(Javier Perez de Cuellar)所言:"不能把不干涉内政原则当作可以大规模或系统性地侵犯人权的保护伞。"[1] 而时任联合国秘书长科菲·安南也呼吁国际社会必须对传统的国家主权原则与人道主义干预理念进行深刻反思,敦促国际社会就如何应对地区冲突中的人道主义危机尽早达成共识,以缓解人道主义干预的现实困境。

首先,尊重和保障人权已经成为全人类的普遍关怀,国际人权的制度化和规范化程度日益增强。自冷战结束后,联合国宣布90年代为"人权十年",无论是在西方还是非西方世界,人权是需要保护的问题已经基本达成共识。在观念层面,尽管国际社会在人权的概念辨识、侧重点、如何保障人权等方面还存在争议,但是国际社会对最低人权基线已经达成共识。世界各国的国内人权问题日益被置于国际社会的监督与关注范围之内,每年的联合国人权理事会的相关报告都成为世界各国关注的焦点,作为人权国际化主要运作程序的成员国报告制度受到几乎所有国家的重视,其指控制度也对被指控国家构成巨大的国际压力,使人权保护真正成为世界各国共同关注的对象。在规则层面,世界各国宪法和法律均体现了人权观念的基本内涵。在制度层面,突出表现为在联合国和各地区性国际组织中形成的有关人权保障的制度体系,如联合国人权理事会、欧洲人权法院制度、美洲人权制度等。在实践层面,人权已经成为全球治理议程中的核心议题之一,人权为任何政体的国家所关注,不仅超越国界,而且已经超越宗教和意识形态藩篱,为国际社会所共同关注,成为全人类的普遍关怀,世界各国均将人权价值作为实现的价值目标并努力实现,国际社会也

---

[1] Perez de Cuellar J, Report on the Work of the Organization from the Forty-fifth to the Forty-sixth Session of the General Assembly, Sept. 1991, DPI/1168 - 40932, New York: UN Department of Public Information, 1991, pp. 17 - 31.

第三章 "保护的责任"与国际人权保护的规范化

开始朝主张人权的普遍性与制定人权保护的共同标准的方向努力,这无疑是国际人权保护行动的一个巨大进步。

其次,人权保护的国际化也表现为国际人权机制对参与国的约束力和强制力的逐渐提升,形成广泛、多层次的国际人权保护实施机制。目前,仅联合国系统内的人权机构就有40多个,但这些机制大多不具有国际法的强制约束力。美国著名人权学者杰克·唐纳利(Jack Donney)在其研究中,将国际人权保护的方式按规范强度分为四种类型:声明型、发展型、实施型和强制型。① 按照这一标准,长期以来人权国际化主要停留在"声明型"和"发展型"的程度,对主权国家的人权侵犯行为几乎没有多少法律约束力,这也是过去联合国制定的大量原则和规范无法得以实施的真正原因。② 但是自20世纪以来,国际社会发生的诸如卢旺达大屠杀、海地危机、叙利亚化武事件等严重践踏和侵犯人权事件已经严重危及人类的基本尊严和安全,联合国及地区性组织对某些国家的人权侵害行为进行了强制性介入,如1992年对索马里、1994年对卢旺达、1999年对东帝汶、2011年对利比亚的强制性干预,都充分体现出侵犯人权行为已经成为国际社会共同关注的事项。

最后,人权保护的国际化体现在国际社会提供人权保护的补充性、协助性责任。当主权国家懈怠或者无能力保护其国民的基本人权时,国际人权保护的责任就会启动,国际社会对人权保护负有补充性的责任,这种责任构成国际社会行使人权保护责任的正当性与合法性。因此,国际保护的责任决不能替代国家的责任,否则会构成职权越位,将侵害主权国家主权,违反国际法的基本原则。即使在国家保护责任失败或者失效时,也必须严格遵守联合国相关程序,尽可能地从程序正义视角使国际人权保护符合国际法基本原则的要求。但是,少数西方大国以自身实力为后盾,试图利用国际保护责任的权利,将干预权控制在自己手中,操纵联合国等国际组织谋取所谓"合法授权"的现象时有发生,动辄以经济制裁、武力干预

---

① Jack Tonally, "International Human Rights: A Regime Analysis", *International Organization*, Vol. 40, Issue. 3, 1986, pp. 599–642.

② Jack Donney, "Recent Trends in UN Human Rights Activity: Description and Polemic", *International Organization*, Vol. 35, Issue. 4, pp. 633–655.

"保护的责任"与国际人权规范建构

相威胁,使原本正义合法的国际人权保护逐渐异化为少数国家干预别国内政甚至侵略、颠覆一国内政的工具,给冲突国带来了无穷的灾难。

从人权国际化的发展历程来看,国际社会在联合国的倡导下不仅从无到有地制定出为世界几乎所有国家所认同和接受的有关人权保护的宗旨、原则和规范,并成立了以联合国人权理事会为代表的大量全球性人权机构以履行其在世界各地保护人权的职责。人权理念在国家、区域乃至全球层面的传播提升了世界各国对人权议题的关注度,国际社会已经初步形成人权问题由原来国内保护发展到国际法上的保护,再到国际人权法律制度促进国内人权法律制度的一个良性循环的互动机制,这无疑是人类人权保护发展史上的一个巨大进步。但全球人权体制在理念与规范上还存在着诸多人权主张的交锋、博弈甚至冲突,国际人权保护的规范化还处在一种尚未成熟的阶段,其理念的提出多具有道德和理想的超前意义。

二、人道主义干预面临的困境

长期以来,人道主义干预饱受国际社会的争议,特别是一些中小发展中国家担心其成为大国对弱国使用武力干预别国内政的工具。实际上,"保护的责任"理念正是对人道主义干预困境和某些实体正义缺失的反思。尤其是20世纪90年代以来,在索马里、卢旺达、前南斯拉夫(科索沃)等国家或地区内部的纷争动荡导致的血腥杀戮和人道主义灾难问题给国际社会在人权保护方面带来了极大的震撼和深刻的反思。西方世界鼓吹人权高于主权,到处干涉别国内部事务,但人道主义干预理念从未得到国际社会的普遍支持与认可。不仅如此,西方国家倡导以人道主义干预的名义开展的军事干预行动遭到来自第三世界国家为主的国际社会的强烈反对与坚决抵制。尤其在科索沃战争期间,抵制人道主义干预的呼声高涨,并将人道主义干预看成是严重违反《联合国宪章》的非法行为。"正义"与"秩序"之间经常产生的冲突构成人道主义干预面临的现实困境。此外,人道主义干预与国家主权原则的异质性也显而易见,保护人权和保护主权两者都是国际社会必须维护的基本原则,对此很少有人反对,但问题的关键在

第三章 "保护的责任"与国际人权保护的规范化

于,当两项原则彼此之间发生冲突时,到底应该服从哪项原则。①

人道主义干预在当今面临的困境主要表现在两次人权保护实践中。首先是非洲地区的索马里所发生的人道主义危机。1991年,索马里陷入国内各派武装力量争夺权力的混乱之中,国内局势开始失控。到1993年初,索马里内战共造成大约35万人死亡,100万人逃往周边地区国家,200万人处于饥饿状态之中。②为制止索马里内战造成的大量平民的伤亡以及非人道行为,联合国开始决定在索马里地区部署维和行动。1992年12月3日,联合国安理会第3145次会议讨论并通过了第794(1992)号决议。③该决议声称索马里境内正在发生普遍违反国际人道主义法的情况,构成对国际和平与地区安全的威胁,批准成员国及联合国安理会可以采取任何认为必要的手段在索马里进行人道主义救援活动。由于联合国维和部队能力与物资供应的不足,以美国为首的联合国特遣部队开始介入索马里内乱,但美国特遣部队后来却陷入与当地军阀的冲突中,成为索马里冲突中的一方,结果造成大量维和人员的伤亡。美国最终在索马里的维和行动因遭遇重大挫折而被迫撤出,索马里局势随后陷入无政府状态。

索马里维和行动的失败在一定程度上动摇了国际社会在后来的人道主义危机中开展人权保护行动的决心。1994年卢旺达总统的空难引起胡图族对图西族的大屠杀悲剧,在短短3个月内,包括老人、妇女、小孩在内的先后约100万人被屠杀,200多万难民逃往国外,另有200多万人流离失所,酿成震惊世界的大屠杀惨剧,成为自二战以来最严重的人权侵犯行为。在此次卢旺达大屠杀事件中,联合国尽管强烈谴责了卢旺达境内所发生的屠杀平民的反人类行为,但联合国安理会却未能及时果断地采取有效地人权保护行动。"由于联合国安理会拒绝采取必要的干预行动,其结果不仅导致卢旺达人道主义形势更加恶化,还使整个非洲大湖地区处于动乱之中。在卢旺达所发生的种族大屠杀充分表明,当一个国家或地区发生震

---

① [美]约瑟夫·奈著,张小明译:《理解国际冲突:理论与历史》,上海:上海人民出版社,2005年版,第187页。
② 刘恩照著:《联合国维持和平行动》,北京:法律出版社,1999年版,第183页。
③ 安理会第3145次会议通过的第794(1992)号决议,S/RES/794,1992年12月3日。http://www.un.org/zh/documents/view_doc.asp?symbol=S/RES/794(1992)。

"保护的责任"与国际人权规范建构

撼人类的大规模人道主义危机时,国际社会的漠视与无动于衷往往也会酿成非常可怕的惨剧。"①

仅仅一年之后,同样的惨剧也发生在文明的欧洲大陆。但与卢旺达的屠杀没有得到国际社会的强力干预不同,北约多国部队对南联盟的空中打击却是对科索沃被塞族军队"大规模侵犯人权"的武力干预,②引发国际社会的激烈争论与广泛质疑。1999年3月24日至6月20日,以美国为首的北约多国部队以保护阿尔巴尼亚族平民的基本人权为由,在尚未得到联合国安理会合法授权的情况下擅自对南联盟实施了78天的空中打击,造成南联盟至少有1800多位平民丧生、6000多人受伤,持续轰炸导致当地桥梁、铁路、炼油厂、医院、学校和民房损失惨重,使当地的人道主义危机形势进一步恶化。北约轰炸南联盟所挥舞的"人道主义干预"的旗号引起国际社会的广泛质疑和反对,也因此引发国际社会关于"主权"和"人权"关系的反思和大辩论,一种协调"主权"和"人权"关系的新规范的出现显得十分必要。

上述发生在索马里、卢旺达、科索沃等世界局部范围内的侵犯人权行为,使国际社会对人权保护问题的关注日益上升到一个新的高度。国际社会是否有权通过强制性干预来实现国际人权保护?当一个国家和地区出现震撼人类良知的人道主义灾难时,国际社会该如何开展人权保护行动?如何规范国际社会的干预行为?这些现实问题引发国际社会试图探寻新的具有共识的人权保护理念,继而采取行之有效的办法来解决这一问题。

三、全球治理呼唤新的国际人权规范

面对人道主义干预不受欢迎的现实,加之国际社会缺乏有效应对地区冲突中大规模人道主义灾难的合法性国际人权规范,时任联合国秘书长科菲·安南(Kofi Annan)在联大会议上提出至今仍具有深刻意义的质问:

---

① Report of International Commission on Intervention and State Sovereignty, "The Responsibility to Protect", December 2001, http://www.globalr2p.org/resources/298.

② Martin Dixon & Robert McCorquodale, *Cases & Materials on International Law*, Oxford University Press, 2003, pp. 543-547.

第三章 "保护的责任"与国际人权保护的规范化

"如果人道主义干预确实是对国家主权的一种令人无法接受的冲击,那么我们应该怎样对发生在卢旺达和斯雷布尼察的人道主义危机做出反应呢?对影响我们共同人性的各项规则的人权的粗暴和系统侵犯,我们又该怎样做出反应呢?"[①] 为了摆脱"主权的绝对主义神话"给国际人权保护造成的困境,国际社会试图寻求建构一种新的人权规范来代替备受争议的人道主义干预理念。

2000年,关于科索沃的国际独立委员会(Independent International Commission on Kosovo)发表了具有广泛影响力的调查报告,该报告指出,尽管北约对科索沃人道主义危机的干预没有获得联合国安理会的授权,但是"武力干预是不可避免的,因为所有的外交手段都已经穷尽,并且双方卷入执意造成人道主义灾难的冲突脱不开身。因此,这一干预是合理的,但不合法"。该报告要求采取一个原则性框架"缩短合法性和合理性的距离,使得人道主义干预可以被用于应对未来紧迫的人道主义危机"。[②] 该报告同时也为北约单边军事干预行动做出一个吸引人的新解读,然而其却不能让国际社会所认可与接受。如果任由一些国际组织或者大国对地区冲突进行单方面的军事干预,那么联合国的权威将受到极大损害,而且国家主权原则也将受到很大冲击。这一报告将问题摆在了台面上,却没有提出任何解决问题的方案。

2001年9月,由加拿大政府与一些非政府组织倡导成立了"干预与国家主权国际委员会",并随后向时任联合国秘书长安南提交了《保护的责任》报告,一种新的人权保护理念开始正式诞生。虽然这种理念有时被少数西方国家所滥用和歪曲,但不可否认,与传统的主权理论仅仅看重国际干预的权利不同,"保护的责任"揭示了国家在当今世界生存与发展之道的另一面,即做一个对内对外负责任国家的重要性,为主权国家作为主权行为体的国际关系体系在新时期的塑造提供了方向。

[①] Kofi Annan, "We, the Peoples—The Role of The United Nations in the 21st Century", http://www.un.org/millennium/sg/report.

[②] Independent International Commission on Kosovo, "Kosovo Report: Conflict, International Response, Lessons Learned," http://reliefweb.int/sites/reliefweb.int/files/resources/F62789D9FCC56FB3C1256C1700303E3B-thekosovoreport.htm.

"保护的责任"与国际人权规范建构

地区冲突频发导致的对人权保护的需求以及当前人道主义干预面临的现实困境表明,国际社会越来越呼唤一种新的人权规范来缓解当前人道主义干预不受欢迎的现实困境。随着国家主权的绝对主义神话被打破,人权保护与国家主权的冲突已经转化为秩序和正义两种价值的博弈。事实上,这两种价值的兼容取决于国际社会是否能够建立起一套具有共识的有关人权保护的国际规范。"保护的责任"规范正是在这样一种情势下应运而生的,并成为新型全球治理体系下国际社会关注和讨论的热点议题。

第二节 "保护的责任"规范的演进

"保护的责任"理念自 2001 年提出至今,已经经历了整整 19 年多的发展历程,其内涵和外延经过不断的深化和讨论,在针对人道主义危机中的平民保护方面已经有了比较丰富的内涵、原则与具体的实施标准。"保护的责任"主要目标是使国际社会在保护人权和国家主权之间找到平衡点,并希望在联合国框架内达成全球共识。《保护的责任》报告的提出在联合国安理会体制外的选择措施引起国际社会的担忧和争议,使得这份报告的合法性备受质疑。由于国际社会对《保护的责任》报告所界定的内涵存在争议,联合国在后续推动"保护的责任"的发展进程中对"保护的责任"的内涵和实施标准给予了符合时代发展的丰富和修正。尤其是近年来,在联合国的倡导与推动下,"保护的责任"理念在全世界范围内得到广泛的传播与扩散,在国际社会经历了一个不断补充与完善的阶段。

一、提出:干预与国家主权国际委员会报告

冷战结束后,以卢旺达、科索沃、索马里为代表的人道主义危机的频繁发生反映了在传统的联合国集体安全机制下应对地区人道主义危机的"能力赤字"与规范缺失,以美国为首的北约对南联盟的军事轰炸更是引起国际社会对人道主义干预的强烈批评与质疑。在此背景下,国际社会呼

呼吁对《联合国宪章》中所强调的国家主权原则、不干涉内政原则进行深刻反思，并试图发展出一种"负责任的主权"（Sovereignty as Responsibility）①的新理念来应对主权国家对其拥有的权力的滥用，对国家所拥有和行使的主权进行重新框定和设计。"负责任的主权"随即得到国际社会的重视与关注，时任联合国秘书长科菲·安南在后来的秘书长报告中采纳了"负责任的主权"这一概念，呼吁国际社会在如何应对系统性侵犯人权和大规模人道主义危机时应该尽早达成共识。② 2000年9月，时任加拿大政府总理让·克雷蒂安和一些非政府基金组织倡议建立一个独立的非政府组织——"干预与国家主权国际委员会"，负责起草关于如何应对人道主义危机的报告，对国际人权保护中军事干预的标准、授权程序进行系统设计。该委员会主要由来自欧美、非洲、亚洲、南美地区的一些著名的外交官、人权活动家以及学者组成，由澳大利亚前外交部长加雷斯·埃文斯（Gareth Evans）与来自阿尔及利亚的资深外交官莫哈默德·萨赫农（Mohamed Sahnoun）担任委员会共同主席，其他10位成员则由西方国家与非西方国家各出5位分别组成，其中西方有来自发达国家美国的李·汉密尔顿（Lee Hamilton）、加拿大的迈克尔·伊格纳季耶夫（Michael Ignatieff）、德国的克劳斯·诺曼（Klaus Naumannn）与瑞士的科尔尼里奥·索马罗加（Cornelio Sommaruga）；也有来自发展中国家印度的拉梅斯·塔卡（Ramesh Thakur）、南非的西里尔·拉马福萨（Cyril Ramaphosa）、菲律宾的菲德尔·拉莫斯（Fidel Ramos）、危地马拉的爱德华多·斯坦因（Eduardo Stein）与俄罗斯的弗拉基米尔·卢金（Vladimir Lukin）。而时任加拿大外交部长的罗德·阿克斯沃希（Lloyd Axworthy）负责整个委员会的运作。③该委员会希望通过尽量纳入各种不同文化背景与专业知识的成员，共同酝酿起草一份新的报告来回应联合国秘书长安南在联大会议上对国际人权保

---

① Francis Mading Deng, Donald, Rothchild, I. William Zartman, *Sovereignty as Responsibility*: *Conflict Management in Africa*, Washington D. C.: Brookings Institution Press, 1996, p. 12.
② 刘波："国际人权保障机制中的保护责任研究"，《国际关系学院学报》，2011年第1期，第42—49页。
③ ICISS (International Commission on Intervention and State Sovereignty), "*The Responsibility to Protect*", Ottawa: International Development Research Center, December, 2001. http://www.globalr2p.org/resources/298.

"保护的责任"与国际人权规范建构

护的呼吁。

2001年12月,"干预与国家主权国际委员会"[1]向联合国提交了一份名为《保护的责任》的报告,首次明确阐释了"保护的责任"(Responsibility to Protect, R2P)[2]新理念。该报告在分析了世纪之交国际社会所面临的人道主义危机的挑战与威胁的基础上,系统地构建了人权保护的新理念:即"主权国家有责任保护本国公民免遭可以避免的灾难——免遭大规模屠杀和强奸,免遭饥饿等灾难的责任,在当事国不愿或无力履行这一职责或其本身为罪犯的情况下,必须由更广泛的国际社会来承担这一责任"。该报告将"保护的责任"具体分为"预防的责任""做出反应的责任"和"重建的责任"三部分。可以说,正是在20世纪90年代国际社会需要寻找一种方式以缓解人道主义干预的困境以及联合国需要在索马里、卢旺达和塞尔维亚拯救生命失败后重获合法性的情势下,"保护的责任"概念应运而生。[3] 这一报告一经提出,随即在国际社会引起强烈的反响与广泛的讨论。

从国际社会的反应来看,该委员会提出一个吸引人的解决方案来缓解国际干预和国家主权之间的深刻矛盾,实现了从极具争议的"干预者的权利"向"被保护者的权利"的视角转换,强调主权国家政府在人权保护中负有首要的责任:即国际社会不应当将主权和干预视为完全的对立体,而是应当将两者视为互补的主从关系。主权不再是一国国内无可争议的绝对控制力量,而是一种满足保护本国人民的"负责任的主权"。[4] 通过将主权

---

[1] "干预与国家主权国际委员会"(International Commission on Intervention and State Sovereignty, ICISS)是加拿大政府倡导的由世界上一些主要的基金会在2000年联合国大会上由当时的加拿大总理克雷蒂安宣告成立的一个独立的委员会,该委员会的任务是使人们在调和为保护人类目的的干预与主权关系的问题上达成更加广泛的共识,特别是要设法从争论走向国际体系内的行动达成共识。见干预与国家主权国际委员会网站:http://www.iciss.ca.com/。

[2] ICISS (International Commission on Intervention and State Sovereignty), "*The Responsibility to Protect*", Ottawa: International Development Research Center, December, 2001, http://www.globalr2p.org/resources/298.

[3] 黄超:"框定战略与保护的责任规范扩散的动力",《世界经济与政治》2012年第9期,第61页。

[4] Welsh J, Thielking C, MacFarlane SN. The Responsibility to Protect: Assessing the Report of the International Commission on Intervention and State Sovereignty, *International Journal*, 2002, Vol. 57, No. 4, pp. 489 – 512.

和责任议题联系起来,委员会顺理成章地指出,主权除了意味着权利(rights)和命令(command)以外,还包含着责任(responsibilities)。"保护的责任"理念的主要目标是使国际社会在以保护人权为目的的国际干预和国家主权之间找到平衡点,缓解人道主义干预的现实困境,希望在联合国多边框架内达成全球共识,建立国际社会共同接受与认可的国际人权规范。

从以上可以看出,"干预与国家主权国际委员会"所提出的"保护的责任"理念有其独特之处,除了创新"人道主义干预"理念,实现从"干预者的权利"向人权"保护的责任"议题转向以外,还针对联合国安理会授权效能可能不足提出相关措施。由于这份报告是由非政府组织"干预与国家主权国际委员会"所提出,虽然许多发展中国家成员也参与了报告的起草,但该委员会主要由西方发达国家所赞助和主导推动,因而带有浓厚的西方背景。由于报告的草根性质,该报告无法形成行之有效的国际法规则和国际惯例。此外,"保护的责任"报告提出的在安理会体制外的选择措施也引起国际社会的广泛担忧和争议,使得这份报告的科学性和合法性备受质疑。国际社会起初对"保护的责任"的态度与反应并不一致。不过这份报告关于"保护的责任"的非官方性质并没有因此而销声匿迹,相反在时任联合国秘书长安南的倡导与推动下,对这一概念的讨论随后被纳入联合国的人权议事日程。正因为国际社会对"保护的责任"报告所界定的内涵存在争议,联合国在后续推动"保护的责任"的发展进程中也对"保护的责任"的内涵和实施标准做了符合时代发展的丰富和修正。

二、回应:联合国高级别小组报告

2003年3月,美国以"打击怖主义"为名,在未得到联合国安理会充分讨论与合法授权的情况下,便绕开联合国对伊拉克进行了单边的军事干预行动,不仅使联合国的权威形象遭受损害,更是让新提出的"保护的责任"理念将走向何方充满了各种不确定性。2003年11月,时任联合国秘书长科菲·安南在联合国大会的报告中提出倡议,紧急呼吁国际社会必须对大规模侵犯人权和违反国际法行为应该如何做出反应的问题达成新的共

"保护的责任"与国际人权规范建构

识,并同时宣布成立了联合国"威胁、挑战和改革问题高级别小组"(The High-level Panel on Threats, Challenges and Changes,以下简称"高级别小组"),以期对2001年9月发生的对美国袭击的"9·11"事件以及阿富汗、伊拉克逐渐升级的战争形势做出回应。该高级别小组由16位来自全世界各地区的资深外交官与政治活动家共同组成。[①] 2004年12月,该小组向联合国秘书长提交了一份名为《一个更安全的世界:我们的共同责任》(A More Secure World: Our Shared Responsibility)的报告。该报告将国家暴力(包括内战、大规模人道主义危机以及种族灭绝等)确定为联合国以及国际社会未来需要特别关注的议题。该报告指出,由于国际人权保护理念和实践的发展,不仅种族灭绝被认为是针对人类所犯下的罪行,绝对不能允许,并且大规模的种族清洗和大规模违反人道法的行为也不能用国家主权和不干涉内政作为借口来进行掩护。国际社会已经充分认识到主权国家和国际社会在人权保护中均需承担相应的责任。对于过去所发生的国际人道主义灾难,如索马里、卢旺达、科索沃等地发生的情势,联合国安理会不是行动得太晚、犹豫不决就是未采取任何有效的人权保护行动。出于对之前人道主义悲剧的反思,国际社会必须承担相应的"保护的责任",因此安理会可以根据《联合国宪章》第七章的规定,当一国的国内形势已经确定违反了国际安全与地区的和平稳定,尤其是在遵循国际人道法的情况下,安理会有权随时授权采取军事干预行动。[②]

该报告在第201段专门阐述了"保护的责任"这一概念的内涵,首次

---

① 高级别小组由来自世界各地具有广泛经验和专门知识的16位名人组成,其中泰国前总理阿南·班雅拉春(Anand Panyarachun)担任名人小组的主席,其他成员有钱其琛[中国]、罗伯特·巴丹泰(Robert Badinter)[法国]、若昂·巴埃纳·苏亚雷斯(Baena Soares)[巴西]、格洛·哈莱姆·布伦特兰(Gro Harlem Brundtland)[挪威]、玛丽·齐内里·赫斯(Mary Chinery-Hesse)[加纳]、加雷斯·埃文斯(Gareth Evans)[澳大利亚]、戴维·汉内(David Hannay)[英国]、恩里克·伊格莱西亚斯(Enrique Iglesias)[乌拉圭]、阿姆鲁·穆萨(Amre Moussa)[埃及]、萨迪什·南比亚尔(Satish Nambiar)[印度]、绪方贞子(Sadako Ogata)[日本]、叶甫根尼·普里马科夫(Yevegeny Primakov)[俄罗斯]、萨利姆·艾哈迈德·萨利姆(Salim Ahmed Salim)[坦桑尼亚]、那菲斯·萨迪克(Nafis Sadik)[巴基斯坦]和布伦特·斯考克罗夫特(Brent Scowcroft)[美国]。

② The Secretary-General, Report of the High-level Panel on Threats, Challenges and Change, *A More Secure World: Our Shared Responsibility*, UN Doc. A/59/565, pp. 56 – 57, 2004, http://www.un.org/secureworld/report.pdf.

第三章 "保护的责任"与国际人权保护的规范化

将"保护的责任"纳入联合国的人权工作议程。报告指出:"人权保护的问题并不在于外部力量是否有权进行干预,而在于每个国家(every state)都必须对那些遭受本来可以避免的灾难的无辜平民负有"保护的责任",即面临大规模屠杀、饥饿和强奸、采用强行驱逐和恐吓的方式进种族清洗、蓄意制造饥荒和故意传播疾病等。冲突国自身负有使本国人民免遭这些灾难的首要责任,但是如果他们没有能力或不愿意这样做,国际社会就应该承担起这一责任。此外,履行"保护的责任"需要国际社会开展一系列相关行动,包括人道主义危机的预防,在必要时需要对地区冲突中的反人类罪行做出反应,帮助冲突国家重建四分五裂的社会。但国际社会主要通过人道主义救援和其他和平解决的方式,例如通过派遣人道主义特派团、人权特派团和警察特派团等措施保护平民。如果必要时需要采取强制性的武力措施,则应当将其作为最后的万不得已的手段。该报告也特别强调了联合国安理会在国际人权保护中的主导作用:"我们赞同新的规范,即如果发生灭绝种族和其他大规模屠杀,国际社会负有集体提供保护的责任,由安理会在万不得已的情况下授权进行军事干预,以防止主权国家政府因无力或不愿防止的族裔清洗或严重违反国际人道主义法行为。"①

高级别小组报告是联合国首次对"保护的责任"理念提出后的正面回应,也是联合国第一次以官方形式指出需要建立一个为国际社会提供集体保护措施的新倡议,并很快将"保护的责任"理念纳入联合国的人权工作议程。高级别小组是安南秘书长倡导成立的专门为联合国的改革、发展提供政策咨询的高级别机构。联合国高级别小组的地位毫无疑问要高于2001年由加拿大政府总理克雷蒂安所倡议成立的干预与国家主权国际委员会。该报告与ICISS报告最大的区别就在于对主权国家或人类安全造成的威胁的范围进行了限制,主要限定在种族灭绝、族裔清洗、其他大规模伤害以及严重违反国际法的行为。一方面,对"保护的责任"理念本身在内容方面进行了限定和补充,并在联合国框架下赋予了"保护的责任"以更高的权威性,这在一定程度上有利于"保护的责任"理念被国际社会所认可与接受。另一方面,该报告强调联合国安理会是唯一有权做出干预决定的机

---

① Ibid para. 203. http://www.un.org/secureworld/report.pdf.

构，对联合国安理会授权体制外的干预措施予以否定，这无疑是对 2003 年美国在伊拉克的单边主义干预行为对联合国形象损伤的修复。此外，这也是该报告与之前干预与国家主权国际委员会所确认的"保护的责任"报告内容的不同之处。

三、接纳：联合国秘书长《大自由》报告

作为对联合国高级别小组报告的正面回应，2005 年 3 月 21 日，安南秘书长在第 59 届联合国大会的秘书长报告中做了题为：《大自由：实现人人共享的发展、安全与人权》（In Larger Freedom: Towards Development, Security and Human Rights For All）[①] 的报告，重申了主权国家自身所具有的保护本国公民免遭暴力和侵略危害的责任，并呼吁国际社会讨论将"保护的责任"理念作为应对种族灭绝、族裔清洗和危害人类罪而采取集体行动的理论基础，确认主权国家政府自身在履行"保护的责任"中的重要性。[②] 该报告赞同之前由"干预与国家主权国际委员会"以及"联合国威胁、挑战和改革问题高级别小组"提出的"保护的责任"理念，认为国际社会也负有提供人权保护的责任，并且要求在必要时需要通过联合国安理会的合法授权来采取集体行动。该报告肯定了"保护的责任"首先在于当事国政府，因为主权国家自身存在的首要理由及职责就是必须保护本国人民的基本权利。但如果当事国政府无能力或无愿意履行保护本国公民的责任，那么这一责任应该由更广泛的国际社会来承担，由国际社会利用外交、人道主义及其他方法，帮助维护平民的人权和福祉。但当一国政府不能或不愿意保护本国公民，安理会可能不得不根据《联合国宪章》采取行

[①] 联合国秘书长安南在第 59 届联合国大会上的报告，《大自由：实现人人共享的发展、安全和人权》，Report of the UN Secretary-General Kofi Annan on the General Assembly, *In Large Freedom: Towards Development, Security and Human Rights for all*, A/59/2005, March 2005, p.35。

[②] The Secretary-General, Report of the Secretary General, *In Large Freedom: Towards Development, Security and Human Rights for all*, General Assembly, UN. Document. A/59/2005. http://www.un.org/largefreedom/contents.htm.

动,包括必要时采取强制性干预行动。① 在该报告的基础上,"保护的责任"的内涵和实施标准进一步得以明晰化和正式化。

该报告在高级别小组报告"保护免遭本来可以避免的面临大规模屠杀和强奸、采用强行驱逐和恐吓方式进行的族裔清洗、蓄意制造的饥荒和故意传播的疾病"的基础上,认为灭绝种族、族裔清洗和其他危害人类罪构成对国际和平与安全的威胁,在此种情势下,国际社会负有人权保护的责任,使得"保护的责任"在具体内容部分有了更为明确的发展。在报告第三部分"免于恐惧的自由"中,安南对联合国安理会在面对灭绝种族及类似罪行时的无所作为发出质问:"在威胁并非紧迫而是潜在的情况下,《联合国宪章》充分授权安理会使用军事力量,包括以预防为目的地使用军事力量,以维护国际和平与安全。至于灭绝种族、族裔清洗和其他类似危害人类罪,这些不也是对国际和平与安全的威胁?人类难道不应依赖联合国安理会进行人权保护?"② 安南在报告中明确表示赞同ICISS报告和名人小组确认的有关"国际社会提供的集体保护的责任"新规范。作为2005年联合国世界首脑会议之前的重要工作文件,秘书长的报告首次将"保护的责任"理念传达给世界各国,为2005年世界首脑会的召开取得理论上的准备和凝聚国际共识的作用。

四、内涵框定:《世界首脑峰会成果文件》

2005年世界首脑会议聚集了全世界150多个国家代表,就新千年以来联合国改革、"保护的责任"的内涵等相关问题进行了广泛而深入的讨论与对话。10月24日,第60届联合国大会上一致通过了《世界首脑会议成果文件》(2005 World Summit Outcome Document),该文件第四部分的第138段、139段专门对"保护的责任"理念进行了内涵限定,汇集了当时

---

① The Secretary-General, Report of the Secretary General, *In Large Freedom: Towards Development, Security and Human Rights for all*, General Assembly, UN. Document. A/59/2005. http://www.un.org/largefreedom/contents.htm.

② Kofi Annan, "We, the Peoples—The Role of The United Nations in the 21st Century", http://www.un.org/millennium/sg/report.

"保护的责任"与国际人权规范建构

最新的有关"保护的责任"的国际法趋势。① 世界首脑会议成果文件是联合国首次以正式文件的权威形式将"保护的责任"概念予以框定,并经过全世界150多个国家首脑签字确认。可以说,2005年《世界首脑会议成果文件》是国际社会成员国集体意愿的宣示,标志着"国际社会普遍认可'保护的责任'理念的一个大跨越",② 具有引导当前国际人权保护的理念导向作用,使"保护的责任"在经历先后数次重要国际会议与文件的广泛讨论后逐步得到国际社会成员国的承认、规范和定型。

这份成果文件总共有178段,其中在第138—140段专门确认了"保护的责任"概念,并最终将2001年所提出的"保护的责任"概念的适用范围严格限定于四种罪行,即"保护人民免遭灭绝种族(genocide)、战争罪(war crime)、族裔清洗(ethic cleaning)和危害人类罪(crimes against humanity)之害的集体国际责任(Collective International Responsibility)"。③ 这一内涵的限定将制止大规模侵犯人权的理念上升为国际责任,构成国际社会在开展人权保护行动中经常援引的法理依据。《世界首脑峰会成果文件》还将"保护的责任"具体分为"国家责任"和"国际责任"两个部分,强调主权国家自身的责任是首要的、第一位的责任。"每一个国家均有责任保护其人民免遭灭绝种族、战争罪、族裔清洗和危害人类罪之害。这一责任意味着通过适当、必要的手段,预防这类罪行的发生,包括预防煽动这类罪犯。我们接受这一责任,并将据此采取行动。国际社会应酌情鼓励并帮助各国履行这一责任,支持联合国的预警能力。"以联合国为代表的国际社会应协助冲突国履行保护平民的责任,从根源预防上增强主权国家自身能力建设;当冲突国确实无力或不愿承担"保护的责任"时,国际社会应该在联合国安理会框架内充分讨论,并根据《联合国宪章》基本精神,在安理会框架下逐案处理,并酌情加强与相关地区国际组织的伙伴

---

① United Nations General Assembly, 2005, A/60/L.1 United Nations General Assembly: 2005 World Summit Outcome, United Nations, New York, p. 31, para. 139. http://www.un-ngls.org/orf/un-summi-FINAL-DOC.pdf.

② Gareth Evans, *The Responsibility to Protect: Ending Mass Atrocity Crimes Once and For All*, Washington D.C: The Brookings Institution, 2008, pp. 43 – 45.

③ 联合国大会第六十届会议决议:《2005年世界首脑会议成果文件》,A/RES/60/1,第27页。

关系，运用外交、斡旋、人道主义救援等各种和平手段及时、果断地采取集体行动。对于国际社会应该承担何种"保护的责任"，世界首脑会议对采取强制性的人权保护行动仅仅达成基本共识，特别强调了强制性的军事干预行动所涉及的责任承担还需要国际社会的进一步考虑与充分讨论。"保护的责任"作为世界首脑会议的一项重要成果被写入会议成果文件，试图在理论、法理和理念层面开始尝试杜绝类似于国际社会，尤其是联合国在1994年卢旺达种族大屠杀事件中的无所作为而导致的悲剧性结果的重演，这无疑大大提升了"保护的责任"理念在国际社会中的影响。总的来看，该成果文件对有关"保护的责任"的阐述之于前三份文件做出以下几个方面的新发展：

首先，把国际人权保护行动的范围严格限制在"灭绝种族、战争罪、族裔清洗和危害人类罪"四种罪行。在ICISS最初的报告中，为"保护的责任"设立了比较宽泛的范围，其他一些非人为的自然灾害等导致的人道主义危机也可能会随时触发国际社会的人道主义干预行动。而2005年《世界首脑会议成果文件》则在内涵上进一步严格限定了"保护的责任"的适用范围，从而排除了其他报告和文件中可能包含的非人为的自然灾害等原因所导致的人道主义干预行为。很明显，《首脑峰会成果文件》所界定的"保护的责任"的外延要比之前干预与国家主权国际委员会《保护的责任》报告中的定义更为清晰、具体。只有在相关国家或地区有以上四种罪行发生的情况下，才可能通过履行"保护的责任"的方式来开展国际人权保护，从而避免了西方国家通过恣意扩大化解释"保护的责任"的内涵而对冲突国采取强制性干预行动的可能性。

其次，该成果文件明确指出，当《联合国宪章》第六章和第八章所规定的和平解决争端的方式已经无法满足当前形势的需要时，国际社会需要根据《联合国宪章》第七章的相关规定采取强制性干预措施；强调《联合国宪章》的现有条款足以处理对国际和平与安全的所有威胁，实际上是对联合国框架外的强制性人权干预行动的再次否定。成果文件在强调安理会维护、恢复国际和平与安全主要责任的同时，还重申了联合国大会在维护国际和平与安全中扮演着重要角色。

最后，该成果文件更加强调联合国在履行"保护的责任"中所发挥的

"保护的责任"与国际人权规范建构

作用。该文件认为，国际社会应当积极支持联合国建立早期预警能力，加强联合国伙伴关系与能力建设。但"保护的责任"被写入世界首脑会议《成果文件》，其在国际社会上所产生的影响力是前述两个研究小组提供的研究报告所无法相比拟的，显著提升了"保护的责任"的国际影响，也意味着该理念在更广泛的国际社会获得更多的关注、认可与支持，在一定程度上反映了未来国际人权保护可能的规范化趋势。因此，有学者也认为2005 年 9 月召开的世界首脑峰会是"保护的责任"规范发展的重要转折点。[1] 2005 年《世界首脑会议成果文件》明确限定了"保护的责任"的适用范畴，承认了国际社会在保护平民中承担相关责任的必要性和重要性，该文件也成了各国政府首脑对人道主义危机中应该履行"保护的责任"所做出的历史性承诺。

总之，"保护的责任"在联合国诸多文件的一项又一项规定与援引中，已经由最初的民间文本概念升级为具有国际习惯法的规则，成为联合国秘书长报告与联合国大会文件经常援引的外交语言和法理依据。从以上几份重要文件来看，国际社会针对人权保护的理念较之以前有了新的发展和突破。干预与国家主权国际委员会的报告有两个独特之处：一是针对传统的"人道主义干预"，实现了从极具争议的"干预者的权利"（Rights to Intervention）向"保护的责任"（Responsibility to Protect）的议题转换，突出了有关主权国家、国际社会在人权保护中的"责任"概念，试图在干预与国家主权之间寻找到一个新的平衡点；二是针对主权国家自身所承担责任缺失时，联合国自身能力赤字所提出的体制外的选择措施，引起发展中国家的质疑和担忧，也进一步推动了国际社会关于"保护的责任"内涵的讨论。

联合国高级别小组报告首次将"保护的责任"引入联合国范围内进行确认和讨论，其影响自然要高于干预与国家主权国际委员会报告。更为重要的是，该报告对 ICISS 报告的内容给予了一定程度的肯定，并对相关争议部分进行了严格的界定和修正，使这一概念逐渐朝向国际共识方向发展。值得注意的是，在人权保护中关于军事干预的授权程序

---

[1] Monica Serrano, "Implementing the Responsibility to Protect: The Power of R2P Talk," *Global Responsibility to Protect*, Vol. 2, Issue. 1, 2010. pp. 167 – 177.

上，联国高级别小组报告对干预与国家主权委员会提出的授权联合国框架外的选择措施进行了明确的否定，减轻了人道主义干预中关于合法授权的争议点。

2005年《世界首脑峰会成果文件》是目前国际社会对"保护的责任"内涵、适用范围、实施标准等做出明确规定的最具权威性的国际性文件，对"保护的责任"理念的发展具有里程碑意义，[①] 大大提升了该理念的国际影响，使"保护的责任"逐渐在联合国框架内规范化与制度化，但国际社会依然对"保护的责任"理念的发展存在担忧与疑虑（见表3—1）。

表3—1 对"保护的责任"持不同观点的国家分类

对"保护的责任"的态度	主要国家	相关立场与态度
反对	古巴、苏丹、委内瑞拉、巴基斯坦、尼加拉瓜、斯里兰卡等小国家	"保护的责任"违反《联合国宪章》精神，是对国家主权原则、不干涉内政原则的破坏
肯定性支持	美国、英国、加拿大、法国、北欧、澳大利亚以及一些非洲地区国家	积极推动人权保护行动，并希望通过"人道主义"方式提高其国际影响力
谨慎的保留意见	中国、印度、南非、巴西、俄罗斯等新兴发展中国家	不反对"保护的责任"理念本身，认为该理念尚不成熟，不具备国际法约束力，需要进一步补充与完善，融入更多的发展中国家元素

资料来源：作者自制。

综上所述，无论是2005年《世界首脑会议成果文件》《威胁、挑战和改革问题高级别小组报告》，还是联合国秘书长的报告，都肯定了在联合国框架下推动"保护的责任"的必要性，通过比较这三份文件关于"保护的责任"的规定可以发现，国际社会关于人权保护的理念正在随着时代的

[①] Walter Kemp, Vesselin Popovski, Ramesh Thakur, *Blood and Borders*: *The Responsibility and the Problem of the Kin-State*, United Nations University Press, 2011, pp. 45 – 47.

"保护的责任"与国际人权规范建构

发展发生新的变迁。2005年世界首脑会议所框定的"保护的责任"与干预与国家主权国际委员会最初提出的"保护的责任"在内涵上有着根本性的区别。特别是《世界首脑会议成果文件》在联合国秘书长安南报告的基础上增加了"战争罪",将"保护的责任"的适用范围严格限定在"灭绝种族、战争罪、族裔清洗和危害人类罪"四种罪行,有效地防止了"保护的责任"因范围的模糊而被扩大化滥用。针对国际人权保护中的强制性行动,《世界首脑会议成果文件》则将强制性军事干预行动严格限定在《联合国宪章》第七章规定的在联合国集体安全制度的框架范围内,排除了西方国家动辄绕过联合国的集体安全制度而采取单边军事干预行动的可能性。除此之外,《世界首脑会议成果文件》还特别强调履行"保护的责任"的主导权必须在联合国安理会框架下,国际社会及区域组织仅仅是联合国的伙伴和合作对象,而不能在无联合国授权的情况下开展人权保护行动。

2005年世界首脑会议所接受的"保护的责任"理念具有两个很明显的特点:一是对履行"保护的责任"的范围进行了严格的限定,即"保护的责任"只适用于四种侵犯人权的罪行:灭绝种族罪、战争罪、族裔清洗和反人类罪。二是"保护的责任"的履行手段必须通过联合国安理会的合法授权才能实现。联合国后续相关报告为"保护的责任"的一系列政策宣示表明,对地区冲突中的国际人权保护已经成为联合国工作内容的核心议程之一,联合国授权实施的国际人权保护行动旨在保护生活在世界上的每一个"个人"。[1] 2005年"保护的责任"被写入联合国首脑会议成果文件时,使用的措辞是"成果文件",而非象征着正式法律效力的联合国"决议"。这就意味着"保护的责任"并非成文的、具有国际司法或准司法效力的国际法条款,仍然是一项处于不断发展中的国际规范,需要国际社会在不断的讨论中对其进行合理的补充与完善。但最后得到国际社会接受的成果文件具有鲜明的旗帜性作用,它宣示了世界各国在人权保护问题上达成的共识,是将来讨论具体内容和实施措施

---

[1] Sean D. Murphy, *Humanitarian Intervention: The United Nations in an Evolving World Order*, Philadelphia: Philadelphia University Press, 1996, p. 35.

的起点,这也助推了"保护的责任"从一种人权保护理念走向人权规范的可能性。①

五、从规范走向实践：2005年后"保护的责任"的新发展

"保护的责任"自2001年提出不久后,在很短的时间里便得到国际社会的普遍认可与支持,形成规范(norm)广泛扩散的趋势。② 2005年后,在联合国的大力倡导与推动下,"保护的责任"理念被纳入联合国人权议事日程,其内涵与原则得到进一步修正、充实与发展,开始由原则性的人权保护理念一步步走向国际人权保护实践。

首先,联合国安理会决议对"保护的责任"理念的重申。2006年4月28日,联合国安理会第5430次会议关于武装冲突中保护平民问题的讨论时通过的第1674(2006)号③决议中援引了"保护的责任"相关内容,重申了2005年《世界首脑会议成果文件》中第138和第139段关于保护平民免遭种族灭绝、战争罪、族裔清洗和危害人类罪之害的责任规定,并鼓励地区性国际组织非盟在解决苏丹达尔富尔问题中应该发挥重要的作用。2006年8月31日,联合国安理会通过第1706(2006)号决议,④ 该决议授权非盟进入苏丹的达尔富尔地区开展人权保护行动,强调非盟特派团需协助执行《达尔富尔和平协议》,直至向联合国驻达尔富尔部队过渡的工作完成,从而使"保护的责任"从理念设计变为实际行动。

---

① Pekka Niemela, *The Politics of Responsibility to Protect: Problems and Prospects*, Helsinki: Erik Castren Institute of International Law & Human Rights, 2008, pp. 21 – 25.

② 黄超:"框定战略与'保护的责任'规范扩散的动力",《世界经济与政治》2012年第9期,第59页。

③ S/RES/1674, 2006年4月28日安理会第5430次会议关于武装冲突中保护平民的讨论,联合国网站:http://www.un.org/zh/sc/documents/resolutions/06/s1674.htm。

④ S/RES/1706(2006), 2006年8月31日安理会第5519次会议通过关于苏丹局势的决议。见:http://www.un.org/zh/sc/documents/resolutions/06/s1706.htm。

"保护的责任"与国际人权规范建构

表3—2 2005—2018年联合国安理会决议对"保护的责任"的重申

安理会决议	时间	对象
第1674号决议	2006年4月28日	苏丹局势
第1706号决议	2006年8月31日	苏丹达尔富尔局势
第1894号决议	2009年11月11日	武装冲突中平民保护的第八次公开辩论
第1970号决议	2011年2月26日	利比亚局势
第1973号决议	2011年3月17日	利比亚局势
第1975号决议	2011年3月20日	科特迪瓦局势
第2085号决议	2012年11月20日	马里局势
第2127号决议	2013年12月5日	授权非盟国际援助团进驻中非共和国
第2185号决议	2014年11月20日	联合国维和行动中的警察角色讨论
第2237号决议	2015年9月2日	利比里亚局势
第2286号决议	2016年5月3日	武装冲突中的平民保护
第2389号决议	2017年12月8日	非洲大湖地区局势
第2417号决议	2018年5月24日	武装冲突中的平民保护

资料来源：根据联合国文件系统，http://www.un.org/zh/documents/。

其次，联合国大会关于"保护的责任"的对话与辩论。2008年，联合国秘书长潘基文任命爱德华·C.卢克（Edward C. Luck）为联合国秘书长"保护的责任"特别顾问，负责"保护的责任"理念的未来设计与内容改进，敦促国际社会进一步落实2005年世界首脑会议所达成的共识；[①] 要求国际社会成员国就如何履行"保护的责任"理念进行磋商并保持持续性的政治沟通与对话。[②] 2009年1月29日，联合国秘书长潘基文在第63届联大上向联合国大会提交了《履行保护的责任》（Implementing the Responsibil-

---

[①] 关于Edward C. Luck的介绍可以参见联合国"保护的责任"特别顾问网站：http://www.un.org/zh/preventgenocide/adviser/responsibility.shtml。

[②] 2007年8月31日，联合国秘书长给安理会主席的信，http://www.un.org/zh/documents/view_doc.asp?symbol=S/2007/721。

ity to Protect)① 的报告，该报告强调，阻止各国或国家集团为不当目的滥用"保护的责任"的最佳途径需要全面制定联合国的"保护的责任"战略、标准、程序工具和做法。本报告概述了各国国家元首和政府首脑会议上要求落实"保护的责任"的三大支柱战略：第一支柱是国家始终有责任保护其国民，这一责任的渊源既在于国家主权的性质，也在于原有且持续存在的国家法律义务；第二支柱是国际援助与能力建设（International Assistance and Capacity-building），即国际社会承诺协助主权国家履行其义务，增强其人权保护的能力；第三支柱是及时、果断的反应（Timely and Indecisive Response），当一国政府显然未能提供保护其人民免遭四种罪行危害的时候，会员国有责任及时、果断地做出集体反应。及时、果断的反应可以动用联合国及其伙伴所掌握的各种工具，这些工具包括《联合国宪章》第六章规定的和平措施、第七章规定的强制性措施和第八章规定的区域与次区域安排的协作。在及时、果断的反应中，必须充分尊重《联合国宪章》的规定、原则和宗旨。联合国大会成员国也对秘书长报告中关于如何"履行保护的责任"所提出的三大支柱战略持欢迎态度，但普遍认为该报告的前两个支柱更为重要。潘基文秘书长曾在联大会上表示"将保护的责任的构想付诸实施的时机已经成熟"。但一些发展中国家却很担心"保护的责任"在具体落实中会被滥用。"履行保护的责任"报告是 2005 年后联合国大会通过的第一份关于"保护的责任"报告，该报告也被认为是"第一份将概念转化为政策的综合性联合国文件"。②

2010 年潘基文秘书长报告《预警、评估及保护的责任》（Early Warning, Assessment and The Responsibility to Protect）③ 呼吁扩大联合国对可能

---

① Report of the UN Security-General Ban Ki - moon on the General Assembly, Implementing the Responsibility to Protect, A/63/677, 12 January, 2009, http：//www.globalr2p.org/pdf/SGR2PEng.pdf.

② Ved P. Nanda, "From Paralysis in Rwanda to Bold Moves in Libya: Emergence of the 'Responsibility to Protect' Norm Under International Law-Is the International Community Ready for it?", *Houston Journal of International Law*, Vol. 34, No. 1, p. 29.

③ Report of the Secretary-General, Early Warning, Assessment and the Responsibility to Protect, A/64/864, July 14th, 2010, http：//www.un.org/zh/documents/view_doc.asp?symbol=A/64/864.

"保护的责任"与国际人权规范建构

的灭绝种族、战争罪、族裔清洗和危害人类罪提出预警和进行评估的能力,在联合国及其区域和次区域伙伴之间促进信息、构想、见解的定期双向流动。这对于有效、可信和可持续履行"保护的责任"及落实国家元首或政府首脑在2005年世界首脑会议上做出的承诺至关重要。

2011年的秘书长报告专注于《区域和次区域安排对履行"保护的责任"的作用》(The Role of Regional and Subregional Arrangements in Implementing the Responsibility to Protect),《联合国宪章》第八章专门论述区域安排对于维持国际和平与安全的重要作用,促进更有效的全球—区域合作,是落实"保护的责任"的关键一环。该报告认为,"保护的责任"是一项普遍原则。但是,其履行过程应尊重各区域的体制和文化差异,鼓励政府官员、民间社会代表和独立专家就履行方式开展区域内对话,各区域必须逐步推进,以确保人民得到更多的保护并逐年降低发生大规模暴行的风险。区域和次区域安排可以鼓励各国政府认识到相关国际公约规定其应承担的义务,在发生暴力或暴行之前发现并解决社会中的摩擦根源。2012年《保护的责任:及时果断的反应》(Responsibility to Protect: Timely and Decisive Response) 报告评估了国际社会采取以《联合国宪章》为基础的工具和可利用的伙伴关系,以及负责地进行保护的方式;强调要更好地了解《联合国宪章》第六章和第八章规定的可用措施,在必要的时候增强这些工具,预防和果断、有效地及早采取行动。[①] 2013年7月9日,潘基文秘书长做了《保护的责任:国家责任与预防》(Responsibility to Protect: State Responsibility and Prevention)[②] 的最新报告,强调通过防止暴行罪来推动"保护的责任",是未来联合国五年行动议程中的一个关键要素。利比亚与叙利亚危机中的人道主义危机就突出表明了及早采取行动防止冲突恶化的至关重要以及预防行动失败所造成的可怕后果。2013年9月11日,联合国大会举行了第15次"保护的责任:国家责任和预防"非正式对

---

① A/66/874-S/2012/578, http://www.un.org/zh/documents/view_doc.asp? symbol = A/66/874.

② A/67/929-S/2013/399, "Report of the Secretary-General, "Responsibility to Protect: State Responsibility and Prevention," July 9th, 2013. http://www.un.org/zh/documents/view_doc.asp? symbol = A/67/929&referer = http://www.un.org/zh/preventgenocide/adviser/documents.shtml&Lang = E.

话会议,包括中国在内的 68 个国家、地区组织以及市民社会团体参与了讨论。2014 年的秘书长报告《履行我们的集体责任:国际援助与保护的责任》(Fulfilling Our Collective Responsibility: International Assistance and the Responsibility to Protect) 强调了加强第二支柱下的国际援助和能力建设的重要性。2015 年 7 月 13 日,在"保护的责任"纳入联合国框架下十周年之际,潘基文秘书长做了《一个重要和持久的承诺:履行保护的责任》(A Vital and Enduring Commitment: Implementing the Responsibility to Protect) 报告,提出未来十年"保护的责任"的六个优先事项。2016 年 7 月 22 日,潘基文秘书长在《动员集体行动:保护的责任下一个十年》(Mobilising Collective Action: The next decade of the Responsibility to Protect) 报告中对"保护的责任"发展的第一个十年进行了评估和总结,并就联合国下一个十年如何推动"保护的责任"提出诸多新愿景。

2017 年,新任联合国秘书长古特雷斯(Antonio Guterres)做了《履行保护的责任:对预防问题》(Implementing the Responsibility to Protect: Accountability for Prevention) 报告,强调使预防暴力成为切实可行的行动纲领,发挥联合国系统的三大支柱——人权、和平与安全、发展的协同作用,继续推动"保护的责任"的发展与完善。2018 年 6 月 1 日,古特雷斯秘书长在《保护的责任:从预防到行动》(Responsibility to Protect: From Early Warning to Early Action) 报告中强调国际社会必须尽可能帮助冲突国避免暴行罪,包括改进预警系统,从预防更快地转向行动,并提出加强早期行动的三重战略:第一,审查并在必要时加强现有的预防能力;第二,继续推进对预防暴力责任的追究;第三,通过大力扩大预防暴行的民事行动进行创新,并利用一切可用资源应对这一最紧迫的挑战。①

---

① 以上秘书长报告参见联合国官网:http://www.un.org/zh/preventgenocide/adviser/documents.shtml。

"保护的责任"与国际人权规范建构

表 3—3　自 2001 年以来"保护的责任"内涵的变迁

时间	重要文件或报告	关于"保护的责任"内涵限定的措辞比较
2001 年	干预与国家主权国际委员会报告	可以避免的灾难——大规模屠杀、饥饿、强奸等
2004 年	威胁、挑战和改革问题高级别小组报告《一个更安全的世界：我们共同的责任》	大规模屠杀和强奸、采用强行驱逐和恐吓方式进行族裔清洗、蓄意制造的饥慌和故意传播的疾病
2005 年	《大自由：实现人人共享的安全、发展与人权》报告	灭绝种族罪、族裔清洗和危害人类罪
2005 年	《世界首脑会议成果文件》	灭绝种族、战争罪、族裔清洗、危害人类罪
2009 年	《履行"保护的责任"》报告	灭绝种族、战争罪、族裔清洗和危害人类罪
2010 年	《预警、评估和"保护的责任"》报告	灭绝种族、战争罪、族裔清洗和危害人类罪
2011 年	《区域和次区域安全对履行保护的责任的作用》报告	灭绝种族、战争罪、族裔清洗、危害人类罪
2012 年	《保护的责任：及时果断的反应》报告	灭绝种族、战争罪、族裔清洗、危害人类罪
2013 年	《保护的责任问题：国家责任与预防》报告	灭绝种族、战争罪、族裔清洗、危害人类罪
2014 年	《履行我们集体的责任：国际援助与保护的责任》秘书长报告	灭绝种族、战争罪、族裔清洗、危害人类罪
2015 年	《一个重要和持久的承诺：履行保护的责任》秘书长报告	灭绝种族、战争罪、族裔清洗、危害人类罪
2016 年	《动员集体行动：保护的责任下一个十年》秘书长报告	灭绝种族、战争罪、族裔清洗、危害人类罪
2017 年	《履行保护的责任：对预防问责》秘书长报告	灭绝种族、战争罪、族裔清洗、危害人类罪
2018 年	《保护的责任：从预防到行动》秘书长报告	灭绝种族、战争罪、族裔清洗、危害人类罪

资料来源：http://www.un.org/zh/preventgenocide/adviser/documents.shtml.

从"保护的责任"的后续发展与实践情况来看,"保护的责任"的内涵与适用范围经历了一个由宽泛到具体化的过程。2005年世界首脑会议所达成的共识成为其后续发展的基础,回顾"保护的责任"十多年来的发展历程可以发现,国际社会对"保护的责任"规范的讨论与关注均未脱离2005年世界首脑会议所界定的"保护的责任"的范围。在短短的十多年时间里,"保护的责任"已经从一种理论上的概念探讨变成当今国际人权保护行动援引的重要法理依据,能够逐渐修正、完善并朝着具有清晰适用范围的方向迈进,有利于对"保护的责任"规范持有疑虑的国家愿意接受"保护的责任"理念。在国际人权保护实践方面,2011年利比亚危机中首次援引"保护的责任"开展国际人权保护实践,虽然大大提升了"保护的责任"理念在国际社会中的影响,但"保护的责任"在利比亚危机中的滥用也加深了国际社会对"保护的责任"未来走向的担忧。因此,如何在联合国多边框架下履行"保护的责任",防止其被西方国家滥用,从而真正发挥保护人权的作用,是未来国际人权规范建构中亟待解决的问题。

第三节 "保护的责任"对国际人权规范的影响

作为国际人权保护领域的新理念,"保护的责任"是在一系列国际人道主义危机的基础上发展并建构起来的,旨在强调主权国家和国际社会在人权保护中的共同责任。特别是20世纪90年代人道主义干预面临的现实困境,使"保护的责任"在短时期内开始取代人道主义干预而成为国际社会所普遍接受的人权话语与外交语言,显示出建构新国际共识与人权规范的强大潜力,成为当前国际关系中越来越经常讨论的问题和处理人道主义危机时的理论与法理依据。在"保护的责任"话语框架内,尊重和促进人的权利、安全成为首要原则,主权国家所承担的是主要的或主导性的责任,而国际社会所承担的是一种协助性或补充性的责任。"保护的责任"在近19年的时间内,逐步得到国际社会的承认、补充和定型,宣示了当前国际人权规范发展的新动向与新趋势,其自身具有丰富的内涵与特点,并对现代国际人权秩序的相关规则、规范产生了深远影响。

"保护的责任"与国际人权规范建构

一、"保护的责任"的内涵与特点

从内涵上看,"保护的责任"内涵的最终限定主要依赖于 2005 年世界首脑会议所通过的《首脑会议成果文件》:"每一个主权国家都有权保护本国人民免遭灭绝种族、战争罪、族裔清洗和危害人类罪之害,在当事国无力或不愿承担保护的责任时,国际社会有责任通过联合国来承担集体行动的责任。预防的责任、做出反应的责任以及重建的责任共同构成"保护的责任"的主要内容和框架。""保护的责任"的承担和履行具有国家和国际社会两个层面,主权国家承担保护人民的首要的主导性的责任,而国际社会则提供必要的协助与补充。但"保护的责任"在具体的人权保护实践中会对国家主权原则、不干涉内政原则以及禁止使用武力原则造成重大冲击,使发展中国家和发达国家对"保护的责任"规范的理解、立场和态度存在诸多争议与分歧,相关讨论协商也一直在进行中。

(一) 预防的责任 (The responsibility to prevent)

"预防的责任"是致力于消除和化解造成当事国内部冲突或者人道主义危机的根本原因。[1] "预防的责任"是国际社会履行"保护的责任"中最重要的一个方面,其首要任务在于及时消除可能构成破坏性冲突的安全隐患以及排除其他潜在性的人权危难可能。要求主权国家和国际社会在策划干预行动之前,其必要的前提是所有的预防措施都已证明无效或无法缓解当前的情势,才可以通过联合国安理会的合法授权采取干预行动。只有通过恰当的预防策略才能使当事国可能发生的人道主义危机的可能性降至最低。因此,预防的责任在国际人权保护实践中具有极为重要的意义,恰当地使用,能够有效地避免严重的人道主义灾难的发生。从实施方式来看,预防的责任一般可以分为直接预防和根源预防。直接预防就是"在任

---

[1] Welsh J, Thielking C, MacFarlane SN. The Responsibility to Protect: Assessing the Report of the International Commission on Intervention and State Sovereignty, *International Journal*, 2002, Vol. 57, No. 4, p. 495.

何情况下，这些手段可能采取直接援助、积极诱导的形式，或者在更加困难的情况下采取威胁惩罚的消极形式"。① 直接预防措施可能包括联合国秘书长的斡旋，同直接预防相比，联合国安理会更加强调对冲突根源预防的重要性。要有效地预防冲突并从根源上消除造成人道主义危机的根源，必须满足以下几方面的条件：

首先，国际社会必须了解造成当事国和该地区局势脆弱性的直接原因，从而建立相关预警机制。目前主权国家和国际社会缺乏对冲突的预警机制，尤其在危机发生时缺乏及时的反应。而破坏性的冲突的预警主要是权宜性和无组织的，因此需要一个新型的、专门致力于冲突预警的早期预警（Early Warning）机制，并且加强国际合作，加大当地行为者的参与力度。

其次，必须了解能够加以区别的现有政策措施——所谓的"预防性工具箱"，地区冲突的根源往往与国家治理失效、贫困、政治压制和资源分配不均有关。历史已经表明，任何残暴犯罪都是一个进程，而不是一项单一事件。不同种族与族群在社会地位、财富分配与政治资源的显著差距都将成为冲突的根源。② 预防的责任除了早期预警机制的建立以外，国际社会与国际组织也应该从结构上帮助目标国从社会、教育、法律与安全层面建立一个相对平等与公正的政治体系，并鼓励冲突各方的对话与和解。在有可能发生导致大规模人道主义危机的武装冲突时，国际社会应该派遣维和部队进行预防性部署，防止冲突的持续恶化酿成大规模、系统性人道主义危机。③

最后，要始终有实施这些措施的意愿，作为责任主体的主权国家与以联合国为代表的国际社会应该具有保护人民的意愿，愿意承担"保护的责任"，包括国内政治意愿和国际政治意愿。而动员国际社会支持，首先应

---

① ICISS (International Commisssion on Intervention and State Sovereignty), "The Responsibility to Protect", Ottawa: International Development Research Center, December, 2001, http://www.globalr2p.org/media/files/iciss_report.pdf.

② Robert Gellately and Ben Kiernan, *The Specter of Genocide: Mass Murder in Historical Perspective*, Cambridge: Cambridge University Press, 2003, pp. 374 – 375.

③ Gareth Evans, *The Responsibility to Protect: Ending Mass Atrocity Crimes Once and For All*, Washington, D. C.: The Brookings Instution, 2008, p. 81.

"保护的责任"与国际人权规范建构

该获得国内的支持,预防暴行的基础必须是各国努力建设有应对暴行罪能力的社会,以及国际社会在必要时努力协助其他国家。

"预防的责任"是基础责任,是"保护的责任"初步阶段的关键环节,其实施成效将直接影响后续两项责任的顺利开展。预防的责任由于对主权国家干预范围小、程度较低,易于被冲突国家所接受和认可。通过预防的责任来推动"保护的责任",是联合国五年行动议程中的一项关键要素,联合国与其他成员国、地区国际组织和民间社会之间的伙伴关系可以帮助冲突国履行预防的责任,从而增强冲突国自身的能力建设。

(二) 做出反应的责任(The responsibility to respond)

"做出反应的责任"是指国际社会通过采取适当措施对冲突国或地区所发生的人道主义危机所做出的积极有效反应,反应的责任意味着对迫切需要保护的人道主义危难情势做出行动的责任,是为了及时应对解决预防责任失败后可能产生的人权危难情势。一般包括武器禁运、经济制裁、旅行禁令、对大规模侵犯人权活动的负责人进行起诉或资产冻结以及在必要时甚至采取军事干预等强制性措施。在"预防的责任"不能有效地解决或遏制相关人道主义灾难时,并且某个国家无力或无意愿做出任何努力以保护本国人民时,那么就需要更广泛的国际社会通过联合国安理会的合法授权,采取一定的国际干预措施,这些措施包括政治、经济、司法、军事等在内的措施,必要时甚至包含军事行动来开展国际人权保护行动。[1] 当然,为了避免这些措施被某些大国利用而给当事国人民造成更大的人道主义灾难,使用这些措施必须得到联合国安理会的合法授权,并得到国际社会广泛、充分的讨论。武力干预行动必须要达到情势的万不得已,并且要符合程序和手段的正当性。如何正确地履行"做出反应的责任",关键在于如何解释和把握干预与国家主权国际委员会所列出的"六项标准":

1. 正当的理由 (just cause)。军事干预作为一种例外措施,仅当极端

---

[1] ICISS (International Commisssion on Intervention and State Sovereignty), "The Responsibility to Protect", Ottawa: International Development Research Center, December, 2001, http://www.globalr2p.org/media/files/iciss_report.pdf.

的紧急人道主义危机发生时才能被采用。"为保护地区冲突中的平民而进行的军事干预是一种例外的、非同寻常的刚性措施。""保护的责任"的实施需要满足的首要前提就是需要提供正当的理由。这里，正当的理由分为两种情况：首先，不论是否存在灭绝种族的意图，只要已经发生或担心发生大规模丧生，而且造成人道主义危机的原因是主权国家蓄意所为，或者是当事国政府疏于行动或无力行动，或者是冲突国本身已经处于无政府的瘫痪状态。如果在其他预防性措施都被证明是无效的情势下，国际社会与地区国际组织便有正当的理由通过联合国安理会的合法授权进行军事干预。其次，当某个国家或地区已经发生或正在发生大规模人道主义危机，且不采取干预行动将会导致人道主义危机的进一步恶化。因此，国际社会在履行"保护的责任"时，如果没有符合上述两个情形，则国际社会没有正当理由通过军事干预手段来履行"保护的责任"。

2. 正确的意图（right intention）。"保护的责任"提议的军事干预行动的首要目的是为阻止或者结束目前正在发生的大规模人道主义危机，推翻现政权并不是该意义上的正当目标。而此种军事干预行动最好是通过地区性组织或联合国的合法授权合作来共同进行，以防止干预国利用人权保护为名来实现其他战略意图。帮助确定军事干预行动是否满足"正确的意图"标准有以下方法：军事干预经常发生在集体或者多边而不是单个国家之上；军事干预是否以及在何种程度上被军事干预的当事国所提出；该地区其他国家或者地区国际组织的意见在何种程度上被考虑到。"保护的责任"最容易陷入的泥潭就是借用"保护的责任"来实现自身政治利益的扩张，偏离了"保护的责任"的初衷。

3. 最后的手段（last resort）。即是否所有阻止危机的非军事干预选择或者和平解决方案都已经尝试并且已经证明是无效的，以及是否有依据从而可以合理判断和平手段无法达到成功解决危机的目的。只有在尝试了每一种预防手段或和平解决危机的非军事手段，并有充分的理由相信，不采取强制性措施就会导致更大规模的人道主义灾难时，才能认为军事干预具有正当性。

4. 合法授权（right authority）。解决了正当性问题之后，干预与国家主权国际委员会着手解决军事干预的合法性（legality）问题，在履行"保护的责任"进程中,联合国安理会是唯一可以合法授权使用军事干预行动的国际行为体。因此,由联合国安理会对军事干预行动的正确授权(right authority),是检验军事干预行动合法性的重要标准。"保护的责任"采取军事干预行动必须得到联合国安理会的合法授权,不能任意援引"保护的责任"来干预别国的内政。"保护的责任"理念特别突出联合国安理会在国际人权保护中的重要作用,认为在授权进行人权保护为目的的军事干预行动中没有任何一个机构比联合国安理会更为合适。关于授权使用武力问题,"保护的责任"报告里提到三个关键点:首先,任何关于人权保护的军事干预行动都需得到联合国安理会成员国的广泛讨论和合法授权;其次,如果安理会不能就此问题达成一致意见,就需要通过联合国大会的讨论来尽力达成国际共识。最后,地区组织和地区大国可以在安理会授权的情况下开展国际人权保护行动。

5. 均衡的方法(proportional means)。均衡的方法是指在承认最后的手段即军事干预付诸实践时,必须对军事干预的强度、程度、力度、规模、持续时间、打击范围等方面进行合理规制。军事干预行动必须以保护冲突国平民的权利为主要目标,以免造成不必要的侵害甚至人道主义灾难。均衡的方法要求强制性干预行动的规模、时间和强度不能超出确保实现保护人类目标的需要,不应超出保护人权的基本需要而造成其他不必要的损失。

6. 合理成功的预期(reasonable prospects)。军事干预行动是否有合理的预期去解决相应的人道主义危机,并且军事行动带来的结果不比不行动的结果更糟。军事干预行动的后果必将导致一系列的战争负面效应:人员伤亡、城市的摧毁、文化的断层以及政权的更迭等等都可能因一次不负责任的军事干预行动而出现。

虽然联合国规定了国际社会"做出反应的责任",但更加突出强调的是一种"预防性文化"在国际人权保护中的首要作用,只有在国际社会预防的责任最终失败的情况下才能启动反应程序,履行反应的责任。虽然"保护的责任"制定此六项做出反应的标准是想为军事干预设置尽可能多的限制条件,从而约束武力的使用,但实际上,其中的某些标准非常模糊,反而可能会为干预者打开军事干预的方便之门,成为大国干预小国主权及内政的工具。因此，反应的责任必须严格遵守相关程序，否则极易成为霸权国家干涉冲突国内政的工具和借口，反而不利于人权保护行动的开展。

(三) 重建的责任 (The responsibility to rebuild)

"重建的责任"意味着主权国家和国际社会不仅有责任进行预防和做出反应，而且需要在军事干预之后履行恢复国家常规人权秩序的责任。重建的目的就是恢复国家的主权责任，强化主权国家履责能力的建设。武力干预之后，被干预对象国因为各种原因遭受重创，各方面建设百废待兴，因此需要国际社会帮助其恢复和重建国内秩序，尽早恢复常态化的人权保护秩序，实现人民权利。"重建的责任"是指在军事干预行动之后国际社会对当地提供恢复、重建与和解等方面的援助，消除造成伤害的原因，尽力消除国际干预行动所带来的伤害，逐渐减少对于国际社会与国际组织等外部支持的依赖。而重建的具体内容与预防的责任很类似，都是希望在国际社会的协助下与主权国家开展合作，以便建立稳定的国内秩序，并且建立更加"善治"的政府。

首先，"保护的责任"指出干预国在结束干预行动后，特别是军事干预行动之后所承担的义务，即负责帮助建立被干预国的持久和平，促进良好的管制与可持续发展，最终将重建的权利和责任逐步移交给当地政府，并从安全、经济发展和国内司法三方面进行了综合的战略策划。

其次，国际社会在干预结束后的当地重建过程中应当参照联合国的托管制度，促进托管领土上的人民在政治、经济、社会和教育方面取得进步；鼓励尊重人权和人类基本自由；确保各国人民在社会、经济、商业事务以及司法判决上的平等待遇。

在履行重建责任方面，目前联合国内部还成立了一个专门负责冲突后建设和平与重建工作的机构——联合国建设和平委员会（Peacebuilding Commission），集中关注冲突后重建所必需的体制建设工作，协助支持制定综合战略，把联合国内外的所有相关行为体，包括会员国、冲突各方、联合国特派团、国际和区域组织、民间组织等私人部门和人权机构召集在一起，以便提供相关政策建议和信息，制定和分享建设和平方面的良好做

"保护的责任"与国际人权规范建构

法。对于刚摆脱冲突的国家或有可能再度陷入冲突的国家来说，履行重建的责任至关重要。唯有成功完成冲突后的重建工作，才可能使得冲突国家不会重复发生恶性冲突。但从目前国际实践层面来看，在反应责任之后，重建责任的履行效果堪忧，大多数被国际干预的国家往往陷入冲突与动荡的恶性循环中。

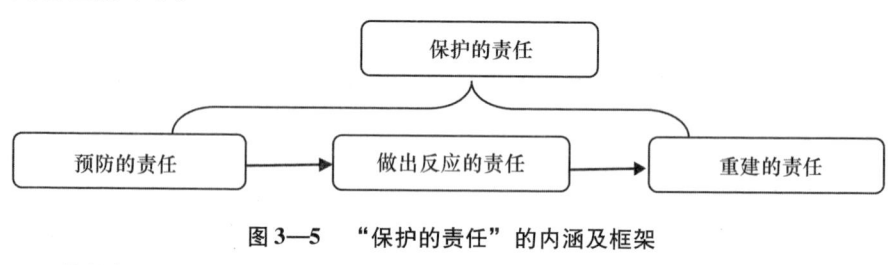

图 3—5 "保护的责任"的内涵及框架

资料来源：作者自制。

在"保护的责任"的三个维度中，干预与国家主权国际委员会清楚地表明，预防的责任是其中最为重要的责任，并呼吁国际社会在未来的人权保护中从"反应性文化"走向"预防性文化"。在反应的责任中，军事干预成为最受世界各国所诟病与争论的焦点。事实上，国际社会也在一定程度上预见到这一情形。ICISS 将预防的责任作为首要的责任，也是考虑到军事干预行动是一种例外、严重以及最受争议的手段。为了厘清在何种情势下，国际社会应当承担在人道主义紧急事态发生后阻止、反应和重建的责任以及为否决权的使用设置限制，委员会为"保护的责任"中军事干预的启动设置了一系列的标准，力图保障军事干预行动的合法性。

二、"保护的责任"与"人道主义干预"的区别

从国际人权保护的实践进程来看，"保护的责任"与"人道主义干预"思潮有着密切的关系，但也与人道主义干预理念存在着很大的区别。"保护的责任"是一种更为综合性的人权保护框架，包括危机前预防的责任、做出反应的责任和重建的责任，且特别强调危机前预防的责任最为重要。一方面承认国家主权的固有内涵，同意主权国家对其国内事务享有最高的、排他性的管辖权；另一方面又丰富了主权随着新时代发展所内化出的

"负责任主权"意涵，使主权国家需要负责任地行使其国家权力。事实上，"保护的责任"正是在人道主义干预受到国际社会排斥与批评的情况下产生的新理念。"保护的责任"是一种针对冷战后人道主义危机频发的现实，希望在人道主义干预与国家主权之间寻找平衡点的新理念。然而，国际社会对"保护的责任"理念的实践与发展前景看法各不相同。有学者就认为，从人权保护的手段而言，"保护的责任"只不过是过去西方国家所倡导的人道主义干预的翻版，其实质内涵并不是对人道主义干预理念的替代，更多的是"新瓶装旧酒"。[①] 相反，也有相关学者认为，"保护的责任"创新了人道主义干预的新理念，强调主权国家和国际社会应该承担集体行动的责任。[②]

与以往的"人道主义干预"相比，"保护的责任"突出的是一种"负责任的主权"（Sovereignty as Responsibility），[③] 对国际社会的人道主义干预行动起到一定的规范作用。这是一项积极举措，旨在推动全球人权规范的形成，确保人类安全和基本权利得到更好的保障。[④] 但国家在人权保护问题上存在着借此实现自身战略利益的私利，因而在人权保护实践中无法确保"保护的责任"的内容被真正贯彻实施，其结果往往偏离了"保护的责任"的初衷，无法真正达到保护人权的效果。"人道主义干预"过多强调干预国的"干预权利"以及干预行为本身。而"保护的责任"特别强调人权保护行动启用的条件、适用的范围，防止大国以人权保护为由行干涉内政之实。如此，不仅在语义上有着实质性的转换，而且有着更为具体的内涵与实施标准（见表3—4）。因此，"保护的责任"的出现既有进步和积

---

① Stephen P. Marks and Nicholas Cooper, "The Responsibility to Protect: Watershed or Old Wine in a New Bottle?," *Jindal Global Law Review*, Vo. 2, No. 1, 2010, pp. 86 – 130; Gelijn Molier, "Humanitarian Intervention and the Responsibility to Protect after 9/11", *Netherlands International Law Review*, Vol. 53, Issue. 1, 2006, pp. 37 – 62.

② Carsten Stahn, "Responsibility to Protect: Political Rhetoric or Emerging Legal Norm?", *American Journal of International Law*, Vol. 99, No. 1, 2007, pp. 99 – 120.

③ Francis Mading Deng, Donald, Rothchild, I. William Zartman, *Sovereignty as Responsibility: Conflict Management in Africa*, Brookings Institution Press, 1996, p. 5.

④ The United Nations Development Programme (UNDP), Human Development Report 2013, *The Rise of the South: Human Progress in a Diverse World*, http://hdr.undp.org/sites/default/files/reports/14/hdr2013_en_complete.pdf.

"保护的责任"与国际人权规范建构

极的一面,也存在诸多分歧与争议,特别是发达国家和发展中国家在"保护的责任"关于强制性干预手段的实施问题上存在根本性分歧,未来还需要在联合国框架内得到国际社会更为广泛、充分的讨论。

表3—4 "保护的责任"与人道主义干预的异同点比较

比较	不同点					相同点
	论证逻辑	规范化程度	理念形态	实施手段	理念基础	实施理由
人道主义干预	干预的权利	规范化程度低	话语工具	军事干预	人权高于主权	人权保护
保护的责任	责任逻辑	规范化程度高	不成熟的规范	预防、反应与重建结合	负责任的主权	人权保护

资料来源:作者自制。

首先,"保护的责任"是对传统的人道主义干预理论的创新。传统的"人道主义干预"只关注"干预行动"与效果本身,强调国际社会对人道主义危机做出的反应,过度强调了干预者的权利,而未考虑到冲突预防的首要性和后续重建的需求。如1999年以美国为代表的北约多国部队以"人权保护"为由对南联盟实施长达78天的军事打击行动,导致南联盟大量的铁路、桥梁、医院和居民的基础设施被摧毁。这种赤裸裸的干预行为是打着人道主义的大旗而行干涉之实。这种人道主义干预所突出的干涉性既尖锐又敏感。而"保护的责任"则隐晦了很多,为了协调人权与主权之间的矛盾,"保护的责任"主要从受保护者的角度来解读人权保护问题。"保护的责任"虽然在干预方面并没有排除军事强制性行动,但更强调一种连续综合的行动框架,包括预防的责任、做出反应的责任和重建的责任,且履行责任的方式更多地强调和平的手段,军事干预行动只能是穷尽其他和平手段后而不得已的"最后的手段",从最开始阶段就强调采取有效的预防措施。

其次,"人道主义干预"理念过度强调主权与人权保护的对抗性。"在人权保护中容易出现两种极端的选择,要么面对平民死亡人数增加而袖手旁观，要么部署胁迫性军事力量来保护受威胁的弱势民众。"[1] 而"保护的责任"更加尊重一国的主权和内政，强调主权概念的双重属性：即主权内涵既代表一种权力，也赋予了主权保护本国公民和向国际社会负责的新含义。人道主义干预则强调人权高于主权，认为国际社会可以不经联合国安理会授权就对他国发动武力进行干预；而"保护的责任"则强调应当首先由当事国履行保护人权的责任，只有在当事国不能或不愿保护的情况下国际社会才能介入。国际社会的干涉应当首先采用和平手段，只有在和平手段穷尽的极端情况下才能启动强制性军事干预行动，并且军事干预行动应当由安理会执行或者得到安理会的授权。可以认为，传统的人道主义干预是从外部视角来审视这个问题，而"保护的责任"更侧重从主权国家内部自身来拓展主权的含义。这样一来，"保护的责任"的运行即被纳入联合国框架范围内。

第三，对合法授权的要求不同。"人道主义干预"认为，只要某国或某地区出现了人道主义灾难，国际社会就可以采取单独或集体的行动，既不需要判定该国是否有能力或有意愿来控制局势，也不需要判定该国是否因此处于瘫痪或无政府状态，甚至无须通过联合国安理会的合法授权。1999年北约对科索沃地区实施大规模军事打击之所以受到国际社会的广泛质疑和批评，就是因为没有得到联合国安理会的合法授权与广泛讨论，且干预的结果导致更为严重的人道主义灾难。而"保护的责任"则明确规定必须将联合国合法的授权作为国际社会采取军事干预行动的必要前提。2005年世界首脑会议成果文件就明确规定，以"保护的责任"为名进行的干预只能经由联合国安理会的授权才能进行，这种干预必须逐案考察并与适当的地区组织开展合作。

最后，"保护的责任"内容更加清晰、具体化，其实施的方式更具可操作性和可接受性。人道主义干预更侧重强调人类免受共同的危害的责任，其范围很模糊、宽泛。而"保护的责任"的适用范围仅仅局限在灭绝种族、战争罪、族裔清洗和危害人类罪四种罪行。这些罪名的共同特点便

---

[1] A/63/677，2009年潘基文秘书长报告《履行保护的责任》，http：//www.un.org/zh/documents/view_doc.asp? symbol = A/63/677。

"保护的责任"与国际人权规范建构

是具有反人类性。这些反人类的行为不只危害一国的统治,其蔓延的后果是人类的大规模伤亡,影响地区的和平与稳定。因此,只有在以上四种大规模侵犯人权行为发生的情况下,才适用"保护的责任"来开展国际人权保护。从具体实施方式来看,"保护的责任"不仅包括传统人道主义干预中干预的责任(即做出反应的责任),还包括危机前的预防责任和危机后的重建责任。三种责任形式有所不同,预防的责任事前消除可能引起人道主义灾难的军事冲突和其他人为灾难,完成这一责任可以通过非武力的政治的、外交的、经济的手段达成。事前预防的责任是极其重要的,也是其核心要求;做出反应的责任强调在事中对局势的发展做出相应的反应,包括国际社会以和平方式进行干预,甚至在必要时使用武力进行干预;重建的责任是指在实施干预行动尤其是军事干预行动后,国际社会应当帮助当事国恢复持久的和平,促进良好的治理和可持续性的发展,包括提供人道主义援助、经济重建、消除伤害、恢复秩序等。所有措施均显示出"保护的责任"内涵的明晰与保护义务的完整性。

三、"保护的责任"规范传播的动力

"保护的责任"自 2001 年提出以来,在短短的十多年时间里就得以在国际社会迅速传播,其倡议者从非政府组织扩大到联合国相关的附属机构,并多次成为联合国在国际人权保护中援引的重要法理依据。[①]"保护的责任"规范的迅速传播与扩散离不开"人道主义干预"在 20 世纪 90 年代的挑战、失败和教训。国际社会将"人道主义干预"中"干预的权利"重新框定为"保护的责任",在理念上强调关注人道主义危机中受害者的权利,重构国家主权概念,转换"人道主义干预话语",并通过联大形成有关"保护的责任"的更为正式决议的解决方案,在各成员国的正式与非正式讨论中得以补充、修正和完善,最终推动了"保护的责任"规范在国际社会的传播与认可。

---

① Alex J. Bellamy, "The Responsibility to Protect-Five Years on", Ethics&International Affairs, Vol. 24, Issue. 2, 2010, pp. 143 – 169.

首先,"保护的责任"试图摆脱"人权与主权"的价值争辩。强调关注人道主义危机中的平民的权利,必须对冲突中那些因其国家不愿或无力保护而受到威胁的无辜平民提供人权保护的责任,将责任议题框定在冲突中的平民而不是那些实施人道主义干预的大国。这种框定使国际人权保护中的责任议题得到更明确的确定,打破了"人道主义干预"规范中"干预者的权利"与"受保护者权利"相互冲突的现实困境,因而更容易得到国际社会的认可与接受。

其次,"保护的责任"凸显"负责任的主权"理念,对冲突中人权保护的责任进行了明确的规定与限制,突破国家主权原则的传统含义,拓展了主权的责任内涵。在人权保护实践中,国家主权包含着双重责任:对内尊重国内人民基本权利;对外尊重他国主权,从原来强调绝对的主权转化为更多地关注对其他国家尤其是对国内人民所承担的义务的履行,使国际社会与主权国家之间形成一种新形式的监督和互动。其提出当前的国家主权的实质不仅是对其领土的无争议的控制,而且依赖于对国内人权的尊重和对公民福利的积极责任,保护人民的首要责任是主权国家本身的职责。这种监督体现在当人民因内战、叛乱、镇压或国家失败而遭受严重灾难,且当事国不能或无意愿保护本国人民时,国际社会有责任使用必要的强制性措施来承担保护该国人民的责任。此时,"不干涉原则"将让位于"保护的责任",其目的是帮助而非限制国家主权的实现。这一限定在国家主权与人权之间找到一个平衡点,通过对主权、人权及国际共同体关系的再论述和再建构,缓解了国际干预与国家主权之间的结构性冲突,① 从而从内涵上推进了国际社会对"保护的责任"规范的接受。

最后,"保护的责任"在强调"做出反应的责任"基础上,还提出两项更为重要的责任:预防的责任和重建的责任。其强调国际社会在履行"保护的责任"时,应该首先考虑预防的责任;强调在策划强制性干预之前必须是预防等所有措施穷尽以后才能使用,且需要尽量少用武力干预等强制性措施。这样就将国际社会的注意力转移到干预行动与不行动的代价

---

① 加雷斯·埃文斯、穆罕默德·萨赫诺恩:"关于人道主义干预的辩论",《国外社会科学文摘》2003年第3期,第23页。

"保护的责任"与国际人权规范建构

与结果上,转移了大家对干涉行动本身的争议,因而国际社会也更易于接受"保护的责任"理念。

总的来看,在"保护的责任"发展进程中,ICISS 将"人道主义干预"重新框定为"保护的责任",使国际社会关注的焦点从干预者转向被干预的目标,从而缓解了"人道主义干预"规范中"人权"与"主权""干预者权利"与"无辜平民权利"相冲突的困境,为"保护的责任"的传播创造了良好的舆论环境。

四、"保护的责任"对国际人权规范的影响

随着"保护的责任"理念的传播与扩散,"保护的责任"开始逐渐取代人道主义干预在国际人权保护话语中的地位,它一方面承认国家主权固有的内涵,同意主权国家对内部事务享有最高的、排他性的管辖权;另一方面又丰富了主权随着时代的发展所内化出的责任观,即"负责任的主权"。但与此同时,"保护的责任"本身并不是一项具有国际法约束力的国际规范,相反其对二战以来以《联合国宪章》为主导的国际人权保护规范也产生诸多冲击与挑战。

(一)"保护的责任"对国家主权的规制

国家主权是主权国家享有国际法上所固有的独立自主地处理国家内外事务的权力。由于现代国际社会所拥有的资源和权力的分配无法完全平等,在这种情况下,主权也就成为一个国家和民族抵御外来侵略的最重要的保护伞。[1]"保护的责任"也强调主权国家是保护人民的第一道防线,只有当主权国家不愿意或者无力保护其国民时,国际社会才能依据《联合国宪章》基本原则,通过联合国安理会的合法授权,为冲突国国民提供"保护的责任"。然而,在现代国际社会,随着全球相互依赖的日益深入,国家主权原则虽然是国家行为体维护自身国家利益的最好屏障,但主权作为一种权力早已不是绝对的,并不意味着主权国家可以任意滥用自己的权

---

[1] 王铁崖主编:《国际法》,北京:法律出版社,1995年版,第106—197页。

力。因为主权国家既是民众安全的"容器",同时也可能成为其障碍和威胁的重要来源。[1] 因此,主权国家的权力也自然需要接受国际习惯法、条约和国内宪政安排的限制和监督。"保护的责任"的产生是以当事国的不作为或者无能力采取有效的人权保护行动为前提条件的。

承认国家主权是"保护的责任"的必要条件。人民是国家的主人,作为人民主权使然,主权内在地包含着保护本国人民生命财产的职责。而安全概念从国家安全转向对"人的安全"[2]的关注,本身就意味着主权出现作为控制手段的主权向着"负责任的主权"的转化。"负责任的主权"即对内向国内人民负责,也因承担的条约义务向国际社会负责。这既是国家存在的理由,也是承担国际责任的要求。国家一旦不能或无意愿履行自己的责任,造成人民本该避免的人道主义灾难,国际社会就有权依法进行替代性保护。[3] 这些法律基础包括《联合国宪章》有关条款,《世界人权宣言》和1966年的《经济、社会和文化权利国际公约》《公民权利和政治权利国际公约》,以及《种族灭绝公约》《日内瓦公约》国际刑事法院规约等。所有这些协议与公约不仅共同构建了国际人权保障体系,增强了保护人权的效力和针对性,而且促进了国家主权权力理念向国家责任形式的过渡。

因此,"保护的责任"实际上对国家主权进行了新的规制,主权权力面临着国际社会的适当监督、制约与问责,国家主权包含着国家受国际法的约束、保护与协调、各国合作甚至担负共同责任的含义。正如联合国秘书长科菲·安南所言,"如果从事犯罪行为的国家知道边界并非绝对的屏障;如果它们知道安理会将会采取行动制止反人类的罪行,那么它们就不

---

[1] Lloyd Axworthy, "Human Security and Global Governance: Putting People First," *Global Governance*, Vol. 7, No. 1, 2001, pp. 19–23.

[2] Richard Ulman, "Redefining Security," *International Security*, Vol. 8, No. 1, 1983, pp. 129–153. Roland Paris, "Human Security: Paradigm Shift or Hot Air?" *International Security*, Vol. 26, No. 2, 2001, pp. 87–102.

[3] Francis Mading Deng, Donald, Rothchild, I. William Zartman, *Sovereignty as Responsibility: Conflict Management in Africa*, Brookings Institution Press, 1996, p. 12.

"保护的责任"与国际人权规范建构

会从事这些行动,也不会期望基于主权的罪行豁免。"① 另一位前秘书长布特罗斯·加利在 1992 年的《和平纲领》中也曾提到,"国家的主权和完整是取得国际社会任何进步的关键,但是绝对和专属主权的时代已经成为过去,应设法平衡兼顾国内良好政治的需要与日益相互依存的世界的需要。"② 可见,"保护的责任"是确立"负责任的主权",对主权国家滥用权力的现象进行限制,而不是为了削弱国家主权。

(二)"保护的责任"对不干涉内政原则的影响

"不干涉内政"原则是现代国际法的一项基本原则,是尊重国家主权的必然结果。《联合国宪章》第 2 条第 7 款明确规定:"本宪章不得认为授权联合国干涉在本质上属于任何国家内管辖之事项,且不得将该事项依本宪章提请之解决。"除了国家根据协议而产生相应义务的那些事项之外,各国可以根据主权自由处理本国一切事项,彼此之间不得干涉。国际社会确立"保护的责任"的范围,却意味着一旦主权国家内部出现灭绝种族、战争罪、族裔清洗和危害人类罪等相关罪行,而当事国已经被证明是显然无能力或无意愿来保护其人民免遭其害时,国际社会有权通过联合国安理会合法授权并采取集体行动进行国际干预来承担保护该国人民的责任。从传统的国际法观点来看,这种干预行为属于明显的干涉内政行为。此外,"保护的责任"认为在极端情况之下,只要能够达成《保护的责任》报告中的六项标准,国际社会可以通过安理会的授权来履行和实践"保护的责任",这一主张也与传统国际法上的禁止使用武力原则相冲突。

(三)"保护的责任"对传统人道主义干预的限制

"保护的责任"本质是国际社会通过联合国安理会就相关局势对主权

---

① John H. Jackson, "Sovereignty - modern: a new approach to an outdated concept," *American Journal of International Law*, Vol. 97, No. 1, 2002, pp. 782 – 802.
② Boutros Boutros-Ghali, "An Agenda for Peace: Preventive Diplomacy, Peacemaking and Peace-keeping", *International Relations*, Vol. 11, No. 3, pp. 201 – 218.

国家进行干预，目的是要规范解决人道主义干预的合法性问题。[①] 在当代国际社会，任何回避国际法规定的强制性军事干预在当今国际法范围内都无法找到其存在的合法理由。2005年《世界首脑会议成果文件》从内涵上将"保护的责任"的范围缩小和框定为四种情形（灭绝种族、战争罪、族裔清洗和危害人类罪之害），并对保护的手段（当事国政府已经被证明是无法保护其人民免遭上述四种罪行之害，则国际社会通过安理会授权进行替代性保护）进行了严格的规范与限制。因而，《世界首脑会议成果文件》真正从实体与程序两方面对之前的"人道主义干预"进行了严格的规制，使西方国家主导的人道主义干预在新规范面前难以实施。

综上所述，在当今全球化大背景下，除非真正以保护人权为出发点，以《联合国宪章》基本原则为基础，否则任何人道主义干预行动都很难成功。"保护的责任"从2001年的民间论证到2005年世界首脑会议的进一步规范与限制，再到从理念走向规范与具体实践的进程，表明了国际人权保护的责任化与规范化已经成为一种必然趋势，只不过在实际操作层面还有一定的政策弹性空间，需要国际社会在未来的人权保护实践中进一步明确和规范。

第四节　从理念到规范："保护的责任"的共识与困境

"保护的责任"从概念的提出到首脑会议形成国际宣言性质的成果文件，直至2011年首次以"保护的责任"为由对利比亚开展国际人权保护行动，前后仅仅十多年时间。从积极的角度来看，联合国框架下的有关文件、宣言是该理念实践成果的重要组成部分。在当今新型全球治理体系下，"保护的责任"这一新规范在保护人权、维护国际社会以及冲突国内部的稳定与秩序方面有着重要的进步意义。但是，其也对国家主权观念造

[①] The Secretary-General, Report of the Secretary General, "In Large Freedom: Towards Development, Security and Human Rights for all," General Assembly, UN. Document. A/59/2005. http://www.un.org/largefreedom/contents.htm.

"保护的责任"与国际人权规范建构

成重大冲击,后续文件事实上在逐渐缩小"保护的责任"的适用范围和限定标准,也体现了国际社会对该理念的分歧、争论与妥协。目前国际社会对"保护的责任"共识的理解与实践还处于探索与讨论阶段,西方主导的国际价值规范已然规约着"保护的责任"的发展与传播。加拿大多伦多大学朱塔·布瑞利(Jutta Brunnee)教授就认为,"保护的责任"理念需要国际社会进行广泛的讨论与实践,才能真正在未来的国际人权保护中成为具有国际法约束力的人权规范。[1] 因此,如何评价"保护的责任"的现实状况和以后的发展前景,还必须从国际社会对"保护的责任"的理解与争论进行深入分析。

一、"保护的责任"的现有共识

首先,主权国家负有保护本国公民的首要责任。保护本国人民免遭灭绝种族、战争罪、族裔清洗和危害人类罪之害的首要责任在于主权国家,这是与《联合国宪章》中所强调的国家主权原则相一致的。主权国家可以通过在国内实施政治、经济、文化和社会保障等多方面的措施,促进本国经济发展、社会及民主政治的发展,培育包容性的政治文化,从根源上消除引发上述罪行的根源。"保护的责任"是否实施的评判出发点在于那些处于人道主义危机中的平民,而并非那些进行国际干预的大国或地区国际组织;"保护的责任"强调人权保护的主要责任在于当事国,仅仅当其无力或不愿履行其责任或者其本身为犯罪一方时,国际社会才能提供相关责任,而且提供的只能是协助性和辅助性的责任。

其次,履行"保护的责任"的合法授权只能在联合国多边框架下进行。"保护的责任"的目标是在国际社会建立起一种既不破坏当今主权结构的秩序,又能准确、快速、有效地进行以人权保护为目的的国际干预机制。当主权国家滥用主权而造成大规模人权侵犯事件或人道主义灾难发生时,任何国家都不能采取漠视态度。因此,"保护的责任"是一个内涵丰

---

[1] Jutta Brunnee, Stephen Toope, "Norms, Institutions and UN Reform: The Responsibility to Protect, *Journal of International Law & international Relations*, Vol. 2, Issue. 1, 2005, p. 133.

富的概念，同时也代表一系列人权保护行动的过程。①

再次，"保护的责任"概念内涵只能适用于 2005 年所严格界定的四种罪行。2009 年 1 月，联合国秘书长潘基文在其《履行保护的责任》报告中明确指出："保护的责任"仅仅适用于四类特定犯罪和侵害行为：灭绝种族、战争罪、族裔清洗和反人类罪。如果任意扩展其适用范围，将会有损于 2005 年世界首脑会议所达成的国际共识。②因此，国际社会不能随意对"保护的责任"概念的内容进行扩大化解释，更要避免滥用。"保护的责任"的主要目标是为了保护人道主义危机中的难民，防止地区冲突局势的恶化。因此，当一个国家发生人道主义灾难时，联合国安理会必须迅速做出反应，通过实施调查、斡旋、调停、劝和促谈等各种手段对该国的人道主义危机进行评估，并提交安理会进行讨论，最后形成决议是否需要采取集体干预行动。

最后，冲突预防的首要性在于国家的自主能力建设。有效地预防地区冲突的发生，从根源上改善冲突国的人权状况，增强其国家自主能力建设，才是对平民最好的保护。人道主义危机的恶化大多因目标国国内经济贫困、社会不公、种族纠纷、宗教矛盾等治理不善而引起，国际社会最需要的是协助主权国家从根源上消除产生冲突的诱因，增强国家的自主能力建设。在发生或确有发生人道主义灾难的情况下，只有在包括调停、斡旋、制裁等所有非军事手段都被证明是无效的情况下，才能考虑通过联合国安理会的授权进行强制性的干预。

"保护的责任"作为一种正在丰富和不断发展的新理念，其内涵的型塑与完善是国际社会共同努力的结果。作为一种规范路径，"保护的责任"理念仍然带有很强的西方中心主义色彩，目前还只是一种很脆弱的共识。联合国相关文件所达成的共识归根到底还只是纸面上的"软约束"，缺乏国际法约束力，其面临的最大困难是"保护的责任"在具体的人权保护行

---

① A/67/929-S/2013/399，秘书长关于"保护的责任：国家责任与预防"的报告。2013 年 7 月 9 日。http：//www.un.org/zh/documents/view_doc.asp? symbol = A/67/929。

② Report of the Secretary-General, "*Implementing the Responsibility to Protect*", General Assembly, A/63/677, January 12, 2009. http：//www.un.org/zh/documents/view_doc.asp? symbol = A/63/677&referer = http：//www.un.org/zh/preventgenocide/adviser/responsibility.shtml&Lang = E.

"保护的责任"与国际人权规范建构

动中的落实,有时甚至存在被滥用的风险。

二、"保护的责任"面临的困境

在广泛的关注和辩论中,"保护的责任"作为一种正在丰富和建构的理念(或者说规范),对当前国际人权保护的理念正在产生深远的影响。作为一种规范路径,"保护的责任"理念不可避免地带有自由理想主义色彩和西方中心主义的色彩。我们可以理解在恣意解释"保护的责任"对象问题上世界各国政治意愿的分歧,但不能漠视国际社会在已经达成共识的四种罪行上行动的迟缓和犹豫不决。文件所达成的共识归根到底还只是理论上的,真正复杂和困难的是"保护的责任"在具体人权保护行动中的落实。值得注意的是,自"保护的责任"理念产生至今,尽管地区冲突中的人道主义危机频发,但国际社会在人权保护问题方面,不管是实际行动还是人权规范建构都取得一定的进展,但仍面临着诸多不确定性和困境。

(一) 政治意愿

在无政府国际社会中,国际人权保护的责任始终处于碎片化和缺失状态。[①] 在如何保障和促进"保护的责任"的有效承担和履行方面,联合国成员国的政治意愿尤其是安理会常任理事国的政治意愿至关重要。卢旺达大屠杀悲剧的发生,并非没有相关的国际法存在,也不是因为联合国和国际社会无法获得大屠杀的相关信息,而是因为联合国和国际社会没有足够的政治意愿去拯救该国人民。在现实国际社会中,由于各国对"保护的责任"的具体实施和内涵理解存在不同的看法,"保护的责任"在具体实践中常常面临政治意愿的缺失而无法起到真正保护人权的作用。西方国家一般比较强调制裁、军事介入等强制性手段的运用以及对侵犯人权的违法犯

[①] 骆明婷、刘杰:"阿拉伯之春的人道干预悖论与国际体系的碎片化",《国际观察》2012年3期。

罪行为的严厉追究和惩罚。① 事实上,西方国家所偏好的强制性干预往往使人权保护问题的解决进程充满惩罚、介入刚性,因而缺乏应有的兼容性、灵活性和建设性,从而无法真正回应现实和真正解决人道主义危机问题。西方国家也往往在履行"保护的责任"时具有很强的选择性和双重标准,当需要对人道主义危机中的平民进行保护时,各国往往依据自身的国家利益考虑是否需要采取武力方式。而其他发展中国家和国际组织虽然有强烈参与人权保护的意愿,但却因"能力赤字"而无法真正参与人权保护行动甚至规则的制定。

(二) 能力困境

"保护的责任"指出,一国的"保护的责任"不仅是做出反应的责任,更为重要的是预防的责任和重建的责任,这一系列的进程需要得到国际社会在各个方面的能力建设。但具体承担这些责任的主体并不明确,是由联合国的有关机构如安理会,抑或是区域性的国际组织,还是其他地区大国均有权为之?由于联合国在军事行动部署、指挥系统、财力和装备等方面的能力先天性不足,其人权保护行动不得不依赖于大国来完成。联合国在国际人权保护中的"能力赤字"导致大国在履行"保护的责任"时根据自身国家利益的考虑而带有很强的选择性特点。

(三) 规范冲突

在规范冲突方面,"保护的责任"面临的第一个规范冲突就是它与国家主权规范的冲突。长期以来,国家主权原则已经成为当今国际关系的基本原则,也是世界各国必须遵守的基本国际规范。主权含有全面独立的意思,无论在主权国家内部还是国土以外都是独立的。②"保护的责任"涉及联合国安理会采取或授权采取军事行动干预一国国内发生的人道主义灾

---

① 冷战后,由于西方国家的积极倡导和推动,制裁等强制性措施在国际社会得到广泛实践,安理会在有关决议中引用《联合国宪章》第七章的情况也越来越频繁,强制性手段的运用出现了显著的扩大化趋势。

② [英]詹宁斯·瓦茨等修订,王铁崖等译:《奥本海国际法》(第1卷第1分册),北京:中国大百科全书出版社,1995年版,第92页。

"保护的责任"与国际人权规范建构

难,因而对国家主权原则造成很大的冲击。

随着全球化进程的加速,国家主权原则日益遭到全球化进程的冲击,国家已不再对自己的国内事务拥有绝对的控制权,对于影响国际社会未来走势的重大政治、经济决定,越来越多地需要在全球层次上做出。当一国国内人权状况恶化到国民的基本权利如生存权、自由权和发展权都难以保障的时候,就有必要将人权保护纳入国际法的管辖范围。所以,"保护的责任"从根本上讲具有很强的干预性取向,必然对二战以来的国家主权规范造成很大的冲击和挑战。

其次,对不干涉内政和禁止使用武力原则构成挑战。在现代国家里,主权规范一直构成国内人民实现、发展人权的物质基础和基本手段,抛弃和削弱主权只能无法真正地维护、保障国内人权。国家之所以无法有效地履行保护国内人权的责任,往往是因为其主权权能的缺失和柔弱。治理不善的穷国最没有能力维护本国公民的利益或以合作态度参与国际社会的事务。换句话说,它们没有能力满足作为负责任主权国家的条件。[1] 因此,只有很好地依托国家主权规范,"保护的责任"才能正当合理地展开。

事实上,国际社会在履行"保护的责任"时,不干涉内政原则精神应该发挥指导、规范作用,这是不干涉原则的逻辑延伸和必然。国际社会不仅要尊重主权国家在"保护的责任"上的首要性和主导性的程序性安排,也不能随意取代之;而且,在主权国家不愿或无力履行"保护的责任"而需要国际社会介入时,其所提供的保护也只能是辅助性和补充性的责任,即国际社会履行"保护的责任"的行动方式、内容、介入程度等需要按不干预原则予以审慎确定。[2]

此外,"保护的责任"认为在极端情况之下,只要能够达成《保护的责任》报告中的六项标准,国际社会就可以通过安理会的授权来履行和实践"保护的责任",这一主张也与传统国际法上的禁止使用武力原则相冲突。但联合国宪章也规定,禁止使用武力原则也存在两种例外情形:一种

---

[1] [美]布鲁斯·琼斯、卡洛斯·帕斯夸尔等著,秦亚青等译:《权力与责任:构建跨国威胁时代的国际秩序》,北京:世界知识出版社,2009年版,第210页。

[2] 赵洲:《主权责任论》,北京:法律出版社,2010年版,第237页。

是由联合国安理会所采取的授权行动；另一种是国家自卫权的形式。"保护的责任"适用武力干预的前提是该国确实存在"灭绝种族、战争罪、族裔清洗和反人类罪"的情形。但从具体的实践来看，西方国家在履行"保护的责任"进程中往往对其干预的内涵做出扩大化的解释，过度强调在人权保护中采取强制性的干预行动，对以《联合国宪章》为基础的国际法基本规范造成重大冲击。

（四）威胁认知

在新型的全球治理体系下，面对纷繁复杂的冲突根源，国际社会往往对冲突威胁存在不同的认知。模糊定义更容易保证"保护的责任"共识的广泛性，但其内涵与实施标准却并未得到真正足够清晰的阐释。"保护的责任"报告仅仅将灭绝种族、族裔清洗、战争罪和反人类罪列为"保护的责任"的对象与范畴。但也有西方学者认为"保护的责任"还应适用于应对一切对人类构成威胁的人为和自然灾害所带来的人道主义危机情形，并强调国际社会对受害国及其人民应承担积极的援助与冲突后重建的责任。[1]这种扩大化的内涵必然会导致"保护的责任"的滥用。而广大发展中国家在"保护的责任"适用范围方面的认知非常谨慎，普遍认可2005年世界首脑会议对"保护的责任"内涵的框定。但问题的关键在于，如何判断一个国家"无力或不愿"履行"保护的责任"，如何保证干预手段的合理性（如出现干预的任意性、武力作为优先手段、干预时烈度超出适当或对称要求等）都存在不同的认知。[2] 不同的国家对人道主义危机的程度、采取何种手段、对国际和地区和平的威胁的认知存在差异，使其在具体实践中很难达成共识。

---

[1] Tyra Ruth Saechao, Natural Disasters and the Responsibility to Protect: from Chaos to Clarity, *Brooklyn Journal of International Law*, Vol. 32, Issue. 2, 2007, pp. 663 – 669.

[2] Alex Bellamy, *Global Politics and R2P: From Words to Deeds*, New York: Routledge, 2010, pp. 121 – 135.

"保护的责任"与国际人权规范建构

第五节 小结

"保护的责任"为国际社会描绘了一幅宏大的国际人权保护的理想图景,其提供的是一个不背离《联合国宪章》基本原则的,用以预防和制止灭绝种族、战争罪、族裔清洗和危害人类罪的行动框架。这一理念发展到今天,虽然尚未形成具有国际法约束力的制度规范,但是为保护那些遭受人道主义灾难的平民提供了一种全新的规范路径,这种规范路径是在国家主权规范、人权规范和武力使用规范等基础上形成的一种"新规范"(emerging norm)。虽然其理论框架以及在《联合国宪章》下的"保护的责任"的运作模式仍然存在诸多缺陷,但"保护的责任"的确是21世纪以来国际社会制止"大规模、系统性、有组织的"人道主义危机和人道主义干预悲剧重现的一种规范化设计的最新尝试。"保护的责任"概念在当今国际社会引起广泛讨论与关注,对当前国际人权保护实践以及国际人权规范的发展产生了深远的影响,对于推动国际人权保护的规范化和法制化进程具有重要的现实意义。

"保护的责任"的精髓和要义在于,它不再纠缠于"人道主义干预"这个备受争议的概念,而是从主权国家自身的角度,以"保护的责任"中"谋求或者需要支持者的要求"代替了人道主义干预中"干预者的权利",赋予主权国家对国内、国际社会所承担和履行的人权责任。从国际社会的共识观念和现实条件来看,目前国际社会所能接受和认可的是2005年世界首脑会议以来在联合国框架下进行严格界定的"保护的责任"。一方面,国际社会为防止"保护的责任"被滥用而成为大国干涉弱国的工具,有意识地限定了"保护的责任"的适用范围;另一方面,西方国家也有意识地限制"保护的责任"的适用范围,[1] 将以保护人权为目的的干预行为置于联合国集体安全框架下,试图在人权保护与尊重国家主权之间寻找到两者

---

[1] Michael Newman, Revisiting the "Responsibility to Protect", *The Political Quarterly*, Vol. 80, No. 1, 2009, pp. 92 – 100.

的平衡点，在一定程度上限制了大国武力干预的滥用。"保护的责任"从理论上反映出主权这一概念在内涵上的转变，也使得主权国家成为承担"保护的责任"的首要主体，赋予主权国家以"负责任的主权"的新内涵，同时强调了国际社会在国际人权保护中的协助与补充性作用。我们也需要认识到，要想规范人道主义秩序，决不能仅仅依靠国际社会通过保护来对一国已经发生的或极有可能发生的人道主义悲剧进行填补。

从根本上讲，"保护的责任"有着不同于人道主义干预理念的创新与设计。首先，"保护的责任"在人权保护行动中适用的情形只有四种，分别是灭绝种族、战争罪、族裔清洗和反人类罪，这就区别于人道主义干预的任意性与选择性。其次，"保护的责任"的履行必须依托于联合国安理会为主导的多边框架，使得"保护的责任"中使用武力具有合法性，也是"保护的责任"在国际法上的一大进步。但对"保护的责任"的具体安排和实施标准却存在诸多模糊的地方。有学者就指出："保护的责任"报告并没有清晰地阐明"保护的责任"的三种内涵应该如何结合和相互作用，尽管这些原则似乎建立了"保护的责任"的连续统一体，但它们实际上究竟是如何结合以发挥作用的，以及如何实现根源预防的责任的，还需要进一步讨论。①

本书认为，"保护的责任"是当今国际社会处理人权与主权关系的新进展，是人权保护规范化的最新探索。任何一项新的国际规范的出现都难免会带来负面影响，并需要在国际社会的充分讨论后在妥协与争论的过程中才能达成国际共识。"保护的责任"是在联合国的框架内最终得以发展起来的，"保护的责任"理念中的许多因素已经在国际社会形成普遍性共识，但不同国家对于"保护的责任"的内涵理解和实践期待存在差异，即便国际社会在某些方面已经达成共识，将这一理念付诸实践也存在诸多困难。"保护的责任"规范的创设，无疑是国际社会目睹现有国际人权保护机制无法有效遏制惨无人道的人道主义危机而试图探寻的一条规范路径，它涉及国际人权保护、国家主权、国际干预的合法性和联合国集体安全机

---

① Jeremy I. Levitt, "the Responsibility to Protect: a Beaver Without a Dam?", *Michigan Journal of International Law*, Vol. 25, No. 1, 2003, p. 164.

"保护的责任"与国际人权规范建构

制等重大问题，是当今世界各大国规范竞争与政治博弈的重要议题，其效能还有待更多的时间、实践去研判和证明。因此，在一个权力分散，需要国际制度与国际规范以加强合作应对跨国威胁的时代，国际社会对人权问题的关注与讨论焦点不在于是否应该履行"保护的责任"问题，而在于如何负责任地保护，怎样落实"保护的责任"是当前国际社会在国际人权保护实践中正在积极探索的新课题。

第四章 "保护的责任"相关国家实践：案例分析

"预防地区冲突中灭绝种族等行为是全世界人民共同的责任。主权国家必须履行自己根据国际法承担的保护本国人民的义务，只有勇于应对这些挑战，我们才能无愧于历经苦难而不屈的受难者，才能真正告慰19年前卢旺达的死难者。"

——联合国前秘书长潘基文[①]

二十世纪的悲惨的人道主义灾难表明了各国未能保护其民众的后果。二十一世纪开始以来，我们再次目睹各国未采取预防行动所产生的直接后果，包括科特迪瓦、刚果民主共和国、肯尼亚、斯里兰卡、苏丹和阿拉伯叙利亚共和国等国的暴行。一旦我们了解到有些情况本可以避免，就尤其感到悲哀。

——联合国秘书长报告[②]

目前，"保护的责任"理念已得到国际社会的广泛认可与支持，成为

[①] 2013年4月7日，联合国秘书长关于卢旺达境内灭绝种族事件19周年纪念日的致辞。见联合国网站：http://www.un.org/zh/preventgenocide/rwanda/sgmessage.shtml。

[②] 秘书长关于《保护的责任问题：国家责任与预防》的报告，2013年7月9日。A/67/929 – S/2013/399, http://www.un.org/zh/documents/view_doc.asp? symbol = A/67/929。

"保护的责任"与国际人权规范建构

国际社会开展人权保护实践中外交语言的重要组成部分。在上一章中，作者从"保护的责任"与国际人权保护的规范化进程方面进行了深入分析。本章作者将对"保护的责任"在2005年世界首脑会议后被承认和定型以来，该理念是如何被联合国、区域组织以及大国应用于当前的国际人权保护实践的，以及取得怎样的效果进行分析，着重通过对每个案例中涉及或援引"保护的责任"的内容的深入分析，来探讨"保护的责任"在国际人权保护中的具体适用、实践争议以及世界各国对"保护的责任"的立场与态度。之所以选择多个案例，主要是基于以下几点考虑：（1）这些案例都具有很强的现实性和代表性，主要发生在2005年"保护的责任"理念达成基本共识以后，对检验是否适用于联合国2005年所达成共识的"保护的责任"内涵具有很好的参照意义。（2）在所有案例中，前面缅甸飓风、格鲁吉亚、苏丹达尔富尔等案例只是在安理会的讨论中援引了"保护的责任"的相关内容，并没有直接达成干预的共识，国际社会对"保护的责任"是否适用于这三个案例的具体情形的讨论对"保护的责任"的内涵界定具有比较意义。利比亚危机则是联合国安理会唯一一次在联合国安理会决议中正式援引"保护的责任"理念并授权通过国际干预开展人权保护的案例；而叙利亚危机则正处于分歧之中，这两个案例中的人权保护实践在一定程度上将直接影响"保护的责任"未来的发展与国际人权规范建构的未来。对这些案例的分析有利于国际社会在人权保护行动中明晰"保护的责任"的概念内涵、合法性和实施手段等，并为未来国际社会在人权保护中建构一项具有共识的国际人权规范提供了很好的参照。

在本章中，作者将按照以下思路对相关案例进行比较分析：首先，介绍各个案例所发生的背景以及国际人权保护行动中人权保护责任的承担现状；其次，对国际社会在援引"保护的责任"中的争议与具体应用进行分析，探讨在不同的人道主义危机情势下"保护的责任"的适用情形、效果与争议；最后，阐述每个案例中的人权保护行动分别对"保护的责任"理念的定型、发展以及对国际人权规范所产生的影响。

虽然在上述"保护的责任"的内涵发展及其价值论述中都不同程度地肯定了"保护的责任"积极的一面，但其在具体的实践中却存在诸多困难与争议。从未来国际人权规范的发展趋势来看，作为一项人权保护的理念或者规范，其合法性与效力还需要通过具体的国际人权保护实践来检验。

第一节 2005—2018年国际社会对"保护的责任"的援引

自2005年世界首脑会议对"保护的责任"的内涵与适用范围的框定成型以来，截至2018年11月，"保护的责任"规范在诸多地区冲突中的人权保护实践中被联合国相关文件以及地区国家所广泛援引（具体可见表4—1），已成为当今国际社会开展人权保护行动的重要外交语言，其相关内容得以在之后的危机中进行了实践。毫无疑问，在有些地区危机中，"保护的责任"的具体内涵和适用范围并不能适用"保护的责任"限定的情况，比如2008年缅甸飓风导致的人道主义灾难，一些西方国家想依据"保护的责任"强行对受灾国开展人道主义援助，这无疑是一种干涉他国内政的行为。也有部分国家想扩大化解释"保护的责任"内涵，如在格鲁吉亚危机中俄罗斯的行为。而利比亚危机则是联合国安理会唯一一次通过联合国安理会援引"保护的责任"规范授权对其进行军事干预的人权保护行动，但从实践结果和后续效应来看，北约多国部队履行"保护的责任"的范围偏离了其原本授权的范围，面临着被西方国家滥用的危险。叙利亚危机至今仍然无法达成任何进行强制性干预的联合国决议，但其人权形势的恶化也反映了"保护的责任"在具体实施中所面临的"能力困境"与规范缺失。[①] 通过对上述案例的具体分析，可以进一步明晰"保护的责任"的适用范围、实践困境、国际社会的立场分歧，对未来推动"保护的责任"内涵的明晰化、实施手段标准化具有重要意义。

[①] 邱昌情："从利比亚到叙利亚：联合国在解决地区冲突中的作用分析"，张贵洪主编：《联合国发展报告2012》，北京：时事出版社，2013年版，第53页。

"保护的责任"与国际人权规范建构

表4—1 2005—2018年间国际社会援引"保护的责任"的危机

危机事件	"保护的责任"发起者	关于援引"保护的责任"的论述与行动
苏丹达尔富尔（2003年—至今）	联合国安理会	联合国授权非盟部署维和行动，2006年后联合国安理会先后通过了第1706号、1755号决议，1769号决议，获得保护平民的授权，相关事项被提交国际刑事法院
肯尼亚（2007—2008年）	联合国关于防止灭绝种族的特别顾问	联合国秘书长潘基文与联合国人权高专呼吁肯尼亚政府遵守保护国内人民的人权的义务，通过国际调停终结暴力
格鲁吉亚（2008年）	俄罗斯	没有得到国际社会的相关支持
缅甸Nargis飓风（2008年）	法国和一些非政府组织	法国的请求没有获得支持；联合国和东盟与缅甸缔结了人道主义救济协议
斯里兰卡（2008—2009年）	印度、挪威，全球保护的责任中心	斯里兰卡政府与猛虎组织暴行的证据被发现
刚果民主共和国（2008年—至今）	联合国官方	以15票一致赞成通过第1797号决议，部署了联合国维和行动，获得保护平民的授权
科特迪瓦危机（2011年）	联合国安理会	以15票一致赞成通过第1975号决议，获得保护平民的授权
利比亚危机（2011年）	联合国安理会	联合国安理会首次以"保护的责任"为由通过第1973号决议，授权对利比亚进行军事干预
叙利亚危机（2011年—至今）	联合国安理会	联合国秘书长任命安南、卜拉希米、德米斯图拉、盖尔·彼特森为联合国—阿盟叙利亚问题联合特使，安南曾提出解决叙利亚危机的"六点计划"

资料来源：作者自制。

一、框定"保护的责任"：格鲁吉亚危机和缅甸飓风

在这两个案例中，各有一个安理会常任理事国（分别是俄罗斯和法

158

国）援引了"保护的责任"理念，试图为其宣称为了阻止可能发生在上述国家的导致四种"保护的责任"一种或多种罪行发生的行为而部署武力或威胁使用武力寻求合法性。这两个案例引起的争论有助于厘清"保护的责任"规范的范围以及实际运用的限制。在格鲁吉亚的案例中，争论主要集中在俄罗斯宣称格鲁吉亚镇压南奥塞梯平民的真实性。关于缅甸问题的争论，实际上是讨论"保护的责任"是否可以适用于严重自然灾害后政府不能提供足够的人道主义救济的情形。在这两个案例中，俄罗斯和法国的提议最终都被国际社会断然拒绝，并且对以强制性的目的而实施"保护的责任"施加了相关限制条件。

2008年8月7日，格鲁吉亚政府以"恢复宪法秩序"为名对南奥塞梯分离地区发动军事攻击，俄罗斯迅速做出反应，不仅迫使格鲁吉亚军队撤回其领土，还趁机占领了格鲁吉亚城市茨欣瓦利，并在随后几日占领了南奥塞梯以外的格鲁吉亚领土和军事基地。在时任法国总统萨科齐的斡旋下，双方达成停火协议，俄罗斯军队于18日撤离了格鲁吉亚。不久之后，俄罗斯单方面承认了南奥塞梯以及格鲁吉亚另一个分离省阿布哈兹。时任俄罗斯总统梅德韦杰夫和总理普京声称格鲁吉亚对南奥塞梯的行动达到种族屠杀的严重程度，因此俄罗斯有责任保护居住在南奥塞梯的俄罗斯人民。[1] 俄罗斯外交部长谢尔盖·拉夫罗夫（Sergei Lavrov）在阐述俄罗斯的干预行为时也明确提到"保护的责任"。随后，俄罗斯政府代表在联合国大会与格鲁吉亚代表的意见交换中，也表明自己的干预行为与行使"保护的责任"是相一致的。[2] 但俄罗斯的观点并未获得多少国际支持。有学者认为，这是对"保护的责任"的滥用。而"保护的责任"全球中心（Global Centre for the Responsibility to Protect）[3] 则认为，俄罗斯的军事干预

---

[1] International Crisis Group, "*Russia vs Georgia: the Fallout*", *Europe Report*, August. 22, 2008. pp. 2 – 3.

[2] UNGA, "*Delegates Weigh Legal Merits of Responsibility to Protect*", GA/10850, July 28, 2009, p. 14.

[3] 该中心成立于2008年，旨在促进对于"保护的责任"的国际认可与规范传播，使其成为国际人权保护行动的指南。http://www.globalr2p.org/。

"保护的责任"与国际人权规范建构

规模不符合比例原则,而且未获得安理会的合法授权,① 因而就此情势来援引"保护的责任"是不恰当的。

2008年5月,强热带风暴纳吉斯袭击了缅甸,造成重大人道主义灾难,有13万多人在飓风袭击中丧生,150多万人流离失所。② 在缅甸灾情不断扩大的情况之下,日益恶化的人道主义形势引起国际社会的关注与重视。由于长期与西方国家存在意识形态的分歧,掌权的缅甸军政府基于对国际社会人道主义救援背后意图的担忧以及对人道主义救援可能伴随着对其改善人权状况的要求与施压,一开始拒绝接受外国救援人员进入受灾地区,进而使得灾区的人道主义危机形势更趋恶化。

由于缅甸军政府一开始就拒绝国际社会的援助,伴随着缅甸国内人道主义危机形势的恶化,一些西方国家开始考虑"保护的责任"理念是否应该应用于纳吉斯风灾的案例。③ 时任法国外长贝尔纳·库齐内(Bernard Kouchner)建议在联合国框架下,将"保护的责任"应用于缅甸人道主义危机中,他声称缅甸政府拒绝国际社会的人道主义救援使人道主义灾难进一步恶化构成"危害人类罪",希望联合国安理会中的其他成员国能够以"保护的责任"为出发点,尽快采取行动,开展人道主义救援行动。但这一提议没能直接进入安理会的讨论阶段,尤其遭到中国、越南、印度尼西亚、俄罗斯等国家的强烈反对,其结果是联合国安理会最终没有将缅甸情势适用于"保护的责任"的范畴。时任中国常驻联合国副代表刘振民就缅甸人道主义危机的讨论发表声明说:"目前缅甸的问题是自然灾害,并没有威胁到国际社会与该地区的和平与稳定,所以目前的缅甸局势仅仅是与人道主义救援事务相关的议题。④ 东盟各成员国政府坚称缅甸不应当被强

---

① Lloyd Axworthy and Allan Rock, "R2P: A New Unfinished Agenda", *Global Responsibility to Protect*, Vol. 1, No. 1, 2009, p. 59; Gareth Evans, "Russia, Georgia, and the Responsibility to Protect", *Amsterdam Law Forum*, Vol. 1, No. 2, 2009, p. 25.

② Timothy Garton Ash, "We have a responsibility to protect the people of Burma, But how?", *The Guardian*, May 22, 2008, http://www.goo.gl/bBZYX.

③ Aung Hla Tun, "World Fears for Plight of Myanmar Cyclone Victims", *New York Times*, 13 May, 2008.

④ "法国提议安理会对缅甸强行施救,中国、印尼反对", http://cn.reuters.com/article/id-CNChina-1141220080509. Claudia Parsons, "*France urges UN Council to act on Myanmar cyclone*", Reuters, http://www.reuters.com/article/2008/05/07/idUSL07810481。

制接受国际人道主义救援,这一观点也被联合国高级官员所接受,他们认为接受法国的请求的观点会危害正在进行的人道主义救援努力以及对"保护的责任"正在增长的地区认同。① 最终,东盟和联合国秘书长采取外交斡旋政策,使得缅甸政府默许了国际救援物质的运输以及成立了联合国—东盟联合救助机制。有证据显示,缅甸政府很大程度上对可能在该地区履行"保护的责任"以及由之而来的国际干预的担忧而最终选择妥协。② 实际上,在当时的情况下,联合国安理会不太可能授权使用军事干预,缅甸政府也出于对西方国家可能的单方面的军事行动的担忧而改变态度。尽管人道主义救援行动进展缓慢,但和平方式的外交努力仍然确保了人道主义救援和物质成功地到达缅甸灾民手中。

因此,在缅甸案例中,国际社会虽然有责任帮助缅甸人民免遭人道主义危机的危害,同时需要敦促缅甸政府肩负起保护其自身人民的首要责任,但自然灾害本身不属于"保护的责任"的授权范畴之内,国际社会的军事干预行动不但无法有效地帮助灾民,同时也使得其他地区性国际组织、国际社会与缅甸政府之间的政治协商更加复杂而困难。③

综上,法国和俄罗斯试图通过行使"保护的责任"合法化其干预行为表明,尽管大国试图通过这种途径对小国进行干预,但是"保护的责任"不会自动赋予每一次政治或人道主义危机下的强制行动合法性。联合国安理会对此次缅甸风灾拒绝启动"保护的责任",实际从根本上否定了其在自然灾害领域适用"保护的责任"的可能性,因此国际社会借口"保护的责任"强行进入受灾国进行人道主义援助的行为是一种干涉他国内政的行为。

---

① Edward Luck,"Briefing on International Disaster Assistance: Policy Options",June1, 2008.

② Lee S. The Responsibility to Protect (R2P) in Humanitarian Emergencies, *EAI Asia security initiative working paper*, 2012, pp. 1 – 46.

③ Timothy Garton Ash,"We have a responsibility to protect the people of Burma, But how?", *The Guardian*, May 22, 2008. http://www.goo.gl/bBZYX.

二、争论中的"保护的责任":苏丹达尔富尔危机

与"保护的责任"在格鲁吉亚和缅甸的适用引起广泛争议不同,"保护的责任"在达尔富尔人道主义危机中的适用则得到联合国安理会成员国的认可与支持,并且联合国安理会的相关决议中都直接援引了落实2005年世界首脑会议所框定的"保护的责任",然而"保护的责任"在苏丹达尔富尔案例中所扮演的角色却备受国际社会的争议。

苏丹自1956年独立以来,北部的少数阿拉伯人统治着南部的多数黑人,因此在种族、宗教与资源分配等问题上由于双方无法达成和解与共识,苏丹几乎从一独立就陷入了长期内战中。2003年2月爆发的达尔富尔危机,被认为是"保护的责任"初次被援引的案例。[①] 在南苏丹于2011年独立之前,苏丹遭受了非洲历史上最长的武装冲突,北部穆斯林和南部黑人起初因宗教和种族归宿问题而展开彼此间的敌对和暴力行为,这些随后又因石油资源问题的冲突而加剧。1989年,巴希尔政权通过政变获得政权,在国内实施伊斯兰化的政策,在国际社会日趋孤立。2003年2月,南部游击队武装反抗苏丹政府对非阿拉伯人的压迫,向政府发动武装袭击,要求地区自治。政府军与反政府武装的战争殃及达尔富尔地区的平民,随后在2004年内战中出现了大量种族灭绝行为。政府军对黑人展开了屠杀和强奸,并摧毁了其大部分村庄,结果有超过24万难民涌入周边的乍得和中非共和国,2500万居民在国内流离失所。据联合国人道事务协调办公室(OCHA)统计,超过40万受害者在种族灭绝中丧生,[②] 其成为目前国际社会发生人道主义危机最为严重的国家和地区之一。美国等西方国家严厉指控苏丹政府支持当地阿拉伯民兵对黑人定居者的屠杀和掠夺行为。2004年9月,美国国务院发布了一份报告称,在达尔富尔地区存在对非阿拉伯平民的持续、大范围的暴行。而后,时任美国国务卿

---

① 付海娜、姜恒昆:"保护的责任与国家主权的实质——兼论达尔富尔冲突及其出路",《国际关系学院学报》2012年第2期,第104页。
② "Report of the International Commission of Inquiry on Darfur to the United Nations Secretary-General", May 16, 2008, pp. 22 - 23. http://www.un.org/news/dh/sudan/com_inq_darfur.pdf.

第四章 "保护的责任"相关国家实践：案例分析

鲍威尔将达尔富尔地区的屠杀行为定性为灭绝种族，并直接指责苏丹政府必须对这些行为负责。① 2005年3月，苏丹达尔富尔问题国际调查委员会向联合国提交了关于达尔富尔境内违反国际人道主义法和人权问题的报告，认为苏丹局势所造成的侵犯人权行为对国际和平与安全构成威胁，决定将达尔富尔局势问题移交国际刑事法院来处理，这是自国际刑事法院成立以来，国际社会根据《国际刑事法院罗马规约》向国际刑事法院提交的第一个情势。有学者就认为该项决议反映了国际社会对防止和终止有罪不罚现象的决心。② 2009年3月，国际刑事法院起诉巴希尔总统因涉嫌在达尔富尔地区犯有战争罪和反人类罪，正式发布了国际逮捕令。③ 这是国际刑事法院成立以来首次对一个主权国家的元首发布逮捕令，随后便引起国际社会不同意见的争论。西方国家和非政府人权组织叫好声不断，而第三世界国家则更多地表现出对能否真正解决达尔富尔问题的担忧。

达尔富尔地区日益恶化的人道主义局势引起国际社会的普遍关切和担忧，在初期，以联合国为代表的国际组织和许多国家都为援助达尔富尔难民和缓解该地区的人道主义危机做出大量努力，但是这些措施实施缓慢，并且被证明不足以保护国内冲突中脆弱的平民。联合国试图通过外交措施和经济制裁对苏丹政府施加压力，中国和俄罗斯否决了相关决议，阻止联合国授权采取强制性措施。2004年，联合国安理会先后通过第1556号和第1564号决议，在第1556号表决时，菲律宾代表要求将"保护的责任"运用于当前的苏丹局势，因为苏丹政府未能履行保护达尔富尔平民的责任，国际社会应当承担该责任。④ 然而，具体由谁来履行这一责任未能达

---

① 自2003年2月起，处于内乱中的苏丹达尔富尔地区发生了多起严重违反国际人权法和国际人道法的事件，美国认为这已经构成灭绝种族罪。2004年10月，联合国秘书长安南任命了苏丹达尔富尔独立调查委员会，建议联合国安理会立即将达尔富尔发生的违反人权法和国际人道法的事件提交国际刑事法院来处理。见新华网：http://news.xinhuanet.com/world/2005-02/01/content_2535038.htm。

② 杨力军："安理会向国际刑事法院移交达尔富尔情势的法律问题"，《环球法律评论》2006年第4期。

③ "The Prosecutor v. Ahmad Muhammad Harun and Ali Muhammad Ali Abd-Al-Rahman", International Criminal Court, ICC-02/05-01/07, http://www.goo.gl/FrZnc。

④ S/RES/1556 (2004)，第1556 (2004) 号决议，2004年7月30日安理会第5015次会议通过。http://www.un.org/zh/sc/documents/resolutions/04/s1556.htm。

"保护的责任"与国际人权规范建构

成一致，有观点认为，此时苏丹政府仍然有控制局势并且保护国内平民的能力，因此不能立即将责任转移给联合国或者非盟来承担。安理会决议强调苏丹政府在对其境内维护治安并保护其居民的同时，对尊重人权负有首要的责任。最终，决议只包含了经济制裁。

2006年4月，联合国安理会通过了第1674（2006）号决议，重申了2005年《世界首脑会议成果文件》第138段和139段关于保护平民免遭灭绝种族、战争罪、族裔清洗和危害人类罪之害的规定，并确认鼓励非盟在解决达尔富尔问题上做出更大贡献。[①] 8月31日，联合国安理会第1706（2006）号决议最终提到对于达尔富尔平民的"保护的责任"，这是自联合国大会决议通过《2005年世界首脑会议成果文件》与安理会通过第1764号决议以来，"保护的责任"首次被援引在安理会对冲突国家所通过的决议中。该决议认定达尔富尔局势构成对国际和平与安全的威胁。[②] 2007年7月31日，联合国安理会第1769（2007）号决议批准了保护平民的军事干预行动，设立与部署了非盟—联合国达尔富尔联合国行动（African Union-United Nations Mission in Darfur, UNAMID）。时至今日，非盟—联合国达尔富尔联合行动在该地区已部署了20852名军警人员和4437名文职人员来执行维持和平与人道主义援助的任务。[③] 2009年1月，国际刑事法院（ICC）启动了对达尔富尔发生的种族灭绝行为的刑事调查，这一行为增加了在达尔富尔实施"保护的责任"的可能性。

回顾苏丹的案例，当苏丹达尔富尔地区人道主义形势恶化以后，联合国与区域组织都开始积极介入，进行事实调查、斡旋调停和派遣维和部队，在各方的努力与协调下，苏丹政府与当地武装团体达成停火协议，在非盟和联合国的主导下部署了大量的维和部队，同时也依据《联合国宪章》第七章的规定，授权维和部队在保护人权时所采取的一切必要的行

[①] S/RES/1674（2006），第1674（2006）号决议，2006年4月28日安理会第5430次会议通过。http://www.un.org/zh/sc/documents/resolutions/06/s1674.htm.

[②] 秘书长关于苏丹的报告：《扩大联苏特派团的编制和任务》，S/RES/1706（2006），2006年8月31日安理会第5519次会议通过。http://www.un.org/zh/sc/documents/resolutions/06/s1706.htm.

[③] 非盟—联合国达尔富尔联合行动，联合国网站：http://www.un.org/zh/peacekeeping/missions/unamid/facts.shtml.

动。特别是联合国安理会在2006年通过的第1674号决议,明确重申在2005年《世界首脑会议成文件》中所强调的国际社会对于保护平民所应承担的"保护的责任"之后,又在第1706号决议中首次将"保护的责任"理念援引进该决议中,对于"保护的责任"理念未来的发展与实践都有着极为正面的影响。

由于"保护的责任"仍然处于发展的初级阶段,因而在明显违反"保护的责任"的犯罪发生的情势下,执行"保护的责任"仍然很难达成国际共识。从以上对2005—2010年涉及"保护的责任"的国际人权保护行动的分析可以看出,"保护的责任"概念被提出后并未得到很透彻的理解和广泛的应用。这是因为,有些国家将遇到严重自然灾害的情形,如2008年的缅甸飓风也扩大化地纳入"保护的责任"范围,这与2005年世界首脑会议所确认的"保护的责任"的内涵完全背离,扩大了其适用范围。因此,在该段时期内,并没有足够的国际人权保护实践对"保护的责任"尤其是军事干预行动进行实施和验证,直到2011年利比亚危机的爆发,才真正为"保护的责任"尤其是军事干预提供了可供探讨的人权保护实践案例。虽然以上援引"保护的责任"的实践最终都没有成功,但是对"保护的责任"的未来发展仍然具有重要的现实参照意义。

首先,厘清了国际人权保护实践在何种情况下才能适用"保护的责任"理念。缅甸案例明确表明了主权国家或地区所发生的严重自然灾害不属于"保护的责任"进行干预的范畴,即使该国政府在灾害发生后没有能力或不愿意履行其应当承担的救济和援助的责任。如果将"保护的责任"的适用范围扩大到自然灾害等情势,不但会使得"保护的责任"理念原本的共识变得模糊,更会导致国际社会在讨论与实践"保护的责任"上更加混乱,从而不利于"保护的责任"规范的发展。俄罗斯对格鲁吉亚的干预表明,缺乏联合国安理会的授权以及不能满足证明有违反"保护的责任"的人道主义犯罪的举证责任,也不能适用于"保护的责任"的干预范围。

其次,达尔富尔的案例表明了"保护的责任"在执行过程中所遇到的重要问题就是,国际社会缺乏通过"保护的责任"尤其是军事干预应对此类问题的政治意愿。而国际社会在履行"保护的责任"时都面临对各大国利益的掣肘,在人权保护的干预行动中,联合国的干预行动主要取决于各

"保护的责任"与国际人权规范建构

成员国,尤其是安理会常任理事国之间的实力对比、利益博弈与现实妥协。因此,这一现实对我们考察后来的国家实践尤其是利比亚和叙利亚的人权保护实践有着重要的启发作用。

在2005—2010年间,国际社会在格鲁吉亚、达尔富尔危机等问题中开始尝试性地援引"保护的责任",缅甸飓风和格鲁吉亚问题更进一步明确了"保护的责任"所限定的四种罪行。之后,在达尔富尔危机中,"保护的责任"得以援引并获得安理会决议的通过,但收到的效果并不是很乐观。

第二节 "保护的责任"在利比亚危机中的实践分析

2011年2月16日以来,利比亚国内局势持续动荡,随后在利比亚多个地区爆发了暴力游行示威活动,引发大量的人权侵犯行为和人道主义危机,引起国际社会的高度关注与重视。随着利比亚局势的持续恶化,联合国开始积极采取干预行动。2011年2月22日,联合国秘书长防止种族灭绝罪行特别顾问弗朗西斯·邓(Francis Deng)与联合国秘书长"保护的责任"特别顾问爱德华·卢克(Edward Luck)发表了一篇联合声明,提请利比亚政府有责任保护利比亚平民,并谴责利比亚政府军在镇压行动中对平民的系统攻击是严重违反国际人道法的侵权行为。[①] 2011年2月26日,联合国安理会第6491次会议以15票赞成通过了第1970(2011)号决议。该决议严重关切利比亚国内局势,谴责利比亚国内正在发生的严重侵犯人权和违反国际人道主义法的行为,认为在利比亚发生的针对平民人口的大规模、系统性的攻击可构成危害人类罪。同时,决定成立利比亚独立国际调查委员会,对有关利比亚发生的所有违反国际人权法的指控进行调

---

① "UN Secretary-General Special Adviser on the Prevention of Genocide, Francis Deng, and Special Adviser on the Responsibility to Protect, Edward Luck, On the Situation in Libya," United Nations Press Release, February 22, 2011, http://www.goo.gl/2ufJ1.

查、确定责任人，并且向人权理事会提出建议。① 本节对"保护的责任"在利比亚的实践行动的背景、过程进行全面梳理，作为对"保护的责任"的实例分析。

以北约为首的多国部队对利比亚的军事干预行动被广泛认为是"保护的责任"规范进行国际人权保护的首次实践。有学者认为："联合国第1973（2011）号决议是安理会首次以'保护的责任'名义授权的军事干预行动。"② 联合国在利比亚危机中的反应速度之快与决议之严厉在联合国人权保护的历史中实属罕见。但后来英法为代表的北约多国部队在干预行动中却大大偏离了"保护的责任"的行动范围，表现出强烈的推行其战略布局和以自身利益为目标的功利主义色彩，将联合国的"人权保护目标"转向对利比亚卡扎菲的"政权更迭行动"。③ 从利比亚局势的后续发展效应来看，"保护的责任"规范并未在利比亚危机中真正得到落实，利比亚仍然处于动荡不定的局势中。值得深入反思的是，北约多国部队的军事干预行动是对"保护的责任"的加强巩固，还是沉重打击？利比亚危机后，"保护的责任"将走向何方？本节将通过对"保护的责任"在利比亚危机中的实践及效果来回答以上问题。

一、联合国对利比亚危机的反应与授权

当利比亚国内的反政府抗议活动迅速升级为全国各地广泛的暴力事件后，联合国安理会开始考虑如何做出应对。联合国对利比亚危机的反应可以分为三个步骤。④ 由于利比亚政府国内人道主义危机的持续恶化，在卡扎菲政权第一次暴力镇压示威者以后，2011年2月22日，联合国安理会

---

① United Nations Security Council, S/RES/1970（2011）, February 26, 2011, http://www.un.org/chinese/aboutun/prinorgs/sc/sres/2011/s1970.htm.

② Michael W. Doyle, "The Folly of protection: Is Intervention against Qaddafi's Regime Legal and Legitimate?", *Foreign Affairs*, Vol.1, No.2, 2011, p.124. http://www.pols.boun.edu.tr/uploads%5Cfiles%5C1088.pdf.

③ 张贵洪主编：《联合国发展报告2012》，北京：时事出版社，2013年版，第59页。

④ Gowers A Garwood, "China and the Responsibility to Protect: The Implications of the Libyan Intervention", *Asian Journal of International Law*, Vol.1, No.1, 2012, p.383.

"保护的责任"与国际人权规范建构

通过了一项声明:"呼吁利比亚政府满足其国内人民的合理要求。"① 在该项声明中,安理会认为利比亚政府军的行为是对平民使用暴力,镇压示威者,声明呼吁利比亚政府尊重和平集会和言论表达的自由,并且强调通过国际对话和国际人道主义援助等方式来解决双方之间的冲突。

其次,在2011年2月26日,安理会第6491次会议根据《联合国宪章》第七章一致通过了第1970(2011)号决议。该决议首先就表明,联合国安理会对"利比亚形势的恶化、暴力的升级以及大量平民丧亡表示严重关注",从而唤起对"利比亚政府保护平民的责任",并决定把利比亚情势交由国际刑事法院处理,再次明确重申了利比亚政府对其人民的保护责任。该决议要求卡扎菲政府的军队停止对平民和居民区的武装袭击,并且根据《宪章》第41条,对利比亚全国实施武器禁运以及对卡扎菲及其支持者实施制裁,包括禁止旅游和冻结资产,并且考虑到在利比亚发生的大规模、系统性、有组织的攻击可能会构成反人类罪,该决议决定把2011年2月15日以来利比亚所发生的情势均移交国际刑事法院检察官,敦促所有国家以及相关区域组织与法院和检察官充分合作。② 根据安理会的授权,国际刑事法院首席检察官奥坎波于3月3日在荷兰海牙总部宣布,从即日起对卡扎菲政权武力镇压和平示威群众可能犯下的危害人类罪正式予以立案彻查。

相反,卡扎菲政权并没有理会1970(2011)号决议要求其立即停火的呼吁,而是对目标发起了持续的军事打击。由于战况僵持不下,战斗很快变成激烈的暴行与内战,并且很快扩展到利比亚境内的其他地方。随后,卡扎菲的军队逐渐取得战场上的优势,因此反对派力量寻求国际帮助的呼声日渐增大。随着利比亚国内局势的恶化,无辜平民的伤亡增多,在联合国内部,对利比亚进行国际干预的呼声高涨。阿拉伯国家联盟于2011年3月12日同意请求联合国安理会就设立禁飞区进行投票。阿盟成员国一致表达了其对卡扎菲向城市和平民使用空军、坦克和重型武器的攻击行为的关

---

① Security Council Press Statement on Libya, UN Document. SC/10180.
② S/RES/1970(2011),2011年2月26日安理会第6491次会议通过的第1970(2011)号决议。《联合国宪章》第七章第41条:安理会可以决定所应采武力以外的办法,用来实施其决议,并可以敦促联合国会员国执行此项办法。

切,并一致建议设立禁飞区以保护利比亚的平民免遭袭击。2011年3月17日,美英等西方国家推动联合国安理会通过了第1973(2011)号决议。该决议决定设立禁飞区,用来阻止卡扎菲部队对平民的攻击;该决议还呼吁利比亚政权应立即停火并为保护利比亚平民提供便利,包括遵守国际法以及协助国际人道主义救援物资的运输。在第1973(2011)号决议中,联合国安理会明确援引了"保护的责任",重申"利比亚当局有责任保护利比亚民众,以及武装冲突各方负有采取一切可行步骤确保平民受到保护的首要责任"。同时,决定在利比亚设立禁飞区以帮助保护平民。在该决议通过的很短时间内,一项在北约多国部队主导下的军事干预行动得以进行。

从安理会对利比亚的反应来看,联合国的反应速度之快和决议之严厉在联合国开展国际人权保护的历史中实属罕见。随着危机的不断深化,联合国安理会的态度日趋果断,并在英、美等西方国家的助推下通过了第1973(2011)号决议,授权成员国采取军事干预措施。但是,由于利比亚的形势尚未得到国际社会的充分评估与讨论,联合国安理会就在美、英、法等国家的施压下,仓促地通过了对利比亚进行军事干预的决议。

从联合国解决地区问题的途径来看,需要经过斡旋、调停、事实调查等相关措施,人权保护中的军事干预行动只能是在穷尽其所有手段之后而不得已所采取的措施,利比亚国内人道主义局势的恶化是否已经达到当事国政府不能或不愿意履行其人权保护责任的严重程度,需要由国际社会根据利比亚的形势对卡扎菲政权的行为进行客观细致的分析调查,并由联合国成员国共同来决定。但利比亚的国内形势还未得到国际社会的充分评估与讨论,联合国安理会就在美、英、法等西方国家的施压下,仓促地通过了针对利比亚进行军事干预的决议。从利比亚骚乱发生到联合国安理会通过第1970(2011)号决议,仅仅相隔10天时间。[①] 利比亚国内人道主义局势并没有得到客观全面的调查分析与评估,印度政府代表在联大讨论发言时就曾指出:"联合国安理会是在利比亚国内人道主义形势未得到客观全

[①] 邱昌情:"从利比亚到叙利亚:联合国在解决地区冲突中的作用分析",张贵洪主编:《联合国发展报告2012》,北京:时事出版社,2013年版,第59页。

面评估的情势下仓促通过了决议。"①

二、安理会对第1973号决议投票的态度

尽管安理会通过决议不断谴责卡扎菲政权镇压平民的行为，并且最后授权进行了军事干预行动，然而国际社会对通过相关决议的态度却并不一致。在第1970（2011）号决议通过的过程中，各成员国虽然一致同意对利比亚采取相应的制裁措施并且将该法案提交到国际刑事法院，但是在对1973（2011）号决议授权成员国对利比亚采取军事干预行动的表决过程中，国际社会出现了相当程度的不一致。该决议最终以10票赞成，5票弃权的结果获得通过。其中，安理会常任理事国法国、英国、美国以及南非、哥伦比亚等7个非常任理事国投了赞成票，②而中、俄、德国和巴西、印度则都投了弃权票。弃权的5个国家均对第1973号决议中关于军事干预的表述持严重保留意见，认为军事干预行动反而可能导致更多的利比亚平民的伤亡，加剧人道主义灾难，因此需要对利比亚国内局势进行审慎的评估，谨慎选择干预行动。③ 德国代表认为联合国安理会在此情况下主要的目标应该是促成利比亚冲突各方的政治协商与停止目前的暴力行为，需要谨慎使用武力干预选项；印度代表指出安理会依据《联合国宪章》第七章授权保护利比亚平民的行动，因缺乏充分的调查与评估而显得仓促；巴西代表表示巴西对于第1973号决议的弃权并非是对利比亚政府侵害其平民的纵容，同时也认为军事干预行动很可能会恶化当前利比亚的人道主义形势；俄罗斯代表申明任何违反国际人道法的侵权行为应该立即无条件地停止，不能够接受利比亚政府对平民使用武力，利比亚需要的是通过和平对

---

① 2011年3月17日，联合国安理会第6498次会议临时逐字记录，S/PV.6498，见：http://www.un.org/zh/documents/view_doc.asp?symbol=S/PV.6498。

② 投赞成票的10个国家分别为：美国、英国、法国、波斯尼亚和黑塞哥维那、哥伦比亚、加蓬、黎巴嫩、尼日利亚、葡萄牙、南非。安理会第6498临时逐字记录，S/PV.6498，2011年3月17日，http://www.un.org/zh/documents/view_doc.asp?symbol=S/PV.6498。

③ "Security Council Approves No-fly Zone Over Libya, Authorizing all Necessary Measurs to Protect Civillians by vote of 10 in favour with 5 anstentions." *United Nations Press Release Security Council 6489th Meeting*, March 17, 2011, http://www.goo.gl/FbUIT.

话的方式解决冲突而非军事干涉；中国代表则强调中国一贯尊重各国主权的完整，中国仍继续支持联合国秘书长、阿拉伯国家联盟与非盟通过和平对话的方式解决冲突。[1] 有西方国家在论及国际社会对利比亚的军事干预行动的态度时指出："中国政府历来对外部力量通过强制性行动以制止当事国的侵犯人权行为非常谨慎。"[2]

但是，另外有10个国家则认为利比亚国内局势非常严峻，如果国际社会不采取必要的军事干预行动，利比亚人民则会陷入极其危险的境地，因此必须立刻采取行动防止正在发生的暴行。[3]

三、国际社会对第1973号决议执行的反应

北约多国部队对利比亚展开军事干预主要就是基于联合国安理会通过的第1970号决议和第1973号决议。2011年3月19日，以法国、英国为代表的北约多国部队发起代号为奥德赛黎明（Operation Odyssey Dawn）的军事干预行动，国际社会对西方执行第1973（2011）号决议的情况表示严重关注。在第1973（2011）号决议通过不到48小时内，以法国、英国为代表的北约多国部队就通过扩大性地解释安理会决议的授权内容从而开始了对利比亚的军事打击行动。[4] 2011年2月27日，利比亚"国家过渡委员会"宣告成立。在成立之初，过渡委员会并没有组建政府的工作目标，它表明的任务是团结各反对派力量，实现卡扎菲政权的更迭。2011年3月7日，卡扎菲之子哈米斯（Khamis）率其精锐"哈米斯旅"部队用迫击炮、重机枪、坦克、防空炮等重型武器猛攻反政府武装控制的战略要地扎维耶（Zawiya），过渡委员会领袖穆斯塔法·阿卜拉·加利尔（Mustafa Abdul Ja-

---

[1] United Nations Security Council Meeting, *The Situation in Libya*, March 17th, 2011, S/PV. 6498, http://www.un.org/ga/search/view.doc.asp? symbol=S/PV.6498.

[2] "利比亚：西方干预主义的绝唱"，《参考消息》2011年4月8日。

[3] "Security Council Approves No-fly Zone Over Libya, Authorizing all Necessary Measurs to Protect Civillians by vote of 10 in favour with 5 anstentions." *United Nations Press Release Security Council 6489th Meeting*, March 17, 2011, http://www.goo.gl/FbUIT.

[4] Elisabeth Bumiller & David D. Kirkpatrick, "NATO to Assume New Role in Libya", *New York Times*, March 25, 2011.

"保护的责任"与国际人权规范建构

lil)请求国际社会在利比亚设立"禁飞区",他警告"任何拖延将导致更多的平民伤亡"。与此同时,利比亚政府军一路高歌猛进,不但重拳出击击溃反对派武装的反攻企图,更攻陷重镇阿布达比耶,完成对班加西外围的战略控制。西方势力的介入,为反对派提供了大量武器和装备,利比亚形势很快发生了反转。经过8个月的持续空袭,卡扎菲政权被推翻,达到"政权更迭"的目的,利比亚过渡委员会也得到西方国家的承认。但西方国家8个月的大规模空袭却导致利比亚首都的黎波里成为一片废墟,并导致大约25000名无辜的利比亚平民丧生。①

从北约军事干预行动造成的大量平民伤亡事件来看,北约军事干预行动的目的在于推翻卡扎菲政权而非真正保护利比亚的无辜平民。差不多在利比亚的军事干预行动开始之初,中国就谴责北约多国部队的轰炸造成大量平民的伤亡,并且呼吁立即停火。②随后,中国政府也谴责了英国、法国和美国的行为超越了第1973(2011)号决议的授权范围。③

俄罗斯在北约采取军事干预行动后,担忧北约对利比亚的军事行动会最终演变为对利比亚政权的完全军事干预,声称西方国家采取对利比亚的军事行动超出其预期,认为北约多国部队对利比亚的军事干预行动大大超越了联合国安理会的授权范围,尤其是其军事干预行动违反了中立和客观原则,从为反对派创造外交空间到直接的经济和军事支持,使军事干预行动成为推翻卡扎菲政府的"政权更迭行动"。南非代表在联大发言时认为,北约多国部队在利比亚干预行动中偏向反对派一方,其真正目标是实现利比亚现政权更迭,这种做法成为国际人权保护中一个危险的先例,没有真正落实"保护的责任",在一定程度上损害了联合国安理会及通过的各项

---

① 夏安凌著:《西方新干涉主义研究》,北京:中国社会科学出版社,2013年版,第3页。
② Simon Tisdall, "The Consensus on Intervention in Libya Has Shattered", *The Guardian*, March 23, 2011.
③ United Nations Security Council, S/RES/1973(2011), March 17, 2011, http://www.un.org/chinese/aboutun/prinorgs/sc/sres/2011/s1973.htm.

决议的效力。①

5月25日，非盟在其发布的关于利比亚危机和平解决的决定中谈到，非盟十分关注西方国家"扩大化解释联合国安理会通过的第1973号决议，这是一个危险的先例"。②

从以上国际社会的不同反应来看，发展中国家普遍认为北约多国部队的军事干预行为大大超越了联合国安理会的授权范围，偏离了"保护的责任"的正常轨道，在一定程度上破坏了国际社会在"保护的责任"问题上达成的共识，也增加了国际社会未来对"保护的责任"被滥用的担忧。

四、安理会援引"保护的责任"的特殊意义

联合国安理会授权成员国根据第1973号决议采取一切措施的原因在于：一、利比亚当局未能遵守第1970号决议；二、暴力的升级和大量平民的伤亡使利比亚国内局势进一步恶化；三、利比亚国内确实出现了大规模和系统性的人权侵犯行为，包括恣意拘留、强迫失踪等；四、卡扎菲政权对记者、专业媒体和相关人员的暴力和恐吓行为；五、"大规模、系统性的"对利比亚平民的袭击可能构成"反人类罪"；六、阿拉伯国家联盟、非盟和伊斯兰会议组织纷纷谴责利比亚国内对人权的侵犯行为。基于上述原因，联合国安理会授权在《联合国宪章》第七章下"采取一切必要措施"。从安理会通过的决议内容可以看出，安理会授权采取干预行动的根本目的是为了保护利比亚危机中的平民。

联合国安理会针对利比亚危机所履行的"保护的责任"无疑具有史无前例的特殊意义。首先，这是联合国安理会第一次在没有得到当事国的邀请与同意的情况下以"保护平民"为由授权进行的军事干预行动；该授权

---

① Festus Aboagye, "South Africa and R2P: more State Sovereignty and Regime Security than Human Security?", *The Responsibility to Protect—From Evasive to Reluctant Action? The Role of Global Middle Powers*. http://www.r2pasiapacific.org/docs/In%20the%20Media/E-book-R2P-From_Evasive_to_Reluctant_Action.pdf#page=43.

② "非盟关于利比亚危机和平解决决定"，http://www.au.int/en/content/addis-ababa-30-31-january-2011-assembly-african-union-sixteenth-ordinary-session。

的重大意义在于其为对于利比亚的军事干预行动提供了明确的法理基础。[1] 其次，安理会对于利比亚危机的反应迅速且果断。在利比亚政府对示威群众进行镇压的短短几天之后，安理会立即发布了紧急声明，而且在不到一个月之后，安理会就授权成员国使用武力进行干预。因此，从表面上来看，1973号决议为以后类似的人道主义危机干预提供了一个可资借鉴的范例，对今后的国际人权保护产生了重要的影响。

首先，国际社会对利比亚进行军事干预行动的关键因素是暴力威胁对平民的明确性和紧迫性。[2] 由于利比亚国内确实存在着大规模、系统性的人道主义灾难，国际社会亟需在该项问题上达成行动共识。

其次，促使军事干预行动出台的最重要的特殊情况是，该地区国家和地区国际组织达成进行外部干预的共识。由于卡扎菲政权在阿拉伯世界不受欢迎，阿拉伯国家联盟、海湾合作委员会和伊斯兰会议组织等地区性国际组织一致谴责其对利比亚平民进行暴力镇压的行为，并且终止了利比亚在上述地区国际组织中的成员国资格。在之前，阿盟还呼吁联合国尽快设立禁飞区（No-Fly Zone）用于保护利比亚的平民。[3] 尽管非盟反对国际干预，但是安理会的三个成员国却均对军事干预表示支持。地区国际组织的共识极大地推动了国际社会对利比亚进行军事干预的决心，为利比亚干预行动提供了框架并明确了军事干预的国际行动范围。中国政府也正是出于尊重阿拉伯国家联盟等地区国际组织的意见，才在联合国安理会中对第1973（2011）号决议投了弃权票。

五、"保护的责任"在利比亚危机中的实践评估

联合国安理会通过第1973（2011）号决议，授权成员国对利比亚采取

---

[1] Mehrda Payandeh, "The United Nations, Military Intervention and Regime Change in Libya", *Virginia Journal of International Law*, Vol. 52, No. 2, 2012, p. 355.

[2] Alex J. Bellamy and Paul Williams, "The New Politics of Protection? Cote d'Ivoire, Libya and the Responsibility to Protect", *International Affairs*, Vol. 87, Issue. 4, 2011, p. 839.

[3] Richard Leiby and Muhammad Mansour, "Arab League asks UN for No-fly Zone over Libya," *The Washington Post*, March 12, 2011. http://www.goo.gl/2ufJ1.

强制性的军事干预行动在程序上是符合"保护的责任"中发起军事干预行动的正当化要件的。关于"保护的责任"在利比亚危机中的适用,其是否符合"保护的责任"中所强调的六项标准,成为此次人权保护行动是否合法的关键。从严格意义上来讲,联合国安理会授权北约多国部队对利比亚政府实施的军事干预行动,是迄今为止国际人权保护实践中唯一一次以"保护的责任"为由而开展的军事干预行动。[①]"保护的责任"的根本目的在于预防和制止正在发生的大规模人道主义危机,但在此次利比亚危机中,"保护的责任"虽然在程序上得以在联合国框架下顺利通过,但国际社会对"保护的责任"的履行却没有实现其原本保护人权的目标,相反,北约多国部队的军事干预行动超越了联合国安理会的授权范畴。

正当的理由:"保护的责任"的实施需要满足的首要前提就是需要提供正当的理由。只有在发生了极其严重的无法挽救的危及人类共同利益的人道主义危机时(灭绝种族、战争罪、族裔清洗和危害人类罪),国际社会才可以在联合国安理会的合理授权范围内进行干预。从利比亚国内冲突形势来看,利比亚危机缘起于国内的反政府抗议活动,在此次抗议活动中,利比亚政府军动用了军队对游行示威者进行血腥镇压。随着国内武装冲突的升级,反政府武装公然与利比亚卡扎菲政权对峙。在此过程中有大量平民伤亡,但不能就此认为卡扎菲政府的武装力量打击直指利比亚平民,更不能冠以诸如灭绝种族、危害人类罪等罪名。利比亚危机的实质是一国的内政问题。国际社会在履行"保护的责任"进程中,始终强调利比亚现政权在人道主义危机中应该承担的责任,却忽视了反政府武装也应该负有保护平民的责任,不能对无辜平民展开袭击。从 1970(2011)号决议到 1973(2011)号决议授权北约多国部队对利比亚进行强制性干预,卡扎菲政府成为西方国家谴责与打压的直接目标。从利比亚政府军与反政府武装冲突导致大量人道主义危机的事实来看,利比亚反政府武装也是导致利比亚人道主义危机恶化的重要一方。因而,国际社会理应在给卡扎菲政府施加压力的同时,对利比亚反政府武装的人权侵犯行为进行预防和制止。2011 年 2 月,联合国人权理事会在就利比亚局势召开的紧急会议上,就利

---

① 黄瑶:"从使用武力法看保护的责任理论",《法学研究》2012 年第 3 期。

"保护的责任"与国际人权规范建构

比亚危机期间出现的侵犯人权行为发布了相关报告。报告指出:"效忠于卡扎菲的军队和反对派武装力量都犯下了危害人类罪和战争罪行。"安理会决议措施的片面性在一定程度上促成了北约各国在干预过程中纷纷将矛头指向政府一方,而忽视了反政府一方对平民的攻击,没有对其践踏人权的行为进行及时的预防和制止,加剧了利比亚境内的人道主义灾难。

要求对东道国发起的军事干预行动需要证明该国具有实际发生或者被担忧的"大规模、系统性、有组织的侵犯人权行为"和人道主义危机的发生。根据2005年世界首脑会议峰会成果文件规定,当事国政府对于灭绝种族、战争罪、族裔清洗和反人类罪等四种罪行负有首要的保护的责任。利比亚国内局势动荡之初,卡扎菲政府出动重型武器,造成大量无辜平民的伤亡,显然已经构成了违反相关国际人权条约的规定。因此,联合国第1973(2011)号决议的通过,具有其在保护的责任上的合法性;其中要求尽一切可能保护平民的条款和关于禁飞区的设立,都是基于防止上述罪行发生而做出的决策。2011年2月25日,联合国大会的附属机构联合国人权理事会召开的第15届特别会议通过决议,声称利比亚境内发生的针对平民肆意进行武装袭击、非法杀戮、随意逮捕和拘留和平示威者并且对其实施酷刑的行为构成了危害人类罪,并随即指出利比亚政府控制下的武装部队攻击平民行为的相关责任人必须承担相应责任。随后,联合国安理会第1973(2011)号决议认为"目前在利比亚发生的针对平民的大规模、系统的攻击可以构成危害人类罪"。事实上,北约多国部队是以人权保护作为采取军事干预行动的借口,但实际上进行的却是支持利比亚反对派,以武力推翻现任合法政府的军事干涉。

正确的意图:"保护的责任"最容易陷入泥潭的就是借用"保护的责任"来实现其政治私利的扩张。利比亚作为一个产油大国,不仅石油资源丰富,而且蕴藏着大量的天然气资源,就当前利比亚的形势来看,以北约为首的多国部队干预利比亚并不能排除这些西方国家在资源寻求方面的现实诉求。联合国安理会第1973号决议所授权的军事干预行动,其主要目标应该是确保利比亚国内平民免遭种族灭绝、战争罪、族裔清洗和反人类罪之害,但是北约多国部队所执行的军事干预行动却是针对卡扎菲政府军的大规模空袭,并且对反对派提供实质性的军事援助,这些行动与当时联合国安理会关于保护平民的授权相关性不大。从英国、法国、美国等国家政府首脑或外长的讲话可以看出,其主张对利比亚进行军事干预的首要目的是为阻止卡扎菲的军队对利比亚平民的攻击和威胁,终止其对平民目标的空袭和军事镇压,但从西方军事干预的后果来看,利比亚政权虽然被推翻,但却造成更为严重的人道主义灾难,这显然是西方国家想借人权保护的理由来实现其自身的战略利益。

最后的手段:最后的手段就是国际社会在穷尽其他非军事打击形式后不得不采取的最终的强制性干预方式。从利比亚内战爆发到联合国的介入与安理会的授权,再到北约多国部队的迅速军事干预行动,其速度之快在联合国人权保护的历史上实属罕见。这也因此让人产生诸多疑问:"保护的责任"中明确规定只有当尝试过外交、经济等和平方式的每一条道路并且穷尽所有的方式都无济于事时,才可以最终考虑采取军事干预这一选项。联合国安理会分别通过斡旋、谴责、武器禁运、设立禁飞区以及对卡扎菲及其支持者采取禁止旅游和冻结资产等措施,最后在卡扎菲军队对于平民的威胁达到非常急迫的情势下才能授权成员国采取军事干预措施。但北约多国部队的军事干预行动偏离了"保护的责任"的范畴,最终指向了对利比亚现政权的更迭,并未真正达到保护平民的目的。因此,必须在联合国多边框架下对武力的使用进行严格限制,才能确保干预行动达到保护平民的目的。

合法的授权:"保护的责任"采取军事干预行动需要得到联合国安理会的合法授权,不能轻易举起"保护的责任"的旗帜开展军事干预行动。在对利比亚的军事干预行动中,虽然在联合国安理会通过了第1973(2011)号决议,但是这种授权所赋予的打击方式或制裁措施却在"必要措施"的描述下显得含混不清。很显然,西方国家背后的强力施压是联合安理会决议得以起草并最终获得通过的主要原因。第1973号决议声称"授权已通知联合国秘书长和阿拉伯国家联盟秘书长以本国名义或通过区域组织或安排采取行动的会员国,采取一切必要措施保护利比亚居民区以及平民的安全",这一措辞虽然赋予了多国部队采取措施的权利,但这一授权恰恰为北约军事干预扩大化提供了合理的依据。

均衡的方法:均衡的方法是指在承认最后的手段即军事力量介入时,

"保护的责任"与国际人权规范建构

对军事打击的强度、程度、规模、持续时间、打击范围等方面需要进行合理规制,尽量将为实现其正确目的而实施的措施所产生的负面效应降到最低。但在北约多国部队军事干预利比亚危机中,据联合国相关统计数据显示,军事干预反而给利比亚平民造成更为严重的人道主义危机。[①] 军事打击所造成的伤亡人数在一定程度上说明了其打击的范围和程度明显超过"保护的责任"的合理限度。

合理成功的预期:军事干预的后果必然会导致战争的一些负效应,人员的伤亡、城市的摧毁、文化的断层、政权的更迭等都有可能会因国际社会的一次不负责任的干预行动而出现。利比亚危机本身属于利比亚的内政问题,这种由利比亚内部不同部落和宗族斗争演化而来的战乱不可能因简单的军事打击而从根本上解决。这种以暴力镇压暴力的方式所达到的短时间内斗争的停息仅仅是一种治标而不治本的简单模式,外部的强制性干预可以停止内部一时的动乱,但从利比亚危机的后续发展来看,卡扎菲政权虽然已被推翻,实现了政权的更迭,但利比亚国内动乱仍持续存在。

从以上分析可以看出,尽管北约多国部队的军事干预行动得到联合国的合法授权,通过军事干预在短时期内实现了利比亚政权的更迭,但从介入利比亚危机的途径和效果来看,北约的军事干预行动显然偏离了"保护的责任"的范畴,并未从根源上消除造成利比亚危机的直接原因,利比亚国内局势仍然动荡不定。

六、北约军事干预对"保护的责任"发展的影响

北约多国部队对利比亚开展的军事干预行动是"保护的责任"理念在国际人权保护实践中的首次运用,但从北约多国部队对利比亚军事干预的过程以及国际社会对履行"保护的责任"的反应来看,对于北约多国部队超越安理会决议对其行动授权的认知,可能会使得非西方国家长期担心实施"保护的责任"可能被用来颠覆弱国的政权(Regime Change)。巴西政

---

① Caitlin Alyce Buckley, "Learning from Libya, Acting in Syria", *Journal of Strategy Security*, Vol. 5, Issue. 2, 2012, pp. 81–104.

府代表就曾表示："北约超越授权滥用武力的行为,可能会使国际社会实现保护平民的目标的努力更为艰难。"[1] 印度常驻联合国大使更加直率地表示:北约多国部队对利比亚的强制性干预使"保护的责任"的未来蒙上了一层浓厚的阴影。[2] 国际社会普遍反对北约多国部队在保护利比亚平民的过程中直接推翻卡扎菲政权的行为,认为这是对"保护的责任"范畴的严重悖离。因此,北约多国部队的军事干预行动,在一定程度上反而阻碍了"保护的责任"获得国际社会的普遍认同,最终发展成一项国际规范的道路。"利比亚模式"作为"保护的责任"的首次实践,不仅让人们在纷繁复杂的国际环境下重新定位国与国的关系,更让人们开始质疑"保护的责任"未来的发展方向。未来对人权保护中的这种黩武倾向若不加以修正,必将导致"保护的责任"在不正确的道路上越走越远。

第一,"利比亚模式"导致"保护的责任"规范的滥用

北约多国部队对利比亚的军事干预开创了以一个主权国家内部动荡为机遇、以支持反政府武装为掩护、以联合国安理会决议为幌子、以保护平民为借口,实现推翻一国政府的目标的新干预模式,被学者认为是"开创了国际人权保护的一个危险的先例"。[3] 北约多国部队对利比亚的军事干预造成利比亚平民的巨大伤亡。联合国安理会通过决议来授权采取干预行动的根本目的在于保护利比亚平民及居住区免遭政府与反政府武装的袭击,但是利比亚战场的证据显示北约承担了强制执行禁飞区的角色,向反对派武装提供武器,策划和指挥协调武装行动,使得反对派武装从分散到整合,从劣势转为胜者一方,并最终以推翻卡扎菲政权为目的,成为决定利比亚内战结果的"攸关方"。[4] 北约多国部队的行动充分反映了其借助"保护的责任"之名,实则扶持反对派力量,推动对利比亚政权的更迭,实现其自身战略的私心。联合国安理会第1973(2011)号决议中所明确规定的

---

[1] "Responsibility While Protecting: Elements for the Development and Promotion of a Concept", UN. Doc, A/66/551 - s/2011/701, 2011.

[2] Philipe Bolopion, "After Libya, the Question: To Protect or Depose?", *Los Angeles Times*, August 25, 2011.

[3] 钱文荣:"联合国开创了两个危险先例",《和平与发展》2011年第4期。

[4] 何兰:"从西亚北非动荡看西方干涉主义新特点",《思想理论教育导刊》2012年第8期,第63—66页。

"保护的责任"与国际人权规范建构

采取一切必要措施"保护利比亚平民"的目标,最终被异化为北约多国部队实施"政权更迭"的战略企图。①

在北约的支持下,2011年8月中旬,反对派武装最终攻占了利比亚首都的黎波里。北约这种支持反对武装进行政权更迭的行为毫无疑问已经大大超越了安理会决议的授权范围。"保护的责任"理念的倡导者加雷斯·埃文斯认为,北约多国部队在利比亚人权保护行动中的政权更迭行为与"保护的责任"的宗旨相悖,外部力量不应成为武装冲突中的一方,干预行动只能是预防和制止正在发生的人道主义危机恶化的情势,直接的政权更迭无法真正解决危机,因为唯一能决定利比亚政权变更的只能是利比亚人民自己。②另一位学者保罗·埃文斯也强调:"人权保护理念是非常重要的,但现实情况往往是,理念运用于实际的时候可能就已经'死去'了。"③"保护的责任"启动权利应归属于联合国安理会,这一程序性保障的权利归属问题在利比亚的"保护的责任"实践中给予了充分肯定。1973号决议的通过也确实体现了安理会大国一致原则,但安理会授权后北约多国部队的行动使"保护的责任"被人为地扩大化解释了,在干预行动中扶持反对派与对利比亚的政权更迭行动都是对"保护的责任"的滥用和对国际社会的不负责任。北约多国部队对利比亚仅凭"一切必要措施"就进行狂轰滥炸,显然不能很好地履行"保护的责任"。

第二,利比亚军事干预对"保护的责任"发展方向的影响。

相比2005—2010年间的一些国际人权保护行动,此次利比亚危机更加凸显了对"保护的责任"的滥用。在苏丹达尔富尔维和军事部署问题上,国际社会首先就强调了征得苏丹政府同意的必要性。巴基斯坦就认为在国际社会承担"保护的责任"时,必须明确人权保护的原则,即安全理事会

---

① 阮宗泽:"负责任的保护:建立更安全的世界",《国际问题研究》2012年第3期,第14页。

② Gareth Evans, "When Intervening in a Conflict, stick to UN script", *Sydney Morning Herald*, 2011. http://www.smh.com.au/opinion/politics/when-intervening-in-a-conflict-stick-to-un-script-20110323-1c6kz.html.

③ 保罗·埃文斯:"倡导'保护的责任'原则,推动全球治理改革",保罗·埃文斯在2013年北京论坛上的发言。发言内容可见:http://www.beijingforum.org/html/Home/report/14020015-1.htm.

所讨论的任何问题或决议主题所涉及的有关国家应该有权参加安理会会议并在会上发言。此外,阿拉伯国家联盟理事会、伊斯兰会议组织等在审议了安理会的决议之后,也都强调了征得苏丹政府同意的重要性,这些主张显然体现了国际社会在采取相关军事行动时应优先考虑和选择其他和平的方式,而像利比亚危机中北约多国部队所采取的军事干预行动显然更容易导致"保护的责任"被滥用。联合国安理会第1970号决议和第1973号决议援引了"保护的责任"进行干预,证明国际社会有意愿,且在必要情况下采取了强制性行动保护平民免遭大规模暴行。但是,当通过强制性干预手段保护平民发展到强制性进行政权更迭时,对利比亚的军事干预就使国际社会担忧"保护的责任"被滥用的问题。[①]

与此同时,在利比亚内战结束后,根据"保护的责任"的三重内涵来看,"重建的责任"至关重要,但国际社会在利比亚战后履行"重建的责任"中显得捉襟见肘。目前,以联合国为核心的多个专门机构在当前的利比亚重建进程中发挥着作用。[②] 2011年9月1日,在法国巴黎举办了利比亚重建国际会议,与会各国都表示愿意支持与协助利比亚的战后重建工作。2011年9月16日,联合国安理会通过了第2009(2011)号决议,强调各国逐步解冻利比亚政府的海外资产,并正式设立联合国利比亚特派团(United Nations Support Mission in Libya, UNSMIL)[③]协助利比亚未来的重建工作,以便重新恢复利比亚的国内秩序,启动包容性的政治对话。2012年3月,联合国安理会通过决议,决定将联合国利比亚特派团的时间延长一年,主要负责为利比亚过渡政府提供相关战略和技术咨询,[④]但在军事

[①] Simon Chesterman, "Leading from Behind: The Responsibility to Protect, the Obama Doctrine, and Humanitarian Intervention after Libya", *Ethics & International Affairs*, Vol. 25, No. 3, 2011, pp. 279 – 285.

[②] 目前在联合国重建中的机构分布在不同的领域,主要有联合国儿童基金会、联合国粮农组织、联合国毒品和犯罪问题办公室、联合国教科文组织、联合国难民事务高级专员署、联合国人口基金、世界卫生组织等,主要工作是促进利比亚国内经济发展与秩序恢复。http://www.unsmil.unmissions.org/Default.aspx? tabid =3543&language-en-US。

[③] 联合国安理会第2009号决议, S/RES/2009, 2011年9月1日。http://www.un.org/zh/documents/view_doc.asp? symbol =/S/RES/2009 (2011)。

[④] S/RES/2040 (2012),联合国安理会第6733次会议通过,2012年3月12日, http://www.un.org/zh/documents/view_doc.asp? symbol = S/RES/2040 (2012)。

"保护的责任"与国际人权规范建构

干预利比亚行动中充当主力军的美国、英国和法国却在利比亚的战后重建中反应冷淡,尚未真正履行其"重建的责任"。

综上,联合国安理会对利比亚危机的反应及其对军事干预的授权,在程序上是符合"保护的责任"所设定的各项标准的,然而在北约多国部队开展军事行动之后,各种具体问题浮现,西方国家开始借"保护的责任"来实现自身的战略利益,对利比亚实施政权更迭,从而大大削弱了北约军事干预行动的正当性和合法性,也为"保护的责任"的后续发展与实践蒙上了一层浓厚的阴影。国际社会对于叙利亚危机迟迟难以达成任何有效的决议,在很大程度上受到利比亚危机的消极影响。西方国家利用"保护的责任"推翻了卡扎菲政权,却未能重新塑造一个强有力的新政权。利比亚自内战结束至今,国内局势仍然动荡不定,各部族的武装冲突时有发生,整个国家仍然被暴力和冲突所困扰,国际社会在履行利比亚的战后重建的责任中显得力不从心,凸显了国际社会在履行"保护的责任"中"重建责任"的缺失。

第三节 "保护的责任"在叙利亚危机中的应用及争论

2011年3月18日,叙利亚南部城市德拉的15名小学生因在公共场所涂写反对叙利亚政府的标语而遭到当地政府逮捕,学生家长上街示威抗议。当地政府对抗议民众的暴力镇压引起民众的强烈不满。在接下来的时间里,叙利亚国内局势持续动荡,刚开始民众要求更大的自由和政治经济改革,后来逐渐演变为要求叙利亚总统阿萨德辞职,重新组建新政府。伴随着局势的恶化,叙利亚民众的示威和抗议活动遭到政府军的强力镇压,导致大量人权侵犯事件和人道主义危机的发生。针对叙利亚境内爆发暴力行动并导致大量平民伤亡的情况,联合国安理会召开了数次会议进行讨论,并在2011年8月3日通过了主席声明,谴责叙利亚政府对人权的侵犯和对平民使用武力的行为。① 叙利亚危机自爆发以来,持续了整整 7 年多时间。截至目前,叙利亚已经有超过 15 万人在内战中伤生,200 多万人流离失所,其人道主义危机形势还在持续恶化之中。

利比亚前领导人卡扎菲命丧家乡苏尔特,西方国家曾欢呼这是"利比亚模式"的完美演绎,② 同时也引发国际社会对于"保护的责任"规范被滥用的争议。随后,以美、英、法为代表的西方国家又积极主张对叙利亚发生的人道主义危机进行军事干预,试图在叙利亚问题上复制"利比亚模式"。③ 自叙利亚危机爆发以来,西方国家从始至终以阿萨德政权下台为条件——从外交施压到对叙利亚政府的经济制裁、旅行禁令,拉拢阿拉伯联盟对叙利亚政府施加压力,甚至直接为叙利亚反对派提供经济和军事方面的支持。但与之前利比亚危机中的军事干预行动迅速达成一致不同的是,国际社会在叙利亚问题上的处理意见分歧严重,形成以美、英、法为代表的干预方与以中国和俄罗斯为代表的反对方,使联合国安理会至今仍然无法通过针对叙利亚的干预决议。在安理会成员国之间进行几轮紧张的讨论之后,英、法等西方国家试图对阿萨德政权发起集体干预行动的努力最终失败。导致安理会无法对叙利亚局势做出强制性的干预行动的重要原因在于,以中国和俄罗斯为代表的发展中国家反对对阿萨德政权采取政权更迭行动,进而复制"利比亚模式"。④ 中国和俄罗斯否决安理会关于叙利亚决议的两轮草案清楚地证明了中俄两国反对针对叙利亚采取军事行动的态度比其在利比亚危机中更为坚决。但由于安理会常任理事国以及地区组织对叙利亚危机的立场分歧,叙利亚危机的政治解决进程至今仍然扑朔迷离。目前,叙利亚内乱导致了二战结束以来最为严重的人道主义灾难,并形成有助于伊斯兰国等极端恐怖主义组织滋生的恶性环境,进而从一国的国内冲突演变为大国之间的地缘政治博弈。

---

① UN Doc. S/PRST/2011/16, Statement by the President of the Security Council, August 3, 2011.
② 陈双庆:"叙利亚为何不是利比亚",《世界知识》2011 年第 21 期。
③ 张贵洪主编:《联合国发展报告 2012》,北京:时事出版社,2013 年版,第 66 页。
④ 2011 年 10 月 4 日,安理会第 6627 次会议;2012 年 2 月 4 日,安理会第 6711 次会议;2012 年 7 月 19 日,安理会第 6810 次会议;具体投票情况参见:http://www.un.org/zh/focus/northafrica/syria.shtml。

"保护的责任"与国际人权规范建构

一、联合国对叙利亚危机的反应

随着叙利亚国内局势的不断恶化,联合国安理会并没有很快将叙利亚局势纳入安理会讨论范畴,而是直到2月4日才在安理会讨论中对叙利亚局势进行表决,但由于中国和俄罗斯先后投票否决了"安理会关于叙利亚问题的决议草案",联合国在叙利亚问题上至今无法采取任何强制性的干预行动。虽然叙利亚危机一开始也受到联合国秘书长、人权高专和人权理事会的密切关注,而且叙利亚危机发生后,联合国秘书长、人权理事会也多次发表谴责性声明,但并未像利比亚危机那样迅速进入联合国安理会的讨论环节,从秘书长、人权高级事务专员办事处的关注到人权理事会的第一次特别会议就经历了一个多月的时间。2012年2月24日,潘基文秘书长在联大会上正式任命联合国前秘书长科菲·安南为联合国—阿盟叙利亚问题联合特使,3月10日,安南向叙利亚领导人提出关于叙利亚停火的"六点和平计划",强调通过和平对话化解危机,排除了军事干预的可能性。[①] 该计划要求叙利亚立即采取措施及叙利亚各方应停止一切形式的武装暴力以便保护平民和稳定国家局势,要求叙利亚政府立即停止在居民区使用重武器,撤出居民中心和周围地区集结的军队,但因叙利亚政府与反对派武装无法达成停火协议而不得不宣告安南的"六点和平计划"流产。2012年4月,联合国安理会先后通过第2042、2043号决议,在叙利亚部署联合国监督团,监督各方停火止暴情况,支持落实安南"六点计划"。2012年6月,在安南的倡议下,叙利亚问题"行动小组"外长会议在瑞士日内瓦召开,在这次外长会议中,联合国安理会5个常任理事国及有关地区国家等就支持安南斡旋、叙利亚政治过渡指导原则等问题达成一致共识,并发表了关于叙利亚问题的《日内瓦公报》。《公报》宣称,叙利亚和平和安定的未来只有通过政治途径才能完成,未来需要叙利亚有关各方放弃分歧,组建新的体现叙利亚民意的过渡政府。但有关各方在如何落实日内瓦会

---

① 2012年2月23日,联合国前秘书长科菲·安南临危受命,被潘基文秘书长和阿盟秘书长阿拉比任命为叙利亚问题联合特使。6月30日,安南提出针对叙利亚危机的"六点计划"。

议公报问题上分歧严重。由于叙利亚局势持续恶化,安南本人也于8月2日宣布不再担任叙利亚问题联合特使。2012年9月,阿尔及利亚前外长卜拉希米接替安南出任联合国—阿盟叙利亚问题联合特使。[①] 由于相关国家在叙利亚问题上分歧严重,上述努力并未取得实质性进展,联合国—阿盟叙利亚危机联合特使至今仍然无法发挥其"和平特使"作用。

在2012—2013年期间,联合国安理会就叙利亚局势就举行了26次会议。2013年5月15日,第67届联合国大会通过关于"预防武装冲突"的主题会议表决,并通过一份由法、德、英、美等37个国家共同起草的有关叙利亚局势的决议草案。对该国不断升级的暴力以及威胁使用化学武器和生物武器等问题表示关注。2013年8月21日,叙利亚使用大规模化学武器导致大量平民乃至儿童伤亡的消息被曝光后,联合国秘书长最强烈地谴责使用化学武器,认为这一行径是战争罪行,并严重违反了1925年通过的《禁止在战争中使用窒息性、毒性或其他气体和细菌作战方法的议定书》。在联合国的努力下,2013年9月14日,叙利亚政府同意加入《关于禁止发展、生产、储存和使用化学武器及销毁此种武器的公约》。9月16日,联合国调查小组向安理会提交了一份关于叙利亚大马士革的古塔地区使用化学武器的调查报告。[②] 9月27日,联合国安理会15个成员国以一致赞成的结果通过了授权对叙利亚的化学武器进行核查和销毁的决议草案,这是自叙利亚危机爆发以来,联合国安理会所通过的第一份有关叙利亚人权保护的决议草案。该决议强调叙利亚任何一方不得使用、开发、生产、获取、储存、保留或转让化学

---

① 拉赫达尔·卜拉希米(Lakhar Brahimi)曾担任过联合国秘书长特别顾问以及秘书长阿富汗、海地、南非事务特别代表等职务,有着丰富的外交和国际事务经验。2000年,以卜拉希米为代表的"关于联合国维和行动工作小组"提出著名的《卜拉希米报告》,该报告后来成为联合国开展维和行动的指导性文件。至今已经经历了四任特使,分别是来自加纳的前联合国秘书长科菲·安南(Kifi Annan)、阿尔及利亚的拉卜拉希米(Lakhar Brahimi)、瑞典的斯蒂凡·德米斯图拉 Staffan de Mistura)、挪威的盖尔·彼得森(Geir O. Pedersen)。2018年10月31日,联合国秘书长古特雷斯宣布任命来自挪威的盖尔·彼得森担任叙利亚问题特使。

② "联合国关于指控在阿拉伯叙利亚共和国境内使用化学武器的报告",A/67/997 – S/2013/553,2013年9月16日。调查报告全文可参见: http://www.un.org/zh/documents/view_doc.asp?symbol = A/67/997。

"保护的责任"与国际人权规范建构

武器,并计划于 2014 年上半年完成对叙利亚所有化学武器物料和设备的销毁。[①] 2014 年 1 月 22 日,关于叙利亚和平问题的第二次日内瓦会议在瑞士蒙特勒召开,共有包括叙利亚政府和反对派在内的 30 多个代表团参加,但该次会议上,叙利亚政府和反对派仍未达成任何实质性的协议。2015 年 2 月 17 日,联合国安理会就叙利亚局势举行公开回应,叙利亚问题特使德米斯图拉倡导联合国实施一项不受阻碍提供人道主义救援的试点项目。5 月 5 日,旨在探讨结束叙利亚冲突的新一轮磋商在联合国日内瓦万国宫举行,包括叙利亚政府、反对派、民间社会代表以及地区和国际利益攸关方等在内的相关代表参与了此次磋商,致力于让《日内瓦公报》得到有效落实和执行。2017 年 3 月 23 日,由联合国推动的第五轮叙利亚问题磋商在日内瓦举行。虽然在叙利亚问题联合特使的调停与斡旋之下,叙利亚政府和反对派曾在日内瓦和阿斯塔纳举行过数轮谈判,但并未产生任何实质性的结果。

到目前为止,虽然叙利亚危机仍未得到彻底解决,但在联合国与国际社会的协调下,并未出现像利比亚那样被武力干预的现象,而是一直在联合国的框架下开展相关人权保护行动,凸显了联合国在叙利亚人权保护问题上的重要性和权威性。

二、国际社会在叙利亚问题上的分歧

国际社会普遍认为叙利亚问题只能通过政治途径来加以解决,但在是否将巴沙尔下台作为政治解决前提等问题上存在着严重的分歧。美国等西方国家及沙特、卡塔尔、土耳其等部分地区国家认为叙利亚政府应该对其国内的人道主义危机负有首要的责任,称巴萨尔政权已经丧失了存在的合法性,并要求巴沙尔立即下台,积极推动联合国大会、安理会、人权理事会等介入叙利亚问题,通过"叙利亚之友"国际会议等非政府组织向叙利亚反对派提供支持。阿拉伯国家联盟还多次通过决议,终止叙利亚成员国资格,对其实施经济制裁。

[①] S/RES/2118(2013),2013 年 9 月 27 日,联合国安理会一致通过了第 2118(2013)号决议。http://www.un.org/zh/documents/view_doc.asp?symbol=S/RES/2118(2013)。

（一）联合国安理会成员意见不一致

在叙利亚危机中，英国、法国、美国积极主张对叙利亚进行强制性干预，试图使叙利亚危机"利比亚化"。而以中国、俄罗斯为代表的发展中国家坚持维护《联合国宪章》的宗旨、原则及国际关系基本原则，反对外部干涉尤其是军事手段的使用，反对强行推动对叙利亚进行"政权更迭"行动。2月和7月，中国和俄罗斯两次否决暗含"政权更迭"、对叙利亚实施制裁等内容的联合国安理会决议草案（见表4—2）。在如何介入叙利亚问题上，国际社会存在着很大的分歧：以中国和俄罗斯为代表的国家主张通过政治协商解决，切实落实安南提出的"六点和平计划"与《日内瓦联合公报》所达成的相关共识，推动叙利亚问题在联合国框架下和平解决；而以英、法、美为代表的西方国家则主张积极进行武力干预，从始至终推行以颠覆叙利亚现政府为目标的外交政策。

表4—2 2012—2013年联合国对叙利亚问题表决情况对比

时间	表决范围	表决主要内容	决议是否通过	票数对比（赞成：反对：弃权）	中	俄	美	英	法
2012年2月4日	安理会	向叙利亚政府施压	未通过	13:2:0	反对	反对	赞成	赞成	赞成
2012年2月16日	联合国大会	主要对阿盟提出的有关解决叙利亚危机的倡议表示支持，同时对叙利亚政府镇压反对派的行动表示谴责	通过	137:12:17	反对	反对	赞成	赞成	赞成
2012年7月19日	安理会	要求叙利亚政府在规定的期限内停止使用重型武器，否则将面临制裁	未通过	11:2:2	反对	反对	赞成	赞成	赞成
2012年8月3日	联合国大会	针对叙利亚政府进行谴责，指责叙利亚政府违反安理会决议和侵犯人权	通过	133:12:31	反对	反对	赞成	赞成	赞成
2013年5月15日	联合国大会	要求在叙利亚境内进行政治过渡，并指责叙政府使用重型武器	通过	107:12:59	反对	反对	赞成	赞成	赞成

资料来源：作者根据联合国官网数据自行整理。

(二) 地区性国际组织对叙利亚危机反应各异

在叙利亚危机发生后，阿拉伯国家联盟积极支持西方国家所主张的对叙利亚实施军事干预行动的提议，随后便对叙利亚政府进行了相关的制裁。然而，相比应对利比亚危机中表现出的广泛支持与积极响应，面对叙利亚当前的局势，地区国际组织则显得更加犹豫与意见分歧。

阿拉伯国家联盟一开始态度就很消极，多次强调其本身不会采取行动介入叙利亚危机。2011年4月25日，阿拉伯国家联盟发表相关声明，对叙利亚发生的人道主义危机进行了谴责。直到11月12日，阿盟终止了叙利亚的成员国资格，呼吁组建民族团结政府，宣布对其进行经济制裁。海湾合作组织委员会在2012年2月7日发布声明要求召回使者，驱逐叙利亚大使，并强烈谴责叙利亚政府对平民的武力镇压行动。欧盟也从2011年5月9日开始对叙利亚实施武器禁运、资产冻结等措施，并表示支持阿盟请求向叙利亚派出阿盟与联合国合作成立的维和部队。总的来看，各地区组织在叙利亚危机中也因各成员国的意见分歧而无法采取相关措施来应对叙利亚局势的进一步恶化。

(三) 发展中大国重视联合国的作用

由于联合国在国际人权保护中的"能力赤字"，在充分发挥联合国主导作用的同时，地区范围内的新兴大国在预防和解决人道主义危机中的作用也日益重要。由于受到西方国家军事干预利比亚危机的影响，北约多国部队主导的军事干预行动大大超越了联合国安理会授权的行动范围，偏离了"保护的责任"的目标，表现出强烈的推行其战略布局、意识形态和以自身利益为目标的功利主义色彩，中国、印度、巴西、南非等发展中国家均反对在叙利亚问题上复制"利比亚模式"，尤其反对西方国家的政权更迭行为。在叙利亚危机的后续发展中，以中国为代表的发展中国家始终坚持在联合国多边框架下通过和平的方式解决叙利亚危机，反对使用任何强制性措施迫使叙利亚政权更迭，主张把未来交给叙利亚人民自己来决定，这也在一定程度上使联合国的权威与形象得到维护，使联合国在叙利亚人

| 第四章 "保护的责任"相关国家实践：案例分析

权保护中的主导性作用得以显现。

三、叙利亚危机对"保护的责任"发展的影响

叙利亚危机爆发以来，以联合国为代表的国际社会一直采取主动姿态，积极协调叙利亚政府与反政府武装之间的矛盾，在叙利亚与国际社会之间斡旋，劝和促谈，使危机在不损害叙利亚主权的前提下通过和平的方式解决。联合国是大国政治博弈的舞台，相关国家围绕叙利亚问题外交折冲的结果，就是以联合国名义实施的一系列决议及行动。

叙利亚危机和利比亚危机既是一国内部长期矛盾积累的爆发而引起的大规模、系统性的人权侵犯行为，又充满着外部干预的复杂因素。联合国在两次危机中无疑发挥着重要作用，但其对两次危机的介入方式却大相径庭。在利比亚危机中，以英、法、美联盟为主导的西方国家积极通过施压联合国通过决议进行军事干预行动，而最终中国、俄罗斯投了弃权票，使北约多国部队的干预行动得逞。然而，在叙利亚危机中，由于西方国家在利比亚军事干预行动中将联合国安理会授权扩大化而带来了诸多负面效应与不确定性因素，安理会无法通过有效的军事干涉决议。从叙利亚危机可以看出，"保护的责任"在人权保护实践中仍然面临着诸多现实问题，并对未来的国际人权规范产生了重要影响。

第一，叙利亚危机始终在联合国框架下协调解决，但无法启动"保护的责任"中的强制性干预行动。联合国框架下的和平对话与谈判的方式得到国际社会成员的更多支持，但叙利亚局势的持续恶化也凸显了联合国在履行"保护的责任"中的能力赤字与国际社会的立场分歧。[1] 联合国所倡导的"保护的责任"规范在多大程度上能够落实，还必须在联合国多边框架内推动成员国就人权保护的国际法原则、规范进行更充分和广泛的商讨。

第二，"保护的责任"如何真正得到落实面临着诸多争议。叙利亚危机中，安理会无法通过有效的决议从根本上反映了国际社会对"保护的责

---

[1] 张贵洪主编：《联合国发展报告2012》，北京：时事出版社，2013年版，第53页。

"保护的责任"与国际人权规范建构

任"如何得到落实存在着很大的疑问,国际社会尤其对是否需要进行军事干预行动尚未形成统一认识,发展中国家普遍认为需要谨慎启动"保护的责任"中的强制性干预行为。"保护的责任"规范在利比亚的实践所带来的负面效应也成为安理会难以对叙利亚局势达成共识的重要原因之一。

通过对利比亚和叙利亚危机的分析我们发现,冷战后联合国在国际人权保护中的作用日益上升,这是一种可喜的现象,在一定程度上得益于大国持续和稳定的合作意愿。但是,面对日益频繁的地区冲突,联合国在保护人权方面正面临着严峻的挑战,这些新现象不仅关系到联合国在当今形势下的功能与作用,而且关系到联合国的改革与未来。

首先,关于联合国应该如何介入地区国内冲突,有效地开展国际人权保护行动,《联合国宪章》明确规定,联合国的人权保护行动不得干涉在本质上属于一国内政的事务,但现实情况是,联合国在介入地区冲突时往往成为冲突中的一方,尤其是联合国随之采取的强制性军事行动更是引发了联合国与冲突当事国、冲突各方及联合国成员国的严重分歧,使联合国的人权保护行动偏离了宪章的原则精神,结果往往造成更大的人道主义灾难。

其次,关于人权保护中的强制性行动,需要划清联合国人权保护行动与强制性干预的界限。国际人权保护只有依靠主权国家自身能力的加强才能真正实现,在这一进程中,国际社会只能提供建设性和辅助性的帮助。冷战结束以来,西方国家往往在国际人权保护行动中将强制性措施作为进行国际人权保护的优先考虑和扩大其适用范围的趋向,各种强制性措施与日俱增。联合国的强制性行动大多是西方大国根据自身的战略利益来施压推动的,严重损害了联合国在国际社会中的权威和形象。

最后,关于国际人权保护与大国之间的关系。随着全球化的深入发展,各种全球性问题层出不穷,大国合作应对全球性问题的发生是国际政治发展的必然趋势。但是,大国往往根据自身的战略利益,在国际人权保护行动中进行选择性的干预,使"保护的责任"的履行偏离了其保护人权的目标。

综上,对于保护和促进国内人权而言,西方国家所主张的制裁、政权更迭等强制性措施的运用使"保护的责任"理念无法真正实现其人权保护的目的，而政治对话、人道主义救援等综合方法无疑契合了国际人权保护作为一种回应性责任的要求。在利比亚和叙利亚问题上，中国政府曾多次强调，必须通过平等对话与协商等多元的方式，而非进行施压或制裁，反对动辄使用武力。从利比亚危机的后续效应来看，在联合国多边框架通过和平的方式解决危机得到国际社会的更多支持，但叙利亚危机的持续恶化也从另一方面反映了联合国在履行"保护的责任"规范方面的"能力赤字"。

第四节 小结

本章通过对2005年世界首脑会议后国际社会所普遍认可的"保护的责任"理念在相关国家的人权保护实践的具体案例考察，探讨"保护的责任"如何通过现有的机制与规定发挥其影响力，并得以不断发展。本书发现，"保护的责任"理念虽然在理念上得到广大国际社会的认可与支持，但关于在具体的人权保护实践中如何履行"保护的责任"，国际社会还存在诸多不同的立场与实践期待，甚至有的西方国家利用"保护的责任"将自己的私利"裹挟"进国际社会的公利，使"保护的责任"面临被滥用的危险。

在缅甸风灾与格鲁吉亚案例中，联合国在相关决议和文件中援引了"保护的责任"的相关内容，但并未就此授权以"保护的责任"进行干预行动，而是通过强调"保护的责任"的范围仅仅只适用于"灭绝种族、族裔清洗、战争罪和反人类罪"四种罪行，对"保护的责任"适用的情形进行了审慎的限定，也在一定程度上防止了西方大国利用该理念强行干预小国的内政。在苏丹达尔富尔危机中，联合国多次在安理会决议中援引"保护的责任"相关内容，并鼓励非盟等地区国际组织在解决达尔富尔问题上发挥重要作用，使"保护的责任"理念开始从理念真正走向国际人权保护的实践。

在利比亚和叙利亚危机中，西方大国和新兴发展中国家在地区热点问题上围绕着不干涉内政原则、"保护的责任"等涉及国际关系重大原则的问题进行了频繁、激烈的较量与争论。在利比亚危机中，联合国首次实践

"保护的责任"与国际人权规范建构

了"保护的责任",但在落实"保护的责任"过程中,北约多国部队扩大化解释了安理会决议,把原本保护利比亚人民的行动变成对卡扎菲政权的更迭行动,引起国际社会对"保护的责任"被滥用的担忧,并在一定程度上导致国际社会在叙利亚危机问题上至今仍难以达成共识。利比亚和叙利亚危机的不同结果凸显了当前国际人权规范建构和实施中所面临的诸多现实困境:西方发达国家在履行"保护的责任"的进程中往往占据主导地位,拥有更多的话语权,它们在人权干预行动中往往根据自身的国家利益,过度强调"干预者的权利",而忽视了主权国家自身在预防、制止人道主义危机中的首要责任,这种"黩武"行为对"保护的责任"理念本身构成极大的威胁,往往使"保护的责任"异化成人道主义干预的借口。人权概念起源于西方,但随着全球化进程的深入发展,人权已经成为一个被公共化的共享概念。[1] 不过,在西方话语霸权的影响下,目前流行的人权解释框架一直带有强烈的西方中心主义色彩,其人权规范的发展也只能从侧面反映出西方国家的人权观与规范诉求。

通过对"保护的责任"规范在以上案例的实践可以看出,"保护的责任"在预防危机、呼吁国际行动等方面发挥着重要作用,但在具体应用人权保护的实践中,在促进国际社会采取果断及时的行动方面,它仍有很长的路要走。第一是围绕人权保护行动究竟是立法还是执法展开,我们看到更多的是对已经完成的书面立法——即以2005年世界首脑会议为标志的执行。第二是围绕大国政治,我们看到虽然联合国主导了以上的人权保护行动,但其成效仍然无法摆脱大国政治的博弈,这一点在叙利亚危机中表现得最为突出。第三是人权保护实践中单边行动的可能,我们看到单边行动仍然是西方大国未曾放弃的选项,甚至成为突破大国政治僵局的钥匙,这也对"保护的责任"的未来发展投下了巨大变数。第四是国际人权规范建构,这也是本书重要的创新之一,即"保护的责任"为未来有可能的全球人权治理提供了一个积极的规范路径,无论具有国际法约束力的人权规范是否能够最终形成,"保护的责任"规范的产生与实践显然是国际社会向

---

[1] 赵汀阳:"预付人权:一种非西方的普遍人权理论",《中国社会科学》2006年第4期,第18页。

着这个方向所迈出的重要一步。

因此，作为与西方国家在人权观与规范诉求不同的发展中国家，必须从学理上去反思、批判和解构西方的人权话语，在国际人权议题领域发出中国声音，引领国际社会在人权规范建构上达成共识。尤其在全球化深入发展的今天，地区冲突中的人道主义危机已成为联合国参与全球治理的重要问题之一，国际社会应避免将"保护的责任"作为干预别国内政的旗帜，相反，应该在联合国多边框架下推动成员国就人权保护的国际法原则、规范进行商讨，重塑反映国际社会共同诉求的人权治理规范，使之成为联合国参与全球治理的一项重要机制。因此，对"保护的责任"的研究，不仅应该是解构性和批判性的，还应探寻解构之后的重构，批判之后的超越问题，从而推动以联合国人权保障体系为主导的国际人权规范建构。

第五章　联合国体系下的
国际人权规范建构

"我们需使人们恢复对多边主义的信心和对联合国的信任，使人们重新相信联合国是各国和民间社会能够齐聚一堂共同应对当今世界最紧迫挑战的地方。多边主义并非可有可无，无论对区域还是全球而言，多边主义都是实现和平、包容性可持续发展和保障所有人人权的一个最有效工具，联合国有责任证明自己的价值。"

——联合国秘书长古特雷斯[①]

"如今，'保护的责任'是一个概念，并非一项政策；是一种渴望，并非一种现实，制止人类的暴行既不容易也不可能立竿见影，没有一种确定的行动指南，我们在这个领域都是新手。"

——联合国前任秘书长潘基文[②]

通过上一章关于"保护的责任"实践的具体案例分析可以看出，人权保护的责任是基于当前国际社会迫切的人类安全保护的需要以及构建稳定的国际秩序而出现的新理念，推动了国际人权保护的法制化与规范化进程。在全球化深入发展的今天，安全、发展和人权等人类共同利益日益把

[①] 2017年秘书长关于联合国工作的报告，参见：https://www.un.org/sg/zh/annual_report/72.shtml。

[②] Implementing the Responsibility to Protect, The 2009 General Assembly Debate: An Assessment, 12 Aug, 2009, http://www.globalr2p.org/media/files/gcr2p_general-assembly-debate-assessment.pdf.

国际社会链接成一个紧密互动的国际命运共同体，任何一个国家都无法对世界上其他国家和地区所发生的"系统性、大规模和有组织的"人权侵犯行为和人道主义危机置若罔闻。随着国际社会对"人的安全"关注度的提升，《联合国宪章》第七章强制性措施的应用发生了延伸性的变化，适用范围从对国家安全的威胁延伸到对人的安全威胁、人权保护与地区安全、国际安全"双向挂钩"。在此背景下，由联合国主导的合理的国际干预是当今国际社会在人权保护中协调矛盾、表达正义的一种必要措施，对缓解当前人道主义危机恶化的情势具有重要作用。当前，国际人权保护的国际化与规范化已成为一种不可逆转的必然趋势，因此国际社会必须从人类的整体利益出发，反思国际人权保护存在的现实困境，在联合国主导的人权保障体系下建构具有共识的国际人权规范。

国际人权规范在20世纪末期被认为已经取得不容违反、不容质疑的普遍国际法规范的地位，任何与之抵触的单方面行动或国际条约和协定在法律上都是无效的。[1] 在当前的国际人权体系中，联合国无疑是国际人权保护最重要的倡导者、执行者和核心力量，也是推动国际人权规范建构最强大的动力。二战结束至今近70年来，联合国及其下属各机构不仅酝酿、起草和通过了大量国际人权保护的法律文件，而且在其努力与倡导之下，国际人权保护的规范体系已初步得以建立。但由于国际人权保护赖以存在的基础——联合国集体安全机制本身的缺陷，现行"保护的责任"规范的内涵和实施存在着诸多实践争议和不确定性，人权保护极易被大国所控制和滥用，从而沦为西方大国干涉他国内政的借口和工具。国际社会在利比亚危机中的人权保护实践充分表明，"保护的责任"正面临着被西方国家滥用的危险。虽然"保护的责任"的理论框架以及当今以联合国为主导的国际人权保护体系还存在诸多缺陷，但从国际人权保护的实践现状来看，"保护的责任"已成为新世纪以来国际社会开展人权保护行动的一条规范路径，未来亟需在联合国为主导的国际人权保障体系下进行完善、补充与修正。

---

[1] Lung_chu Chen, *An Introduction to Contemporary International Law*, New Haven: Yale University Press, 1989, p. 215.

"保护的责任"与国际人权规范建构

对当前正在不断发展和迅速传播的"保护的责任"规范，国际社会应当有一个正确、辩证和客观的认识。一方面，需要肯定该理论本身在国际人权保护中具有积极和进步的一面，即"保护的责任"在呼吁国际行动、冲突预防等方面起到重要的角色。另一方面，由于当前国际社会不同国家在人权价值与规范诉求、实践期待等方面存在诸多差异，目前国际社会对"保护的责任"共识的理解与实践尚处于探索与讨论阶段，西方大国主导的价值规范依然规约着这一共识的发展与传播，新兴发展中国家需要在未来的国际人权规范建构中扮演更为重要的角色。尽管当前的国际人权保护体系还存在着这样或那样的缺陷与争议，但联合国已成为当前国际人权保障体系的核心力量，因此要实现对地区冲突中的国际人权保护，对当前的国际人权保护规范进行补充与完善是非常有必要的。

随着对威胁人类和平与尊严的反思的日益深切和国际交往的日益紧密，人权保护理念在国际社会中得到前所未有的重视。需要明确的是，在未来的国际人权规范建构过程中，国际社会需要坚定地维护《联合国宪章》基本原则，从构建规范体制着手，明确联合国安理会授权的唯一性，尊重安理会行动的权威性以及授权程序的规范性，力求使"保护的责任"主体合法，程序正当，行动高效。其次，需要处理好主权国家与国际社会在国际人权保护责任中的地位与作用，加强以联合国为主导的人权保护伙伴关系建设与机制培育。最后，未来国际社会应从根源上防范人道主义灾难的产生，解决现实的人道主义危机，增强主权国家的主权权能以及国家自身能力建设，提高联合国系统的协调和组织能力。从长远来看，在联合国多边框架下构建一项具有国际共识的国际人权规范，防止地区冲突的恶化与人道主义灾难的发生，已成为新型全球治理体系下国际社会成员国的共同使命与价值追求。

第一节 联合国在国际人权保护中的作用与局限

回顾人权国际化以来半个多世纪的历史进程，国际社会在联合国的倡导下，不仅从无到有地制定了为世界几乎所有国家认可与接受的有关保障人权的宗旨、原则和规则，而且成立了以人权委员会为代表的大量的全球性人权机构以履行其在世界各地保障人权的职责，确立了各项人权国际保护的执行措施，在消除种族主义、灭绝种族、种族歧视，促进人民经济、社会和文化权利，审议别国人权问题，促进主权国家对人权的尊重和保障等方面都做出积极贡献。联合国人权体系比以往任何时候都更强大，更多的人权条约和议定书获得越来越多国家的批准，联合国人权理事会的实力和声望渐增，国际司法体系也日趋健全，但仍存在诸多现实问题与困境。

一、联合国在国际人权保护中的作用

联合国作为当今国际社会最具普遍性、代表性和权威性的国际组织，为国际人权保护的法制化和国际人权规范体系的建构提供了组织上和法律上的可靠性和合法性基础。[1] 全球化进程的深入发展客观上有利于联合国人权保护效率的进一步提高，突出了联合国在当今国际人权事务中的中心地位，扩大了联合国在人权保护和规范建构方面的权威性与合法性，推动了全球范围内人权保障合作的深入。目前，联合国在全球、区域和国家内部各层面都积极致力于尊重和保障人权，取得相当大的进展。在国际人权保障合作进程中，联合国在国际人权保护中的功能和作用主要表现在以下几方面：

（一）推动国际人权价值理念与规范的生成与普及

联合国作为国际人权规范和准则的倡导者，《联合国宪章》所确立的各项原则是当代国际人权保护理念与原则的集中体现，包括主权平等、不干涉内政、禁止威胁或使用武力、善意履行国际义务、尊重和倡导人权及基本自由等。[2] 在确立原则的基础上，联合国还大力推动了人权价值理念与规范的普及，在联合国的主持与倡导下，先后制定了各种人权文件与公

---

[1] 张贵洪编：《国际组织与国际关系》，杭州：浙江大学出版社，2004年版，第10页。
[2] ［英］亚当·罗伯茨、［新西兰］本尼迪克特·金斯伯里主编，吴志成等译：《全球治理——分裂世界中的联合国》，北京：中央编译出版社，2010年版，第567页。

"保护的责任"与国际人权规范建构

约，形成许多保护人权的法律规范。仅联合国系统内通过的有关人权方面的宣言、建议、公约及决议就多达 70 多件，其中条约 20 多件。这些条约涉及国际人权的各个方面，在世界范围内形成有关人权保护的条约体系。这些文件所覆盖的人权保护内容之多、方面之广和范围之宽，都是前所未有的，[1] 其中包括反对灭绝种族、奴隶制、酷刑、种族歧视、种族隔离、非殖民化，以及保护难民和儿童、促进男女平等与消除对妇女的歧视等方面的宣言和公约，如 1966 年的《经济、社会和文化权利国际公约》《公民权利与政治权利国际公约任意议定书》等。《联合国宪章》还将对人权的尊重列为联合国的三大宗旨之一，第一次强调尊重和保障人权不仅是国家的义务，也是国际社会的共同责任。[2] 在专门的人道主义事务领域有《日内瓦公约》，它是关于保护平民和战争受难者的一系列国际公约的总称，还有《防止及惩治灭绝种族罪公约》《国际刑事法院公约》等国际公约，对于种族灭绝罪、战争罪、族裔清洗罪、危害人类罪等有明确的约束作用，规定了国家及国际社会的责任。20 世纪 80 年代以来的国际人权司法实践，将灭绝种族、战争罪、系统地进行酷刑以及有组织地、系统地侵犯人权，列为可以启动国际人权司法追责的习惯法内容，构成联合国刑事法院可以直接进行国际司法介入的管辖对象。[3] 在联合国的推动下，一项涉及人类社会政治、经济等诸领域，规范了明确宗旨、原则、规范和决策程序的全球性人权体制已经基本确立起来。[4] 各主权国家对人权问题越来越重视，人权问题开始成为现代国际法的重要内容，国际社会也开始逐步签署、批准和接受"统一"和"普遍化"的国际人权条约。这些国际人权条约不论是全球性还是区域性的，在当今所发挥的政治、法律和道德影响已远远超出起草者们的预期。

联合国不仅通过国际法的相关程序为人权的国际保护制定标准，而且

---

[1] 李铁城主编：《世纪之交的联合国》，北京：人民出版社，2002 年版，第 224 页。
[2] 朱锋著：《人权与国际关系》，北京：北京大学出版社，2000 年版，第 7 页。
[3] 冷战结束以来，联合国相继对一些国内出现大规模人权侵犯的国家进行了国际司法管辖，1994 年成立了柬埔寨国际刑事法庭，1995 年成立了卢旺达—索马里国际刑事法庭，1996 年成立了南斯拉夫国际刑事法庭。
[4] 刘杰著：《国际人权体制——历史的逻辑与比较》，上海：上海社会科学院出版社，2000 年版，第 304 页。

还以此为基础推动建立为成员国所接受和认可的国际人权规范。近年来,在联合国的倡导下,人权保护理念在超越主权国家的界限向全球和区域层面扩展的同时,其全球化和国际化趋势日益加深。当今国际社会频繁发生的国际人道主义危机引发国际社会在人权与主权问题上的广泛讨论,国际人权保护的理念与相关的国际法规范也随着时代的发展而被赋予了新的内涵。尤其是在联合国的倡导与推动下,以"保护的责任"为代表的人权保护理念在国际社会得到广泛关注与讨论,国际社会有关地区冲突中的人权保护理念逐渐深入人心。

(二) 规范约束和监督强制

规范约束是联合国应对地区冲突,加强国际人权保护的一个主要方面,作为倡导和践行国际规范的重要载体,联合国在构建国际规范、保证规范得以履行方面具有特殊重要性和相当大的国际影响力。[1] 联合国还先后通过了多项有关人权保护的国际公约和文书,确定了人权保护的具体措施,并成立了专门处理人权事项的主要机构。联合国成立后的60多年来,通过联合国拟定的国际法数量多达500多项,[2] 主持并通过了《世界人权宣言》《经济、社会文化权利国际公约》《防止及惩治灭绝种族罪公约》《消除一切形式种族歧视国际公约》《禁止并惩治种族隔离罪行国际公约》等国际人权文书。这些条约、公约和有关法律规范为国际人权保护提供了重要的组织保障和监督机制,奠定了国际人权保护机制的基本框架。20世纪90年代以来,联合国先后成立了卢旺达国际刑事法庭、东帝汶国际刑事法庭、塞拉利昂特别刑事法庭等,对大规模侵犯人权的行为进行审判和强制监督。2002年国际刑事法院的设立,更加反映了国际社会对人权的尊重。

此外,各种国际人权文件和人权机制在确立、推广和实施国际人权标准的同时,明确提出约束主权国家对处于其管辖之下的个人和群体可以做

---

[1] [美] 迈克尔·巴尼特、玛莎·芬尼莫尔著,薄燕译:《为世界定规则:全球政治中的国际组织》,上海:上海人民出版社,2009年版,第72页。

[2] 郑启荣、孙洁琬:"和谐世界:从理念到国际关系准则",中国联合国协会编:《中国的联合国外交》,北京:世界知识出版社,2009年版,第271页。

"保护的责任"与国际人权规范建构

什么、不可以做什么等具体规定,这也注定了主权国家和国际人权保护制度之间存在着一定程度的紧张关系。但事实上,强制性措施却成为联合国监督和维护人权经常采用的手段,联合国进一步将人权保护的措施扩大到监督选举、强制和平甚至授权使用武力介入到国家内部冲突中来,根据《联合国宪章》第七章授权的人道主义干预行动成为联合国人权保护实践的主要手段。[1] 目前,国际人权保护领域已经形成一些具有习惯法约束力的人权保护公约,主权国家在行使主权时必须遵守这些规范。例如种族隔离、种族歧视、种族灭绝行为等,都被认为是侵犯人类基本权利的行为。任何国家对其国内人民实施了上述行为,都不得以国家主权对内最高为保护伞逃避其国际法所必须追究的相关责任。

(三) 组织协调与促进合作

联合国在组织和机构上建立起国际人权保护体系,形成广泛和多层次的国际人权保护实施机制,并在国际社会中承担组织协调和促进国际人权保障合作的功能。根据《联合国宪章》第13条规定,联合国大会在人权保护方面负有主要的责任,联大根据有关规定建立起一些负责人权事务的特设机构和附属机构,目前联合国的6个主要机构都具有人权保护方面的职能,在保护人权方面最引人瞩目的是根据联合国人权公约所设立的人权机构,如反对种族隔离特别委员会,经济、社会、文化权利委员会,联合国人权理事会,禁止酷刑委员会,消除对妇女歧视委员会等。《联合国宪章》第62条赋予经社理事会向联大提出人权建议的职责。联合国秘书处还设立了人权中心,由主管人权事务的副秘书长负责,协助联大、经社理事会处理国际人权事务,向各国政府提供咨询服务和技术援助。

在国际人权保护问题上,联合国为国际社会提供了讨论和发表意见的国际论坛,由此确立了国际人权保护的基本原则、准则、规范和决策程序,建立了全球性的国际人权保护机制,并付诸实践。可以说,联合国是

---

[1] Sean D. Murphy, *Humanitarian Intervention: The United Nations in an Evolving World Order*, Philadelphia: University of Pennsylvania Press, 1996, p. 14.

当前国际人权保护的核心,是"适于协调当代国际人权保护行动的唯一组织"。[①] 但是,自从人权议题进入国际领域之日,国际社会关于人权保护问题的争论就一直存在,至今仍未形成具有国际法约束力的国际人权规范,国际社会不同国家之间的争论十分激烈。在这样的背景下,人权问题甚至成为大国间政治博弈的重要工具。[②] 对于联合国来讲,其在人权保护中的组织协调作用就显得越发重要。

二、联合国在国际人权保护中的局限

联合国作为当今国际社会最具权威性、代表性的国际组织,在国际人权保护中发挥着重要的作用,但其在国际人权保护中也暴露出一些令人担忧的问题,特别是联合国在波黑、索马里、卢旺达等地维和行动的失败,使联合国在国际人权保护行动中声誉受损。面对冷战后纷繁复杂的地区和国内冲突,联合国针对一国内部事务所实施的国际人权保护行动,不仅要进行军事干预、人道主义援助,而且还要承担促进民族和解与建立有效政府的任务,大大超越了联合国开展人权保护行动的能力范畴。由于联合国自身在议程设置、规范倡导、能力建设等方面均受制于当今国际体系权力结构的影响,特别是受大国权杖的影响,其解决地区冲突中人道主义危机的效果与作用还很有限。

(一) 内嵌的矛盾:大国因素与能力赤字

在联合国在国际人权保护行动中的运转与行动方面,大国无疑起着非常重要的作用。从联合国主导的国际人权保护体系的发展历程来看,世界上的大国特别是西方诸大国无疑是国际人权机制与行动的主导力量,而以联合国为主导的国际人权保护行动实施的国际干预的合法性,则来源于联合国安理会的授权。在联合国负责国际人权的机构中,联合国安理会具有首要的政治地位,尤其是在关于人权保护干预行动的投票和决

[①] 房广顺:"联合国与世界人权活动",《世界经济与政治》1995年第10期,第46页。
[②] 王杰主编:《联合国遭遇挑战》,北京:中央编译出版社,1994年版,第243—251页。

"保护的责任"与国际人权规范建构

议中,安理会具有特别重要的职权,是联合国体系中唯一有权使强制性干预行动付诸实践的机构。从程序上看,联合国的集体安全是建立在大国一致的基础上,也就是说,如果五大常任理事国的态度一致,国际社会在人权保护行动中的干预行动就容易达成共识,就能顺利通过相关决议;反之,如果五大国中任何一个常任理事国行使了否决权,也就意味着该决议草案或提案将无法获得最终通过。这样,国际人权保护中的干预行动在很大程度上就成为大国间讨价还价与利益博弈的产物,多数成员国被排除在人权保护干预行动的讨论、设计和实施之外,而对小国和弱国来讲,就更是如此。

"大国一致"原则隐含着一种基本的政治判断,即安理会"五常"团结一致,将担负起维护世界和平与安全的主要责任,因此各国对于该责任的担负必应享有决定性的表决以及特殊的国际地位。[1] 一旦大国之间达成妥协和一致,就可以采取无视大多数成员国意愿的行动。由于各大国有着各自不同的利益追求,因而对不同地区的国际人权保护的态度与立场是不一样的:是否实施干预,由谁实施干预或主导干预,怎样实施干预,更多地体现的是大国权力因素。某些大国正是利用这种机制来谋取一国私利,实现自身的战略利益。正因如此,联合国安理会内部在决策程序中被人诟病已久,其中包括否决权的使用、大国的双重标准、被决议影响的国家无从参与决议的讨论过程等。[2] 正是这些问题导致了卢旺达大屠杀的惨剧,以及北约多国部队在未获得联合国安理会授权的情况下,就开始对科索沃进行人道主义干预行动。因此,国际人权保护往往带有很强的政治化色彩,尤其是西方国家在人权保护问题上采用双重标准,使联合国在国际人权保护中成为利益博弈的会场。

此外,联合国开展国际人权保护行动所面临的一个根本性问题就是,联合国自身没有开展干预行动的军事力量,在财力、物力等方面均面临着

---

[1] 门洪华著:《和平的纬度:联合国集体安全机制研究》,上海:上海人民出版社,2002年版,第216页。

[2] Thomas Weiss, "The Sunset of Humanitarian Intervention: The Responsibility to Protect in a Unipolar Era", *Security Dialogue*, Vol. 35, No. 2, 2004, pp. 135 – 153.

"能力赤字"问题。① 冷战后出现的大量国际和地区冲突，促使联合国不得不采取一些应急措施，但由于联合国自身能力不足，在开展国际人权保护行动时不得不依靠大国的力量和支持，这无疑使联合国在国际人权保护中的效力大打折扣，有时甚至会沦为西方大国以人权保护为名来推行人道主义干预的有力工具。

（二）国际共识不具备国际法律约束力

联合国针对一国内部冲突实施的国际人权保护行动，其所制定的国际人权法不是各国的国内法，很难对成员国形成强制性的国际法约束力。人权保护更多地是通过条约或协议体现出来，国际条约与当事国的国内法也存在着张力与冲突，而且相当多的国家都不承认国际条约优越于本国宪法，因此国际人权法的实施也往往受制于国内法的承认。

从本质上讲，联合国为主导的国际人权保障体系是一个由主权国家为单位的政府间自愿结合而成的共同体。具体到人权问题上，各国的历史文化背景、现实的政治制度和经济发展水平各不相同，因而各国都会产生与他国不同的人权观念和人权主张。从积极的意义上讲，以联合国为主导的国际人权体系在促进和保护人权活动中需要各会员国的支持与协助，并根据各国向国际社会做出的公开承诺承担各种人权公约中的国际义务。而从消极方面来看，由于联合国在推动人权保护方面所达成的共识一般不具有国际法约束力，联合国目前尚未制定其针对各种为阻止主权国家系统性地对人权侵害的具体的法律标准。② 比如当今联合国一直大力倡导的"保护的责任"理念，虽然已被写入《世界首脑会议成果文件》，但毕竟还只是一份成果性文件，而不是联合国安理会或者大会的决议，因而不具有国际法约束力。对于国内确实存在严重违反或侵害人权行为的国家，联合国所主导的人权保护行动是否能发挥作用，需要联合国根据国际人权法的规定将提出的要求转化为各国政府的实际行动，这是联合国尚未解决，也是短

---

① 张贵洪主编：《联合国发展报告2012》，北京：时事出版社，2013年版，第53页。
② James H. Aderson, "New World Order and State Sovereignty: Implications for the UN-Sponsored Intervention", *Flettcher Forum of World Affairs*, Vol. 16, Issue. 1, pp. 127–138.

时间内根本无法解决的现实问题。

(三) 共同命运与集体行动的困境

尽管联合国一直希望通过机制强化和规范重建提升其在人权保护中的集体行动能力，但这一体系仍不可避免地陷入集体行动的困境之中。在当今国际社会，尽管国际社会对人权保护达成一定的共识，但对具体的人权保护的内涵、标准还存在差异和不同的理解。而在当前无政府的国际社会中，以联合国为主导的国际人权保护机制往往停留在宣言式的呼吁层面，所通过的人权文件大多不具备国际法约束力。在具体的国际人权保护实践中，国际社会往往因人权保护理念的冲突而陷入集体行动的困境，使联合国无法发挥其真正保护人权的作用。尽管当今国际社会中人权问题形势比较严峻，但国际社会的成员国多关注自身的相对收益，导致人权保护集体行动的失败。冷战结束后，联合国在索马里的干预行动就是集体行动困境的典型例证，西方国家在关键时刻选择了退缩，使索马里的国内人道主义形势更趋恶化。在冷战以来联合国开展的强制性人权保护行动中，尽管大多数行动都是以联合国名义来开展的，但都可以看到一个主导国家、地区组织或国家团体的影子，但这些主导国家更多地是关注自身的相对收益，导致人权保护行动具有选择性和双重标准，从而使得联合国无法很好地协调人权保护中的集体行动。

联合国在冷战后面临的最重大的挑战就是如何有效地应对当前国际社会频繁发生的国内冲突。在当前国际社会中安全、发展和人权问题日益紧密联系的情势下，联合国所组织、协调与主导的国际人权保护行动对于维护国际和平与地区安全具有十分重要的意义。联合国本身组织与机制的局限性，使其在承担国际人权保护的使命时受到诸多限制，联合国在人权领域所承担的许多任务已经大大超出其成立之初设想的范围。为了加强联合国在国际人权保护中的作用，未来国际社会亟需在以联合国为主导的人权保障体系下，加强联合国的能力建设，更新人权保护理念，建构具有共识的国际人权规范。

第二节　国际人权规范建构的路径

从长远来看，国际人权保护的实践必须通过规范化与制度化的形式来实现，人权在消除反人类、不公正实践方面的规范意义应当被置于首要地位。在国际关系人本化转向的进程中，人本化的法律行为和法律规范并不会自然而然地出现，而是需要国际社会各行为体积极参与、努力争取才有可能在更多的问题上形成。[1] 国际社会也逐渐认识到构建人权保护新规范的重要性，"保护的责任"理论的提出与发展便是对人权保护规范化的最新探索。虽然"保护的责任"至今仍然是一项尚未成熟的国际规范，但是为保护那些遭受人道主义灾难的平民提供了一种全新的规范路径。国际社会亟需在《联合国宪章》与现行"保护的责任"理念发展的基础上，在联合国框架下建构一项具有共识的国际人权规范。只有在国际社会通过政治协商达成共识的条件下，国际人权保护才能真正建立一项完善可行的法律法规。首先需要明确的是，国际人权保护行动必须遵循《联合国宪章》基本原则，处于联合国多边体制下才是合理合法的。美国著名国际法专家就曾指出："国际法反对单边主义干预也许首先反映的是这样一个道德、政治上的结论，没有哪个国家可被信任拥有做出明智的判断和决定的权力。"[2] 随着全球化进程的深入发展，人权保护理念已因时代的变迁而被赋予新的内涵，"保护的责任"规范已为当前的国际人权保护提供了一条规范路径。未来国际社会需要在联合国为主导的人权保障体系下，在《联合国宪章》的基础上，推动国际社会在人权保护理念上达成共识，培育以联合国为核心的国际人权机制，加强主权国家和联合国的能力建设，从而推动具有国际共识的人权规范的形成。

---

[1] 何志鹏："从强权入侵到多元善治——武力干涉领域国际法的现存框架与演进方向"，《法商研究》2011年第4期，第110—118页。

[2] L. Henkin, "Kosovo and the Law of Humanitarian Intervention", *The American Journal of International Law*, Vol. 93, No. 4, 1999, pp. 824-828.

"保护的责任"与国际人权规范建构

一、理念框定

理念和原则的确立是未来国际人权规范建构的一种软性的和宏观的指导性力量。《联合国宪章》中关于人权保护的理念框定就充分体现了国际社会在战后关于国际人权保护的共识，奠定了国际人权保护的理念基础和规范框架。当今世界各国所接受和认同的国际人权保障宗旨、基本原则、主要的国际人权组织及其权限、人权保障的内涵等，都是在《联合国宪章》的原则上框定下来或者开始起草的。国际人权规范建构的实质是在全世界范围内，针对人权保护而进行的理念框定与规范建构的过程。但是，国际社会在理念层面对人权与国家主权这一复杂关系的不同解读是导致冷战后国际人权保护争议的重要原因。过去西方国家一直是国际人权规范的主导者与创制者，在人权保护领域享有"规范红利"，人权领域的规范和决策程序对广大发展中国家是不合理、不公平的。作为后来者，发展中国家在人权保护理念与规范诉求方面与西方国家存在着巨大差异，因此在面对地区冲突中的人道主义危机带来的挑战时，国际社会需要发展出一套具有普遍意义的人权保护理念，同时虑及发达国家、发展中国家甚至弱国或小国的各种关切，在国际人权保护方面形成共识。

进入新世纪以来，加强对地区冲突中的国际人权保障已经得到国际社会的普遍认可与支持，问题的关键在于国际社会如何将这些人权理念转化为人权保护实践，使人权保护问题法律化、制度化和规范化，并能够真正得到落实。在当今越来越强调规则与规范治理的全球化时代，"人权保护的国际化与规范化毫无疑问是人类社会发展与进步的重要标志"。[1] 理念的作用与价值取向在"非唯一均衡"的条件下使各方达成观点与认同的一致，但理念要发挥选择"唯一均衡点"的作用，就必须具有科学权威性和基础伦理性，通过制度化的渠道发挥其作用。[2] 理念框定对国际人权规范的建构意义重大，是实施国际人权保护行动的前提，为人权保护行动提供

---

[1] 刘杰著：《人权与国家主权》，上海：上海人民出版社，2004年版，第6页。
[2] 李滨："全球治理中理念的作用"，《战略决策研究》2014年第1期，第17页。

框架，以及为合作安排和共同行动创造基础。在现实国际社会中，人权保护理念和规范一旦建立起来，就会产生自己的生命力，其对主权国家的行为具有独立的影响，有助于协调主权国家与国际社会之间的价值冲突，通过对人权议题的框定或重新塑造，共有理念和规范可以创造国家之间相似的行为方式，指导共同的行动。因此可以说，共有理念的形成以及基于共同理念下的行为限定，是国际人权规范建构的前提。

（一）人权保护共有理念建构

理念通常可以发挥指导行为体行为的作用，如通过规定因果方式或通过行为提供令人信服的伦理或道义动机。理念在影响规范的建构过程中常常通过两种路径来发挥作用：一是路线图，二是聚焦点。[1] 理念可以是自有的，也可以是共有的。自有知识是指个体行为所特有而他人没有的理念；国际社会的共有理念知识是国家行为体之间的和相互关联的知识与理念，它构成文化主体，而文化包括规范、规则、制度、意识形态、组织和威望体系等等。[2] 共有理念是行为体普遍接受的关于事物因果判断、目标和手段之间联系等的解释。[3] 相对于自有知识与理念，自有知识理念在国际社会结构的观念成分中是偏狭而浅薄的，因为共有知识和理念是能被国际社会所共同认可和接受的理念知识，因而更容易扩散，能够造成更为广泛的影响。

在现代国际社会，地区冲突导致的大规模人道主义危机问题往往超越传统单一民族国家的视野，其外溢效应会对地区的和平与稳定产生严重负面影响。因此，有效地预防冲突需要从全人类的利益价值出发，即使各国可能会因国家利益和文化上的不同而存在认知差异，但是通过国际人权规范的传播和固化，可以形成共有的人权保护理念或规范。一旦人权保护形

---

[1] [美]朱迪斯·戈尔茨坦、[美]罗伯特·基欧汉编，刘东国、于军译：《观念与外交政策：信念、制度与政治变迁》，北京：北京大学出版社，2005年版，第12—13页。

[2] [美]亚历山大·温特著，秦亚青译：《国际政治的社会理论》，上海：上海人民出版社，2000年版，第180—181页。

[3] Robert. L. Rothstein, "Consenual Knowledge and International Collaboration: Some Lessons from the Commodity Negotiations", *International Organization*, Vol. 38, No. 4, 1984, p. 736.

"保护的责任"与国际人权规范建构

成共有知识被固化后,将会在国际社会得到扩散,开始共有知识的社会化与国际化进程。国家或非国家行为体的决策者在接受这种"社会化"共有知识后,可以反过来影响其他国家有关人权保护和人道主义干预问题的判断和行为方式,从而大大提高国际社会在该问题上的影响,并最终促成国际人权规范的构建。新的观念一旦制度化、规范化,就会获得合法的地位。[1] "保护的责任"理念虽然已经被国际社会所普遍关注和讨论,并已应用于当前的国际人权保护实践中,但目前该理念还只是一种理念,尚未构成具有国际法约束力的规范。[2] 从国际社会对概念的争议与广泛讨论情况来看,国际社会亟需在开展人权保护实践时划分具体的侵权标准,以对人权侵犯行为实施有效的惩罚。

如果说国际社会在人权保护的内容和保护方式上还存在广泛分歧的话,至少有一点是共同的:任何一个国家都将人权作为一件美好的事物来看待,没有任何一个国家否认人权保护对世界各国人民的积极意义。与此同时,世界各国也都在以联合国为主导的国际人权保障体制下逐渐建立和完善自己的人权体制。[3] 人权作为衡量当今国际社会进步和文明的一种价值标尺,已经大大超越由西方国家所主导的主体间性的狭隘认知图式,越来越具有普适性和全球性意义,因此未来国际人权规范建构在价值理念与地域范畴上必须超越西方世界的狭隘视域,成为助推世界各国共同进步的重要议程。

(二) 从理念到规范:"保护的责任"发展的新趋向

20世纪90年代以来在索马里、卢旺达、前南斯拉夫、科索沃、利比亚、叙利亚等国家和地区所发生的侵犯人权事件,引起世界人民的高度关

---

[1] Emanuel Aaler, Peter M. Haas, "Conclusion: Epistemic Communities, World Order, and the Creation of a Reflective Research Program", *International Organization*, Vol. 14, No. 1, 1992, p. 383.

[2] Mehrdad Payandeh, "With Great Power Comes Great Responsibility? The Cocept of the Responsibility to Protect Within the Process of International Lawmaking", *Yale Journal of International Law*, Vol. 35, No. 2, 2010, pp. 470 – 516.

[3] Vijayashri Sripati, Toward Fifty Years of Constitutionalism and Fundamental Rights in India: Looking back to see Ahead (1950 – 2000), *American University International Law*, Vol. 14, No. 1, 1998, p. 413.

注与强烈谴责。但是联合国及其成员国对人道主义危机的反应却并不一致,特别是在有关通过劝和促谈还是施加压力甚至通过武力干预来解决人道主义灾难问题上,没有形成共有知识。因而,进入21世纪,不仅要在国际人权保护理念等议题上构建共有知识,同时还需要加强身份上的认同与规范建构,以实现主权国家和其他各类行为体"保护的责任"。[1] 英国学派代表人物尼古拉斯·惠勒(Nicholas J. Wheeler)将这种责任称之为"主权的人道主义责任",[2] 这种"保护的责任"将会塑造一种新的行为体的身份认同。"保护的责任"身份必须基于国际社会的共有观念、规则的形成以及既有的身份秩序。正如英国教授斯坦恩所分析的,如果"保护的责任"是真正的国际法初级规范,得到国际社会集体身份的认同,那么对它的违反就应该有制裁或相应的法律后果,否则,"保护的责任"的法律规范属性将会遭到广泛质疑,只能作为软法或者一般理念来对待。[3] 当然,新规范的建构是一个长期的互动过程,但是"保护的责任"理念已为国际人权规范的建构提供了一种有效的经验借鉴。

全球范围内关于人权保护理念的形成与发展,使人权理念不再局限于西方国家狭隘的认知图式,人权保护的内涵将不断得以丰富,越来越具有全球性和普适性意义。

国际人权保护理念的框定与发展在国际社会中日益受到几乎所有国家普遍的重视,世界各国不同的文明与价值都可以为人权保护的国际化做出自己的应有贡献。当前人权保护的国际化进程与国际人权规范的创制权仍然掌握在广大发达国家手中,但人权保护的国际化与规范化并非人权的西方化,国际人权标准与理念普及是国际社会各成员国所共同推动的产物。因此,未来国际社会所框定的人权保护理念需要有一种内在的全球情怀和

---

[1] David Vesel, "The Lonely Pragmatist: Humanitarian Intervention in an Imperfect World", *BYU Journal of Public Law*, 2003, Vol. 18, No. 1, pp. 1 – 58.

[2] Nicholas J. Wheeler, *The Humanitarian Responsibility of Sovereignty: Explaining the Development of a new Norm of Military Intervention for Humanitarian Purposes in International Society*, in Jennifer M. Welsh ed., *Humanitarian Intervention and International Relations*, Oxford University Press, 2004, pp. 29 – 51.

[3] Carsten Stahn, Responsibility to Protect, Political Rhetoric or Emerging Legal Norm? *American Journal of International Law*, Vol. 101, Issue. 1, 2007. p. 215.

鲜明的全球取向，尤其需要从发展中国家的视角出发，真正以保护地区冲突中平民的权利为根本目的。随着全球治理结构的变迁与新兴大国地位的日益提升，新兴发展中国家应该主导加强现有国际人权规范的建构，改变西方国家在人权保护理念方面的"价值偏见"，共同推动建构具有共识的国际人权规范。

二、机制培育

国际人权保护机制是实现人权共同标准、能真正实现国际社会对人权普遍尊重的重要载体。当今的国际人权保护体系是在联合国、地区、国家等多层次协调合作的基础上建立起来的。随着国际社会组织化程度的不断加深，人权的国际保护职能已经更多地从单纯的条约保护转移到各种机制框架内，而这恰恰是强化国际人权保护的制度性保障。在全球层面主要体现为全球一体化的人权机制和面向全球的人权关注，如联合国就是国际人权保护的主要力量和规范倡导者，其6个主要机构都具有人权保护方面的职能。在地区层面，区域性国际组织也可以充分发挥其优势，对地区国家的人权状况进行监督，并协助联合国在人权领域的相关活动，构建区域性的国际人权保护机制。如欧盟在构建统一的内部市场过程中的经济社会权利保障，美洲、非洲、东盟、阿拉伯国家在人权方面构建以及试图构建共同的人权规范。在国内层面，主权国家自身负有保护国内人民权利的主要责任。目前，以联合国为主导的国际人权保护机制已经逐步建立和完善，并在当今国际人权保护进程中发挥着重要作用。在新型全球治理体系下，国际社会必须强调人类共同命运和共同安全而实现人权治理机制的有效组合，通过促进人权保护立法与国际人权机制改革以增强对人权侵犯的问责，在全球和地区以及国内等多层次实现更为全面的人权机制网络，促进以联合国为主导的全球人权治理体系能力的提升。但无论全球和地区层面如何努力，最终都需要落实为国内层面的主权国家的保护，这是实现人权价值最为首要和关键的条件。

（一）联合国人权执行情况的机制

联合国作为当今世界最具普遍性、权威性和代表性的国际组织，是国际人权体制的创建者和领导力量，也是推动当今国际人权规范日益走向完善和规范程度日益增强的核心机构。其主要优势是设立全球人权议程、确立全球规范、集中全球民意，为国际人权保护提供一整套处理相互关系的原则、规范和程序。当前国际人权保护机制的完善与人权理念的变迁充分体现了新型全球治理体系下国际人权保护的时代要求和特征。联合国人权领域的机制改革与机制培育既是国际人权发展的需要，也是国际体系调整过程中应对新的议题领域的实践，联合国已成为其载体"转型"的一部分。[1] 近年来，随着人权保护观念的普及与国际人权规范的发展，一项涉及人类社会政治、经济等诸领域，规范了明确宗旨、原则、规范和决策程序的全球性人权体制已经基本确立起来，[2] 各主权国家对人权问题越来越重视，开始逐步签署、批准和接受"统一"和"普遍化"的国际人权条约。如果说冷战时期的联合国更多地依赖于两个超级大国的"默契"的话，那么冷战的结束则为联合国为主导的国际人权体系带来了更大的机遇，国际人权保护体系在联合国的主导下，通过拓展合法性、培育人权机制体制而实现了重大拓展与转型。

首先，在联合国人权框架下，需进一步提升人权事务在联合国各工作领域的地位，确立以联合国人权理事会为核心的国际人权保障机制，统筹协调联合国人权事务，统一联合国人权事务工作程序，加强人权事务实施机构建设，注重联合国在国际人权保护中的工作实效性。在联合国成立以后，鉴于国际社会尚无一个能够得到普遍承认的人权清单，联合国拟定《世界人权宣言》作为倡导各国努力实现的共同标准，并在此基础上进一步通过《公民权利与政治权利国际公约》和《经济、社会文化权利国际公约》，建立了一套要求国际社会共同保护的人权体系。当前，联合国系统

---

[1] 邱桂荣："联合国人权领域改革及其影响"，《现代国际关系》2007年第7期，第30页。
[2] 刘杰著：《国际人权体制——历史的逻辑与比较》，上海：上海社会科学院出版社，2000年版，第304页。

"保护的责任"与国际人权规范建构

已经形成由基本条约和议定书为规范基础、由各条约机构为组织基础、以审查报告为运作基础的全球性人权保障体系。尤其是自联合国人权高专办成立20年以来,一个强有力的国际人权法框架得到整合,其中2006年联合国人权理事会的设立为这一结构带来了力量和效力,特别是人权理事会的普遍定期审议,在各国平等的基础上全面覆盖世界各地的人权,对冲突国家的人权紧急状况做出反应。如在人权高专办的协助下召开特别会议和紧急辩论,设立国别任务、实况调查团和调查委员会,在机制上加强了国际社会及其组织机构对人权的关注。

《联合国宪章》已明确规定,人权应该成为联合国工作中的三大支柱内容之一,提升人权保护机构在联合国组织机构中的地位,提高人权工作目标的重要性,增强其组织协调能力。安全、发展和人权已成为当今联合国参与全球治理的三大支柱性工作内容,但自人权原则被联合国确立以来,与联合国对发展和安全的关注相比,人权议程一直未得到足够的重视。联合国处理人权事务的主要机构之一人权委员会仅是经济社会理事会的下属机构,其地位、工作职责与负责安全问题的联合国安理会和负责发展问题的联合国经社理事会的重要性相比较还相差得太远。为此,2006年,第60届联合国大会决定设立联合国人权理事会。人权理事会的成立,体现了国际社会对人权事务的关注度在增加,人权议题在联合国事务中的地位进一步提升。

其次,联合国应加强人权保护活动的组织机构建设,这是促进国际社会开展人权保护实践的组织保障。在联合国的庞大机构和广泛职权中,人权机构显得既庞杂又软弱,联合国大会、经社理事会、人权理事会和众多专门机构都与人权保护问题相关。如在经社理事会下设立了人权委员会、妇女地位委员会、防止歧视和保护少数小组委员会;既有专门的人权保护机构,又有特设的人权保护机构,还有各种人权条约的实施监督机构等。它们彼此职能交叉重叠,程序庞杂繁多,影响了联合国在处理人权问题中的效力。因此,必须大力强化联合国人权理事会对国际人权事务的统筹协调作用,明确各机构的工作职责,有组织地开展促进人权保护行动。其中,联合国人权理事会主要负责制定人权标准,召开有关国家侵犯人权的公开辩论,任命研究专题或国家状况特别报告员、特别代表、专家和工作组,至今已设立16项国家程序和20多个专题程序。各人权机构也需要定期向人权理事会提交工作报告,尤其是通过普遍定期审议来确保各国履行其责任。人权理事会还应加强与联合国其他机构的沟通协调,借助这些非人权机构的有效手段来推动国际人权保护事务。此外,联合国还成立了人权条约机构体系(UN Human Rights Treaty Body System),① 该体系通过审议相关国家定期报告、受理国家间指控、受理个人来文申诉、调查严重侵犯人权行为等各项程序,监督缔约国履行人权条约义务的情况。近年来,联合国人权高专纳瓦尼特姆·皮莱(Navanethen Pillay)呼吁国际社会启动一项针对联合国条约机构体系的"加强进程"(Strengthening Process),建立一个"高效、可持续的人权条约机构体系",② 就大规模或有系统地侵犯人权提供调查程序,与缔约国进行建设性对话,接受并讨论关于人权形势的国家报告。

最后,构建联合国—地区组织—主权国家三位一体的人权保护伙伴关系。由于受许多条件的限制,联合国在许多人权保护问题上往往显得力不从心,因此需要在联合国为主导的国际人权规范体系下加强对地区人权保护机制的培育,使区域性的人权机制发挥积极的合作、协助与补充作用。在国际人权保护中,主权国家具有首要的责任,而地区国际组织在解决人道主义危机与加强人权保护中也往往具有自身的优势,因此联合国需要通过加强与地区组织和主权国家的三方协调与合作,构建三位一体的人权保护伙伴体系。比如,在2008年缅甸发生的飓风灾害中,由于担心受到西方国家意识形态的渗透和干预,缅甸政府一开始拒绝接受任何西方国家的人道主义援助,但后来在联合国与东盟的合作协调下,缅甸政府接受了来自东盟一些国家的人道主义援助物资,并成立了联合国—东盟救灾合作机制,从而有效地增强了联合国在国际人权保护中的协调与组织能力。

---

① 截至目前,联合国体系下有10个人权条约机构负责监督核心国际人权条约:人权事务委员会、经济和文化权利委员会、消除种族歧视委员会、消除妇女歧视委员会、禁止酷刑委员会、防范酷刑委员会、儿童权利委员会、迁徙工人委员会、残疾人权利委员会、强迫失踪问题委员会。具体内容参见联合国人权事务高级专员办事处网站:http://www.ohchr.org/ch/HRBodies/Pages/HumanRightsBodies.aspx。

② 联合国人权事务高级专员报告,A/66/860(2012),2012年6月26日。见联合国文件系统:http://www.un.org/zh/documents/view_doc.asp?symbol=A/66/860。

"保护的责任"与国际人权规范建构

毋庸讳言,以联合国为主导的国际人权机制从未达到其预期的目标和期望,但它确实极大地促进了国际社会在人权保障领域的合作。[①] 近年来,国际政治经济形势的变化为联合国在新时期的存在提供了基础环境,也为联合国在国际人权保护中发挥建设性作用提出新的要求。随着人权议程的丰富,各个层面(全球、跨地区、超地区)的国际人权保护机制正在形成,联合国作为协调核心的能力必将得到进一步增强。联合国对人权保障的关注是全方位的,随着以联合国为主导的人权保护机制的完善,联合国在国际人权保护行动中的能力得以提升。但应当明确的是,当今国际社会主要由主权国家构成的基本事实没有改变,各国主权平等的国际法基本原则没有动摇。联合国人权保护机制的培育与建立,其根本目的在于通过外部监督、问责与提出建议来协助主权国家保障人权,促进国际人权保障合作。但以联合国为主导的国际人权机制的作用与效力的发挥也需要地区或主权国家的有效配合与协调,因此将主权国家与以联合国为主导的国际社会之间的关系拉回到对话与合作的轨道上来,是当前国际人权保护责任承担的现实需要。

(二) 构建区域性的国际人权保护机制

各地区有不同的历史背景、文化传统、社会制度和意识形态等,所以除联合国机构外,世界上大部分地区都产生了区域性的人权标准、人权保护机构和人权保护倡议,这对国际人权保护和国际人权规范建构也是一种推动和促进。[②] 地区国际组织的优势主要表现在反映地区特点、协调地区利益、推动地区合作,将人权的普遍性原则融入特殊的文化背景中,为本地区国家提供一系列整合资源、避免冲突、开展国际人权保障合作的机制和平台。近年来,随着地区热点问题的不断增多,各类区域性的国际人权保护机制的培育对于应对本区域范围内的人道主义危机具有重要作用。对于区域性国际人权保护机制而言,目前从区域层面来开展国际人权保护行

[①] Robert M. Crawford, *Regime Theory in the Post-Cold War World: Rethinking Neoliberal Approaches to International Relations*, Darmouth: Darmouth Publishing Company Limited, 1996, p. 3.

[②] Favid P. Forsythe, *Human Rights in International Relations*, Cambridge: Cambridge University Press, 2000, pp. 110 – 137.

动主要是在《联合国宪章》第八章的规范之下。《联合国宪章》第八章第53条第1款明文规定，安理会对于职权内之执行行动，在适当情形下，应利用此项区域办法或区域机关。人权保护经历了由国内保护到国际保护以及全球性保护和区域保护共同发展和相互促进的艰难历程。[①] 与此同时，在以联合国为主导的国际人权保护机制蓬勃发展的同时，区域性的国际人权保护机制也在逐步建立和完善。如今，世界各大洲地区都相应地建立了区域性的国际人权保护机制，许多国家在区域组织中为携手实现人权，颁布了区域宪章，建立了区域人权委员会和区域法院。因此，应适当考虑扩充执行主体的资格，重视区域组织的关键影响力，形成灵活有度、竞争与牵制并存态势，引导合作共赢、共同受益、逐步弱化大国主导的人权保护的发展形势。[②] 2009年联合国秘书长在《履行保护的责任》报告中就要求联合国安理会要充分考虑区域、次区域合作安排的重要性，并就人权保护的内容加强与区域、次区域组织间的合作，以便实现人权保护的普遍性和有效性。可以说，区域性人权保障机制的建构使国际人权保护机制更加完备化与具体化。在世界各区域范围内，由于区域内国家往往具有类似的政治、经济、文化和宗教背景，通过地区层面构建人权保护机制来实现国际人权的有效保护不仅具有可能性，而且具有现实性和必要性。目前，在欧洲、非洲与美洲等地区都构建了区域性的国际人权保护机制，只有亚洲尚未形成区域性的人权保护体制。总体来看，区域性的人权保护机制为促进人权保护和推进全球人权的发展做出重要贡献。[③]

到目前为止，欧洲人权保护机制在地区人权机制中发展得最为成熟和完善，形成一套以规范为基础、以司法体制为保障的泛欧洲框架。第二次世界大战给世界人民尤其是欧洲人民带来了深重灾难，成为欧洲区域性人权保护机制产生的内在条件。早在1950年，《欧洲保护人权和基本自由公

---

① 贺鉴："人权及其国际保护与区域性保护"，《贵州师范大学学报》2005年第1期，第3页。

② Alex Bellamy and Paul Williams, "Who's Keeping the Peace: Regionalization and Contemporary Peace Operations," *International Security*, Vol. 29, No. 4, 2005, pp. 157–195.

③ 朱陆民："区域性人权保护对国际人权保护的贡献"，《湘潭大学学报》2004年第4期，第51页。

"保护的责任"与国际人权规范建构

约》以及相继出台的一系列议定书就对欧洲人权体制的宗旨、原则和基本规范、组织形式、国家构成以及成员国享受的权利和承担的义务做了较为全面的规定,体现了欧洲作为人权观念的发源地在战后对人权以及国际人权保护的新理解。[1] 1959 年,欧洲人权法院得以成立,主要负责就与《欧洲保护人权和基本自由公约》和议定书有关的法律问题发表咨询意见。1987 年,《欧洲防止酷刑和不人道或有辱人格的待遇或处罚公约》颁布,成立了包括独立专家委员会、政府委员会和部长委员会等有效的人权监督体系。毫无疑问,欧洲人权保护机制的建立为世界其他地区人权机制的建立提供了范例。

而稍后于欧洲正式建立区域人权体制的是美洲,美洲人权机制与联合国条约机制和非条约机制并存。1969 年,美洲 12 个国家在哥斯达黎加的圣约瑟城签署《美洲人权公约》,取代了 1948 年通过的《美洲人权利和义务宣言》,并成立了美洲国家间人权委员会(Inter-American Commission Human Rights)区域性人权机构,正式建立了美洲的区域人权机制。此外,为了便于公约的规定得到实施,美洲还相继于 1959 年和 1979 年成立了《泛美人权委员会》和《泛美人权法院》等人权执行机构和机制,通过了《泛美被迫失踪公约》(1994 年)和《泛美防止和惩治酷刑公约》(1985 年)等人权文书。[2] 作为地区人权保障体系的重要组成部分,《美洲人权公约》签署 40 多年来,在推动该区域国家遵守人权原则,对侵犯人权行为进行追究等方面起了重要规范作用。

在非洲非殖民化的进程中,1963 年 5 月 25 日,31 个非洲国家在埃塞俄比亚首都亚的斯亚贝巴举行的会议上通过了《非洲统一组织宪章》。1979 年 7 月,非洲统一组织的非洲国家首脑最高级会议通过了一项决议,呼吁非洲统一组织的秘书长尽快召开一次由有声望的专家组成的限制性会议,以起草非洲人权宪章初步草案,同时特别致力于设立相关机构以促进和保障人权。经过近两年时间的酝酿,1981 年 6 月 28 日,在非洲统一组

---

[1] 刘杰著:《国际人权体制——历史的逻辑与比较》,上海:上海社会科学院出版社,2000 年版,第 231 页。

[2] The United Nations Development Programme, *Human Development Report 2000: Human Rights and Human Development*, http://hdr.undp.org/en/200-report.

织的主持下,在肯尼亚首都内罗毕通过了《非洲人权和民族权的宪章》(African Charter on Human and National Rights)。该宪章涉及公民权利和政治、经济、社会和文化权利,规定了个人的义务,并于1986年10月21日生效。目前,所有非统组织的53个成员国都是该宪章的缔约国,这是发展中国家通过的第一个区域性国际人权文书。根据该宪章第30条,为确保人权和民族权在非洲地区受到保护,特别在非统组织内部专门设立了非洲人权委员会(African Commission on Human and People's Rights)。尽管该委员会在成立之后采取了一些积极措施,包括引入个人申诉机制,但是根据这种机制做出的决定并没有约束力,而且几乎没有引起该宪章缔约国的太多重视。在此背景下,为突破该机制的缺陷,提高非洲人权委员会的工作效率,非洲国家考虑设立一个非洲人权法院(African Court of Human Rights)(1998年),并在此基础上构建了具有非洲特色、适应非洲政治经济现实和历史文化传统的区域性人权保护机制。这无疑是非洲国家在人权保护方面迈出的重要一步,对于促进非洲国家民族问题的解决、社会的稳定与发展以及推动区域人权与民族权保护机制的发展均有重要现实意义。

此外,1994年阿拉伯联盟通过了《阿拉伯人权宪章》(Arab Charter on Human Rights),并于2008年3月正式生效,阿拉伯人权制度由此正式建立起来。该宪章规定由阿拉伯人权专家委员会对缔约国提交的报告进行研究,并就这些报告的情况向阿拉伯联盟常设人权委员会提交报告。目前只有亚洲地区尚未形成区域性人权保护机制,主要是亚洲国家之间在政治、经济、文化方面的巨大差异造成的。但世界人权会议亚洲区域筹备会议于1993年通过的《曼谷宣言》,提出在亚洲设立关于促进和保护人权的区域安排的必要性。随着东盟共同体建设的逐步推进,东盟开始倡导对地区人权的保护工作,并采取了诸多区域合作措施:2008年,东盟成立移民个人权利监督委员会,制定和促进移民工人权利的具体措施;2010年,东盟成立东盟妇幼促进与保护委员会,推动环境、劳工、卫生和教育等领域的性别平等;随后东盟成立了政府间人权委员会,负责起草《东盟人权宣言》(ASEAN Human Rights Declaration)。2012年11月19日,第二十一届东盟领导人会议审议通过了《东盟人权宣言》,这无疑是东南亚地区第一份综合性的、具有里程碑意义的人权文件,向国际社会宣示了东盟各国共同的人权观和价值观。该《宣言》虽然仅仅是一份不具有法律约束力的人权文件，但它构成东盟区域人权保护的新起点，为现有的国际人权框架增添了新元素，对亚洲地区人权机制建设具有重要的先导意义。

综上，国际社会在联合国的支持下已经制定了几乎为世界各国所认同和接受的有关人权保护的宗旨、原则和规则，并成立了以人权理事会为代表的大量全球性的人权机构，以履行在世界各地保障人权的职责。尽管参与和表示接受全球人权机制的国家越来越多，各国也普遍表示构建具有共识的国际人权规范，以国际社会的共同力量来应对越来越多、越来越严重的全球性人权问题是有助于人类的发展和进步的，但是基于国际地位、力量强弱、战略目标的不同，一些西方国家往往用自己的观念和主张主导这一机制，使对别国的干预合法化，许多全球性文件和人权规制强调的国际共同的责任与行动在具体的操作中很难有明确的标准来界定，这种模糊性往往被大国利用，以借人权保护之名而行干涉之实。

三、能力建设

当前，国际人权保护已建立以联合国为主导的国际人权保障体系，但其最大的缺陷在于该体系的"能力赤字"与执行措施的乏力。从现实来看，国际社会并不缺乏人权保护方面的法律及形形色色的理论，但最为重要的是如何落实这些法律和规范。为从根本上解决造成人道主义危机的原因，必须加强联合国自身的能力建设，改变人权保护集体行动困境对人权保护效果的影响，从根源上改善冲突国国内人权状况。因此有必要增强其国家自主能力建设，加强联合国与国际社会的伙伴关系建设，使人权保护的责任从国家延伸至地区甚至全球层面。

（一）主权国家能力建设

对人权的保护主要是通过国内途径来实现，国际人权保护的措施主要是通过主权国家来执行的。主权国家对国内人权的保护有利于改善本国人权状况，会更好地促进人权价值的实现。从根本上来说，一个国家的人权状况主要取决于该国的政治、经济和文化状况以及政府和人民维护人权的意志。①任何主权国家政府只有通过推动经济发展与提高国内善治能力，才能从根本上保障其国民的经济、社会、文化权利，因此主权国家自身的能力建设至关重要。当今地区冲突中人道主义危机的恶化大多由目标国国内经济贫困、社会不公、种族纠纷、宗教矛盾等国内治理不善而引发混乱，软弱无能的国家或"失败国家"已成为当今世界许多冲突问题的根源。②国际社会需要协助主权国家从根源上消除产生冲突的诱因，增强其国家自主能力建设，而不是更多地把注意力放在对发展中国家人权状况的批评上。在发生或确有发生人道主义灾难的情势下，只有包括在调停、斡旋、制裁等所有非军事手段都被证明是无效的情况下，才能考虑通过联合国安理会讨论授权进行强制性干预行动。

在国际人权保护中，主权国家的预防的责任最为重要。国内层面各种保障措施、国内冲突的缓解、社会秩序的保障、包容性文化的培育等问题，都需要当事国政府的积极行动及其协调配合，其后才能考虑国际社会与大国所提供的支持鼓励的补充性或辅助性的责任（Residual Responsibility）。③主权国家人权状况的改善，更大意义上是主权国家国内社会发展进步的结果。贫困、被剥夺、法制缺位、社会不公、国家治理能力低下、政府缺乏足够资源提升其国家治理能力等结构性原因，实际上已成为一国动乱、种族冲突、民族分裂以及政治极端主义蔓延的重要原因，并在很大程度上决定了人权保护效果的不可持续性。为此，国际社会需要通过各种经济、技术方面的人道主义援助，加强主权国家自身的能力建设，改善其生存境遇。相反，直接的经济制裁、动辄诉诸军事干预行动、简单推行其政权更替，或者是仅仅停留于操作化、应急性的预防性努力，都很难真正提升目标国政府的善治能力，也无法真正扭转其国内人权状况恶化的困境。

其次，主权国家需要通过在内部宪法上确认人权，建立国家人权机构

---

① 刘杰著：《人权与国家主权》，上海：上海人民出版社，2004年版，第8页。
② Francis Fukuyama, The Imperative of State-Building, *Journal of Democracy*, Vol. 15, No. 2, 2004, pp. 17 – 31.
③ William Bain, "Responsibility and Obligation in the Responsibility to Protect," *Review of International Studies*, Vol. 36, No. 1, 2010, pp. 25 – 46.

或相应设立人权监察员办公室、反歧视专员等机构或职位。通过批准人权条约，各国承诺就如何确保条约中所确认权利与责任在其国内得以实现的情况提交相关报告，使国内法与国际人权标准和承诺相一致，着力发展有利于国内人权实现的经济环境。

（二）联合国能力建设

在冷战后的国际人权保护实践中，联合国抓住了冷战后国际社会关于人权保护共识带来的机遇，极大地拓展了自身的人权保护行动能力和权威范畴，其在国际人权领域的贡献有目共睹。但不可否认，联合国依然在许多安全问题上无能为力、在诸多人权问题上吃力不讨好。[①] 一个重要原因就在于，联合国系统机构十分庞大而自身能力先天不足，在地区冲突的人权保护实践中经常面临着"能力赤字"与规范缺失问题。因此，为摆脱其自身能力上的先天不足，组织协调集体行动，联合国需要加强与大国以外的地区组织以及新兴发展中国家的伙伴关系建设，提高联合国机构的行政效率和执行能力，加强联合国与主权国家以及非国家行为体的协调和沟通能力，改进联合国系统的管理和监督能力，从而全面提升联合国在国际人权保护方面的综合治理能力。

首先，需要加强联合国人权保护的伙伴关系建设，重视新兴大国、地区国际组织与非政府组织在国际人权保护中的作用。由于联合国介入地区问题中的能力赤字，在发挥联合国主导作用的同时，地区范围内的新兴大国和地区国际组织的多边合作在预防和解决地区冲突中的作用不能忽视。区域和次区域安排在地区人权保护中起着重要的作用，[②] 区域组织、次区域组织和联合国安理会之间应该加强合作，形成伙伴关系网，包括在联合国系统下如何更好地采集和分享信息、做出政治选择并进行早期预警、冲突预防以及在制裁和惩罚措施方面给予相互协调等。

其次，推动联合国在人权领域的改革进程，提升联合国机构的效力与

---

① 张贵洪：《联合国面临的主要挑战和发展方向》，中国联合国协会编：《中国的联合国外交》，北京：世界知识出版社，2009年版，第58页。

② A/65/877，S/2011/393，秘书长关于"区域和次区域安排对履行保护的责任的作用"报告，2011年6月27日。http：//www.un.org/zh/documents/view_doc.asp?symbol=A/65/877。

组织协调能力。联合国在人权领域的作用已经开始从促进发展到具体行动阶段。在2005年联合国进行的改革进程中,提出撤销原来设于经社理事会之下的人权委员会(Cmmission on Human Rights),建立了人权理事会(Human Rights Council)。以人权理事会取代人权委员会成为国际人权领域中最重要的一次机制性变革。人权理事会最主要的职能是负责对联合国所有成员国做出阶段性人权状况回顾报告,所有理事会成员都必须接受定期普遍审查机制的审查。近年来,作为主要人权机制的联合国人权委员会未能摆脱冷战思维的阴影,长期受两极对抗困扰,选择性和双重性标准盛行,信誉严重受损。[①] 人权理事会以"专题程序"来讨论世界范围内广泛存在的严重侵犯人权问题,通过设置特别报告员或者工作组等机构和程序来监督主权国家对国际人权规范的遵守情况;通过派遣世界各国、各地的真相委员会来调查侵犯人权事件。

最后,规范重组与集体强制能力。联合国的人权条约需从"纸面规范"到装上"牙齿",从人权促进到人权保护的行动。由于过去联合国所通过的关于国际人权保护的宣言、条约、文书等多数都不具有国际法的强制约束力,在当前无政府的国际社会里,这些人权条约很难在现实的国际政治中发挥其效力。比如2005年世界首脑会议所达成的"保护的责任"共识,虽然得到150多个国家政府首脑的认可与支持,但由于这只是一份宣言式的成果文件,不具有国际法约束力,"保护的责任"在具体的落实时往往面临着诸多困境。因此,未来联合国需要针对国际人权保护的不同议题,制定一些真正具有国际法约束力的人权条约或文件,使其从纸面规范到装上"牙齿",这样才能真正促使联合国在未来的国际人权保护中发挥建设性作用。在联合国集体强制能力方面,联合国安理会的人权保护行动能力不只是维持和平,还应包括从冲突预防到冲突后的和平重建,使得联合国体系的集体强制能力有了重大发展,更是通过提升与人权保护相关的规范地位,重构主权规范与人权规范的良性互动关系。

长期以来,在国际人权领域,西方国家一直占据着主导地位,联合国人权机制一直未能摆脱西方大国思维的阴影,在西方大国的操纵下,人权

---

① 杨洁篪:"和谐合作——开创国际人权事业新局面",《人民日报》2006年6月21日。

"保护的责任"与国际人权规范建构

保护的选择性和双重标准颇为盛行,不仅使联合国的权威与形象受损,也影响了其在国际人权保护中的效力。虽然当前国际人权保护的理念已经不断深入人心,但国际人权保护的现状还远未达到理想状态。国际社会是一个处于无政府状态的国际社会,同时也是一个以民族国家组成起来的国际社会,因此在这种无政府状态体系下,国际人权保护的责任还处于一种公共产品缺失和碎片化的状态。应当明确,国家作为国际社会的主要行为体,其在国际人权保护中必须承担首要的责任,以联合国为主导的人权保护体系的建立,其目的在于通过外部监督与问责来促进和保障人权。联合国人权保护体系的作用与效力的发挥需要得到主权国家的积极支持与配合,而主权国家保护人权的水平和能力又将决定人权的实现程度。为了实现国际人权保护的具体目标,未来的国际人权保护需要将主权国家与联合国人权保护机制之间的关系回归到对话与合作的轨道上来。在人权保护理念层面推动国际社会共有理念知识的达成,在全球和地区层面培育国际人权保护机制,并着重增强主权国家自身能力建设,这样才能真正构建具有共识的国际人权规范,促进人权的最终实现。

第三节 国际人权规范发展的动力与趋势

在当今国际社会,尊重和保障人权已经成为人类文明的主流核心价值规范。随着全球化的深入发展,国际人权保护理念正在经历新的阐述和变迁,国际人权规范要被更多的人民所接受,就必须将人权创设成与文明相融(Inter-Civilization)的规范。[①] 虽然"保护的责任"等理念在一定程度上得到国际社会的广泛关注与认可,但需要注意的是,国际社会后来对"保护的责任"的认定和ICISS报告的内涵界定有着很大的差别。"保护的责任"的范围被严格界定为"保护人民免遭灭绝种族、战争罪、族裔清洗和危害人类罪之害的责任",这四种罪行其实是国际法早已明确禁止的大

---

① [日]大沼保昭著,王志安译:《人权、国家与文明》,北京:生活·读书·新知三联书店,2014年版,第3页。

规模侵犯人权的行为。2005年《世界首脑会议成果文件》没有采纳ICISS绕过安理会的建议，否定了联合国安理会之外的强制性干预措施。这一切都说明了国际社会不同国家对待人权保护新理念的态度正在不断发生变化，这种变化是理念传播与扩散进程中不同理解及接受状况反馈的结果。实际上，2005年世界首脑会议关于"保护的责任"的限定反映的是国际社会多方讨论和妥协的结果。随着"保护的责任"在人权保护实践中的具体运用，国际社会也针对"保护的责任"存在的缺陷进行了修正、完善与补充，并出现了一些新的竞争性的理念，其主要目的是担忧"保护的责任"被滥用的问题，将争论的焦点转向"保护的责任"规范的具体执行，对完善当前的国际人权规范具有重要的积极意义。

一、规范竞争与国际人权规范的发展

国际人权规范的发展进程本身就是国际社会存在分歧、需要寻找共识的过程。首先，在抽象层面，分歧来源于不同价值理念与规范竞争的交锋。国际社会的价值规范是由一系列观念与命题相关联而成的复杂系统，它们之间或兼容、或冲突、或兼容与冲突并存。某种理念与规范要想在国际社会中获得合法性，就必须与其他规范展开竞争。[1] 国际规范往往是在与国际社会中其他国家的辩论中得以达成共识、固化并最终定型的，这种变化绝不是某种物质性的利益和强制性的权力所能做到的，而是各种理念交锋与妥协的结果。在此背景下，国际社会通过较长时间的理念竞争与互动，从而在人权保护方面形成更多的"重叠共识"（Overlapping Consensus），那些共识将成为新的国际人权规范体系的重要组成部分。[2]

随着全球权力的转移与治理结构的变迁，新兴发展中国家在全球治理规范制定中的话语权日益提升，如何在规范的差异中寻求共识，就成为国

---

[1] Ann Florni, "The Evolution of International Norms", *International Studies Quarterly*, Vol. 40, No. 3, 1996, pp. 363–390.

[2] ［美］玛莎·芬尼莫尔、凯瑟琳·斯金克："国际规范的动力与政治变革"，［美］彼得·卡赞斯坦、罗伯特·基欧汉、斯蒂芬·卡拉斯纳编，秦亚青等译：《世界政治理论的探索与争鸣》，上海：上海人民出版社，2006年版，第301页。

"保护的责任"与国际人权规范建构

际秩序在稳定中前进的核心问题。基于此,新兴发展中国家在国际人权规范的发展取向上与发达国家展开了激烈的竞争与博弈,并且主动提出各种替代性的解释和主张。"保护的责任"作为西方国家主导的人权保护理念,主要代表了西方国家的人权观与规范诉求,在一定程度上忽略了广大发展中国家的利益、身份考虑与规范诉求,其发展必然会对发展中国家的人权观和规范诉求造成重大冲击。相反,基于自身国家利益、认同以及规范立场,发展中国家行为体往往会通过自身国家的人权话语实践来影响当前人权规范的内涵及其传播的方向与进程,对现行的国际人权规范进行符合自身利益的改造与修正,甚至可能提出各自不同有时甚至是彼此竞争的新理念。

在"保护的责任"规范演进的过程中,发展中国家对其内涵发展与适用性一直保持谨慎态度,始终强调需要在联合国多边框架下来落实"保护的责任",对西方大国的"干预热情"与政权更迭行为进行了严厉批评与质疑。与此同时,相关国家还从自己的国家立场出发提出一些新理念来修正和补充"保护的责任"规范,努力影响该理念朝着有利于自身国家利益的方向发展,防止"保护的责任"被滥用。

二、"保护中的责任"和"负责任的保护"

虽然绝大多数国家同意将"保护的责任"理念应用于减轻人道主义灾难的人权保护实践中,但各国对"保护的责任"理念的内涵、适用范围、如何实施等重要问题还存在着很大分歧和实践期待上的差异。在"保护的责任"日渐成为有关人权保护的主流话语后,国际社会的争论越来越多地转移到其范围界限和具体的人权保护实践问题上。其中争论的核心显然是"保护的责任"有关强制性的军事干预问题。尤其是 2011 年北约多国部队对利比亚的军事干预行动偏离了"保护的责任"的轨道,大大超越了联合国安理会的授权范围,造成大量无辜平民的伤亡。这种对"保护的责任"理念的肆意延伸与滥用,推行其自身战略布局的意图引发了国际社会的巨大争议。阿拉伯联盟秘书长阿穆尔·穆萨(Amr Moussa)批评"利比亚所发生的一切,与设置禁飞区的目的背道而驰,我们的初衷是为了保护平民，而非轰炸更多的平民"。①

原本对"保护的责任"心存疑虑的国家，此时也对"保护的责任"的落实提出自己的理解与阐释，加大了参与人权规范竞争的力度，试图引导"保护的责任"向更加平衡有序的方向发展。面对西方国家在相关问题上的话语强势，这些国家采取了一系列策略构建自己的新框架和新理念。除强调"保护的责任"是一个综合性的概念，预防与重建的责任应受到重视外，它们将关注的重点集中在"保护的责任"的实施方式上，将焦点转移到武力干预被滥用的问题。针对利比亚危机中北约滥用"保护的责任"的质疑，凸显了原有框架在执行机制上的缺陷，唤起了对于"保护的责任"与武力干预无节制关联的警惕。于是，随着关注焦点的转移，相关替代性的人权保护理念被提出。这些新的理念以如何使"保护行为"有序化和负责任为中心，使"保护的责任"的内涵更加清晰化，成为其有益的补充。

这种替代性理念的典型是巴西总统迪尔马·罗塞夫（Dilma Rouseff）在第66届联合国大会上首次提出的"保护中的责任"（Responsibility While Protecting，RWP）。她认为，关于"保护的责任"（R2P），国际社会已经讨论得很多，但对"保护过程中的责任"（RWP）却鲜有提及，国际社会的干预行动必须依赖于安理会的决议，干预行动只有具有了合法性，才能在人权保护实践中起到相称的作用。② 同年11月，巴西常驻联合国代表又致信联合国秘书长潘基文要求讨论这一问题，信件所附的概念文件阐述了巴西对于"保护中的责任"的设想。文件强调，即便基于正义性、合法性与正当性等理由，军事行动也会导致重大人员伤亡和物质损失。文件提出多项具体措施，强调任何武力的使用必须限制在符合法治、操作和临时性的框架之内。军事行动的范围必须遵循安理会或联合国大会所确定的文件

---

① 张贵洪主编：《联合国发展报告2012》，北京：时事出版社，2013年版，第150页。

② "Statement by H. E. Dilma Rousseff, President of the Frderative Republic of Brazil at the Openning of the General Debate of the 66th session of the United Nations General Assembly, New York, 21 September 2011. http：//www.gadebate.un.org/sites/default/files/gastatements/66/BR_EN_0.pdf. Thorsten Benner, "Brazil as a Norm Entrepreneur: The 'Responsibility While Protecting' Initiative", *Global Public Policy Institute Working Paper*, 2013, pp.1-11. A/66/PV.11, 联合国大会第66届会议正式记录，2011年9月21日，http：//www.un.org/zh/documents/view_doc.asp?symbol=A/66/PV.11。

"保护的责任"与国际人权规范建构

精神。武力的使用必须是深思熟虑、适度的,并限制在安理会规定的目标之内;必须强化安理会的程序,以便监测、评估诠释和执行决议的方式,从而确保在"保护中的责任"中展现责任感等。[①] 2012 年 2 月 21 日,巴西外长安东尼·帕特里奥塔(Antonio Patriota)和联合国秘书长"保护的责任"问题特别顾问爱德华·勒克(Edward Luck)共同主持了巴西常驻联合国代表团举行的非正式研讨会,讨论"保护中的责任",在国际社会产生了重要影响。[②] 巴西代表认为,"保护中的责任"这一概念的提出,旨在配合"保护的责任"发挥作用,为使 2005 年提出的"保护的责任"概念获得更广泛的支持。[③] 其强调在使用武力保护平民之前,穷尽和平手段解决冲突的必要性。

"保护中的责任"提出后得到发展中国家的积极呼吁与热烈响应,时任中国常驻联合国代表李保东大使在发言中就认为,"中国欢迎并愿意仔细研究巴西提出的'保护过程中的责任'概念;而俄罗斯也宣称:"巴西提出的'保护中的责任'构想值得关注,我们将建设性地参与发展这一设想"。[④] 联合国秘书长潘基文也在联大会议发言中认为"保护中的责任"是"一个受欢迎的倡议",[⑤] 目的在于敦促国际社会在履行"保护的责任"过程中,需要考虑适当比例原则以及最终诉诸武力原则,并充分权衡目标的达成及其造成的后果,包括意图之外的后果。"保护中的责任"并非呼吁抛弃"保护的责任"概念,而是期望将两个概念加以结合,以确保国际社会不但具有"保护的责任",而且在保护过程中也

[①] A/66/551-S/2011/701,2011 年 11 月 9 日巴西常驻联合国代表给秘书长的信的附件:"保护中的责任:制定和推广一个概念的各项要素",http://www.un.int/brazil/speech/Concept-Paper-%20RwP.pdf。

[②] United Nations Informal Discussion on "Responsibility While Protecting", International Coalition for the Responsibility to Protect, February 21, 2012.

[③] [加拿大]乔安娜·哈林顿,韩蕾、王洪如、侯家琳译:"保护过程中的责任及其对保护责任的影响",陈泽宪主编:《国际法研究》(第八卷),北京:社会科学文献出版社,2013 年版,第 81 页。

[④] S/PV.6650,2011 年 11 月 9 日联合国安理会第 6650 次会议关于"武装冲突中保护平民"的辩论会发言,临时逐字记录。http://www.un.org/zh/documents/view_doc.asp?symbol=S/PV.6650。

[⑤] United Nations General Assembly, Informal Interactive Diague of General Assembly, September 5th, 2012, http://www.globalr2p.org/resources/366.

体现出责任感。

在利比亚危机发生以后,针对西方国家在利比亚干预行动中滥用"保护的责任"理念的行为,中国学者阮宗泽也提出"负责任的保护"(Responsible Protection, RP)理念,反思了西方国家在利比亚军事干预行动中"保护人权"的欺骗性与选择性,并对"保护的责任"的主体、手段、目标、事后问责机制进行了明确的阐释。从这些新理念的出台背景里可以看出,国际社会并非反对"保护的责任"理念发展本身,而是反对该理念在国际人权保护的实践中被西方大国滥用的具体行为,无疑是对"保护的责任"的修正、补充与纠偏。

从当今国际人权规范的最新发展趋势来看,特别是随着发展中国家在全球治理中地位的提升,它们限制人道主义干预和塑造国际人权规范的努力主要是针对"如何进行人权保护"的问题,意在推动国际社会采取一系列标准,监督西方国家对"保护的责任"规范的滥用行为。从发展中国家的视角来看,"保护中的责任"与"负责任的保护"的提出都不是为了寻求对"保护的责任"规范的替代,而是试图对"保护的责任"的内涵、实施机制进行完善、补充与修正。正如联合国秘书长潘基文在关于"保护的责任"的辩论中的发言所说:"当前并不是讨论需不需要'保护的责任'的时候,而是讨论应该如何去落实和完善'保护的责任'的时候了。"[1] 随着国际权力结构的变迁与新兴发展中国家在全球治理中地位的提升,以中国、印度、巴西、俄罗斯和南非为代表的发展中国家在全球治理中的地位大幅提升,其对国际人权保护的立场与对待"保护的责任"的态度将影响"保护的责任"未来的发展方向。因此,"保护的责任"理念只有得到更多发展中国家的支持与认可,才能真正促进国际社会在国际人权保护方面的规范共识建构。

---

[1] Aidan Hehir, "The Responsibility to Protect: Sound and Fury Signifying Nothing," *International Relations*, Vol. 24, No. 2, 2010, pp. 218–239.

"保护的责任"与国际人权规范建构

第四节 小结

毋庸讳言，以联合国为主导的国际人权体系是当代国际人权保障的核心，也是未来国际人权规范建构的推动力量。全球化进程的深入发展客观上有利于人权议题在国际关系中得到关注与重视，也有利于联合国人权保护效率的进一步提高，突出了联合国在国际人权事务中的核心地位，扩大了联合国在国际人权保护和人权规范建构中的权威性，推动了全球范围内保障人权活动的深入发展。虽然当前国际人权保护的理念已经深入人心，但国际人权保护的现状还远未达到理想化状态。在当今国际无政府状态体系下，人权保护的责任仍然处于一种公共产品缺失和碎片化状态。为了实现国际人权保护的具体目标，国际人权保护必须在多个层面展开，在全球、地区以及国家层面共同推动具有共识的国际人权规范建构。

首先，主权国家自身在保护人权过程中必须担当"元治理"的角色和职责。主权国家需要通过加强自身的能力建设，对内承担保护本国公民的首要责任，对外负有通过联合国对其行为接受国际社会监督与问责的责任。

其次，联合国层面是最具普遍意义的国际人权合作，增强对国际人权保护的机制培育，加强联合国伙伴关系建设，是提升联合国人权治理的重要途径。但由于联合国在介入地区问题时的"能力赤字"与规范缺失，其在具体的人权保护实践行动中仍然存在"合法性"与"有效性"之间的剪刀差，尤其是西方国家大力倡导人权保护中的武力干预行为已经对联合国为主导的人权机制的权威与有效性造成极大危害。因此，在联合国体系下加强主权国家自身能力的建设，是推动未来国际人权保护走上健康发展轨道的主要路径。

今天的联合国尽管在国际人权保护进程中还存在多种争议和问题，但并不妨碍联合国在未来的国际人权领域为世界做出更多贡献。在新形势下，促进和保护人权是世界各国人民的共同目标。国际社会促进和保护人权必须以《联合国宪章》的宗旨和原则为基础，完善和落实联合国体系主导下的国际人权保护条约与规范，切实坚守不干涉内政原则，防止西方国家在人权保护问题上搞政治化和双重标准，尽量通过对话、合作等和平的方式解决人道主义危机问题。总之，国际人权规范的变迁与发展是新时期人类社会进步的新坐标，必须善待它。破除对国际人权的恐惧感，理性地审视和认同当今国际人权规范的发展，并着力完善、建构一个具有国际共识的人权规范体系，从而推动这一体系的形成和发展，是中国和国际社会各成员国的共同责任和使命。

"保护的责任"与国际人权规范建构

结束语

　　人权保护的国际化与国际人权规范的发展是当今国际政治发展进程中最为重要的进步之一，也是联合国成立70多年来推动世界和平与发展所取得的重大成果。当今的国际人权保护问题是一个非常复杂的综合性问题，一个国家的国内人权状况有赖于该国的综合发展程度，主权国家在人权保护中应该承担首要的责任，以联合国为主导的国际社会在国际人权保护中承担协助性和辅助性的责任。本书通过对国际人权保护的责任和人权规范的演变与实践进程的梳理，大胆地就国际人权保护规范的形成与建构做了深入的开放式探讨。国际社会应该推动国际人权保护更加合理、规范和有效，以使得国际人权保护这一国际社会的客观事实向国际化、规范化和法制化的方向发展，从而真正更加有效地保障全人类共同的利益、价值和生命，维护世界和地区的和平。

　　作为当今国际社会中一项极其重要的规范与实践范畴，国际人权保护的责任与人权规范经历着时代的变迁与发展。尤其是在现代国际社会的复杂环境和条件下，国家主权和人权保护责任的内涵都已发生了新的变化，并随着时代的发展被赋予了新的内涵。在新型全球治理体系下，主权国家和国际社会如何建设性地对待地区冲突中的人权保护更是充满了争议和不确定性。作者认为，保护人权是主权国家和国际社会共同的责任。人道主义干预的初衷本来是为了避免人道主义危机的发生而采取的保护手段，但由于西方国家所主导的人道主义干预过度强调"干预者的权利"，而忽视了当事国在国际人权保护中的首要责任，因此在具体的人权保护实践中，人道主义干预无法避免其存在的固有缺陷，即干预者本身出于自身国家利益的需求，而不是出于真正保护他国人权的正义理念，更多的是大国打着"人道主义干预"的旗号来实施侵略行为，使国际人权保护出现了扭曲和异化趋势。进入21世纪以来，国际社会大规模侵犯人权的人道主义危机仍然频繁发生，一面是国家主权的不容侵犯，另一面却是大量无辜平民的伤亡。在这种情境下，国际社会提出新的人权保护理念，即"保护的责任"，"保护的责任的精髓和要义在于将国际社会关注的焦点从"干预者的权利"转向对平民"保护的责任"，赋予主权国家以"负责任的主权"的新内涵。主权一方面是国家所拥有和行使的正当权利；另一方面也是国家对内、对国际社会所承担和履行的重大责任。在这种背景下，"保护的责任"作为一种新的人权保护理念便应运而生，并在短时间内取代人道主义干预而成为国际人权保护的重要外交语言，大大推动了国际人权保护的法制化与规范化进程。

"保护的责任"为未来的国际人权保护提供了一条规范路径，其逐渐规范化的趋势充分反映了全球治理背景下国际人权保护理念正在经历新的阐释与变迁。但是，目前的"保护的责任"还只是一种理念或主张，尚未发展成具有约束力的国际法规范，因此在操作层面还经常面临着被西方国家滥用的倾向。作为一种规范路径，"保护的责任"承担着对系统性和大规模侵犯人权行为的回应，但这种回应不能简单地依赖武力干预等措施，而是应该建立在《联合国宪章》所确立的基本原则的基础上，从人权状况改善的根源出发，增强主权国家自身的能力建设，在全球和区域层面培育新的国际人权机制，加强以联合国为主导的人权保障的伙伴关系建设，强化主权国家与国际社会的合作与协调，在正义与秩序之间寻找到平衡点，这样才能真正构建国际社会共同认可的国际人权规范。

当今国际人权保护的发展，是一个不断制度化、规范化和法制化的过程，在这个过程中，国际规范的作用越来越重要，并逐步显示出其独立性的价值。在当今新型全球治理体系下，随着全球问题的日益凸显和安全内涵的拓展，如何确定联合国在国际人权保护中的地位、作用与未来，是国际社会面临的重要课题之一。国际人权保护的责任化与规范化将成为一种必然趋势，针对成果与挑战并存的国际人权保护状况，国际社会正在重新审视全球化背景下的主权和人权的关系，逐步完善以联合国为主导的国际

"保护的责任"与国际人权规范建构

人权保障机制,推动国际人权标准从规范走向现实与实践。

在全球化深入发展的"跨国威胁"时代,国际社会的和平、安全与发展均离不开世界各国人权的广泛实现与发展,任何一个国家和地区都很难对其他国家和地区发生的震撼人类良知的"系统性、大规模、有组织的人权侵犯行为"和人道主义灾难置若罔闻,尊重和保护人权已然成为全世界各国政府和人民的普遍性共识,并成为当今国际关系和全球治理进程中的核心议题之一。国际人权保护的实现作为世界各国政府和人民的共同目标,需要各主权国家、国际社会(包括国际组织、国际非政府组织)的共同努力。其中主权国家自身作为国际人权义务的主体,在尊重、保障、促进和实现人权方面发挥着主导作用;国际社会对各国人权状况的关注、监督对于改善各国的人权状况起到重要的促进作用,但国际社会的援助与责任只是协助性和补充性的责任。

国际人权规范的内涵发展对于国际社会中不同的国家往往有着不同的意义。对于国际人权规范的具体内涵,当今国际社会还存在着诸多争议。在当今新型全球治理体系下,在国际社会对"人的安全"的保障以及对和平与发展不懈追求的今日,地区冲突中导致的"大规模、系统性和有组织的"的侵犯人权事件和人道主义危机与国际社会的发展进步显得格格不入,任何国家都很难无视其他国家发生的血腥屠杀或人道主义悲剧而明目张胆地说这只是一国的内部事务。因此,如何彻底消除、杜绝这些人道主义罪行或灾难的频繁发生,探寻一种行之有效的国际人权规范,在长时间内成为国际社会的共同追求与目标。正如本书所论证的那样,"保护的责任"有着其合理性和积极的一面,如何使其实践合法性与《联合国宪章》的合法性适用紧密相关,如何更好地理解《联合国宪章》相关条文,更好地兼顾人权与主权的关系,都是当前国际社会需要认真探索和广泛讨论的重要国际政治议题。在这个层面上,联合国和各个负责任的国家都必须正视目前存在的争论与问题,以"保护的责任"的发展和实践为契机,消除阻碍人类安全和发展的超越主权责任的行为,以联合国表决机制为武器来消除一国或少数国家单方面干涉别国内政的行为。以《联合国宪章》为基础,以全人类的共同期盼为目标来构建具有共识的国际人权规范,是我们时代的共同愿景。

毫无疑问，国际人权保护问题正在成为当今全球治理中的一个核心议题，国际人权规范正在进行不断的渐进式改组、重建，而这些规范的变迁需要有一个目标指引。就国际人权保护而言，人类的未来是开放的，如果没有目标指引，国际人权保护既可能走向正义与和平，也可能走向人权保护的异端。国际人权保护需要构建一项具有共识的国际人权规范。在当前，和平与发展已经成为时代发展的主题，而联合国及其相关的国际人权规范体系正在成为当前国际人权保护的核心力量，所有这些表明国际社会正在塑造一种新的规范进化，这是未来国际人权规范建构的基石。

此外，对于中国而言，由于经济实力与国际地位的快速上升，中国日益走近世界舞台的中心，已经成为国际关系中应对各种全球性问题的名副其实的"利益攸关方"，需要适应在聚光灯下的新环境。国际人权规范深刻地影响着中国的人权认知和外交政策，也攸关中国和平崛起的战略环境和国际形象。"负责任的保护"反映了中国积极参与国际热点问题解决，创造性地塑造公正、合理的国际人权保护新秩序的努力。随着中国在全球治理中地位的上升，中国将继续与广大发展中国家一道，为维护《联合国宪章》的宗旨与国际关系基本准则，促进"保护的责任"等相关人权规范的制定、完善，参与"保护的责任"实施机制的监督和表决，在国际人权规范建构中承担负责任的引领者角色。根据作者所涉猎的研究和展望，未来关于国际关系领域中的国际人权保护问题还有诸多值得进一步探讨的空间。

第一，国际人权保护和国内人权保护关系。过去在人权保护中，过多地强调了"干预者的权利"，大多针对小国和弱国的人权问题。国际人权保护若要进一步推进，这些国家内部有关人权保护的制度化建设需要持续关注，毕竟人权保护的首要责任在于主权国家自身的能力建设与国内人权保护制度的完善。在此基础上，国际社会的监督与压力如何更好地促进国内人权保护，主权国家在增强自身的能力建设时是如何内化国际人权规范的等，都是需要进一步关注的议题。

第二，国际社会中不断变迁的人权保护新理念对《联合国宪章》为基础的国际法秩序的影响。在全球化深入发展的新型全球治理体系下，国际人权规范正在随着时代的发展被赋予诸多新的内涵，如何在新时代更好地

"保护的责任"与国际人权规范建构

坚持《联合国宪章》基本精神，维护联合国的合法权威和形象，在联合国多边框架下推动国际社会建立更加公正合理的人权保护体系，是一个十分具有现实意义的问题。

第三，中国在国际人权规范建构中的规范塑造问题。中国崛起正在给西方主导的国际社会带来意义深远的影响，而从根本上说，中国崛起与国际社会关系的核心，在于中国如何对待国际社会的既有规范。在国际人权保障合作进程中，中国政府非常有必要加深对人权保护理论与规范的理论讨论，力图在这一规范的建设与发展中占据比较有利的地位，打破西方国家在国际人权规范建构中的"话语霸权"。随着中国海外利益的拓展和国际社会对中国参与全球热点问题解决的期望的提升，中国在建构国际人权规范中的作用将会变得越来越重要。过去由于历史和现实的原因，中国对参与解决地区冲突中的人权保护问题一直很谨慎，未来中国到底应该如何对待现有的国际人权规范，建设性参与地区热点问题解决，这是中国在新型全球治理体系下发挥负责任大国作用所不得不面对的现实课题。

最后，联合国人权机制改革。自联合国成立以来，人权问题已成为联合国工作内容的三大支柱之一。联合国在国际人权保护领域中有了诸多创新与尝试，如联合国维和行动（建设和平）、人权理事会的成立等，对当前地区冲突中的国际人权保护起到无可替代的作用。但在联合国体系下，人权议题相关机制的设立与负责国际安全（联合国安理会）和国际发展（经社理事会）的机构相比，其地位和影响力远远不及。未来联合国在人权议程中的机制化建设也是联合国改革进程中需要面对的重要课题。随着地区热点问题的频频出现，联合国在解决地区问题中常常面临着"能力赤字"与规范缺失的困境，未来如何提高联合国在国际人权保护中的有效性，如何加强联合国自身的能力建设，这些问题都对维护联合国的合法权威与形象具有重要的现实意义。

综上所述，地区冲突中人权保护的责任不仅是主权国家的责任，而且是全球化时代国际社会所有成员国的共同责任。地区冲突中的人道主义危机关系到地区的和平与局势稳定，如果世界上任何一个地区或国家的人民正在遭受灭绝种族、战争罪、族裔清洗和反人类罪行的危害，国际社会任何其他国家都不能对此置若罔闻。毫无疑问，对于这一人权保护的责任的承担，当事国政府应该承担首要的责任，国际社会则通过联合国多边框架承担辅助性、补充性的人权保护责任。只有真正协调好主权国家和国际社会在人权保护中的责任互动，完善以联合国为主导体系的国际人权规范，才能真正推动"人人享有所有人权"美好图景的实现。

附 录

附录一　2001年干预与国家主权国际委员会《保护的责任》报告（中文版节选）

前言

本报告涉及所谓的"人道主义干预权利"：各国为了另一国处境危险的人民而对该国采取强制——尤其是军事——行动的合适时间（如果有过的话）的问题。至少在使国际反应聚焦恐怖主义的2001年9月11日恐怖事件之前，出于保护人类目的的干预的问题被看作备受关注的问题，这在以前是从未有过的。过去十年提出过许多干预要求——其中一些得到了响应，另一些则得到了漠视。但是，在是否应该进行干预（如果有这种权利的话），进行干预的方式、时机和授权来源等问题上依然是众说纷纭，莫衷一是。

政策挑战

对于据说是为了保护人类目的的外来军事的干预而言，无论是已经发生的，如在索马里、波斯尼亚和科索沃，还是没有发生的，如卢旺达，一直都存在着争议。有的人认为，新的行动主义是人类良知国际化的体现，而且早该如此；而另一些人认为，它是对从属于国家主权的国际性的国家秩序以及各国领土不可侵犯的令人震惊的破坏。另外，有些人认为，唯一的实际问题是确保强制性干预能起到明显效果；而另一些人则认为，有关合法性、过程以及可能滥用先例等问题显得更为突出。

1999年北约对科索沃的干预使这场争议达到了白热化的程度。安理会成员对此意见不一：有人声称，未经安理会新的授权而采取军事行动是合法的，但是没有进行充分的论证；有人认为，干预所造成的屠杀要比它所避免的屠杀严重得多，这给采取行动的那些从表面上看似乎是非常充分的道义理由或者人道主义理由蒙上了阴影；另外，北约盟国的行动方式也受到了诸多批评。

在1999年的联大会议上，后来又在2000年的联大会议上，联合国秘书长科菲·安南紧急呼吁国际社会，要求他们设法一劳永逸地就如何处理这些问题达成新的共识，围绕基本的原则问题和涉及的过程实现"统一步调"。他毫不掩饰、直截了当地提出了核心问题：

……如果人道主义的干预真的是对主权的一种令人无法接受的侵犯，那我们应该怎样对卢旺达，对斯雷布雷尼察做出反应呢？对影响我们共同人性的各项规则的人权的粗暴和系统的侵犯，我们又该怎样做出反应呢？

为应付这一挑战，加拿大政府同一批主要的基金会于2000年9月在联合国大会上宣布建立关于干预和国家主权问题国际委员会。我们委员会被要求努力解决在这次辩论中提出的方方面面的问题——法律、道义、行动和政治等方面的问题，尽可能广泛征求世界上各方面的意见，提交一份有助于秘书长和每个人找到某种新的共同基础的报告。

保护的责任：核心原则

（1）基本原则

A. 国家主权意味着责任，而且保护本国人民的主要责任是国家本身的职责。

B. 一旦人民因内战、叛乱、镇压或国家陷于瘫痪，而且当事国家不愿或无力制止或避免而遭受严重伤害时，不干预原则要服从于国际保护责任。

（2）责任基础

作为国际社会的指导原则，保护责任的基础在于以下四个方面：

"保护的责任"与国际人权规范建构

A. 主权概念中固有的义务；

B. 联合国宪章第二十四条中规定的安理会维护国际和平与安全的责任；

C. 人权和保护人类的宣言、公约和条约、国际人道主义法和国内法中规定的具体法律义务；

D. 各国、地区组织和安理会本身正在发展的做法。

（3）责任要素

保护责任包括三项具体的责任：

A. 预防责任：消除使人民处于危险境地的内部冲突和其他人为危机的根本原因和直接原因；

B. 做出反应的责任：采取适当措施对涉及人类紧迫需要的局势作出反应，其中可以包括像禁运、国际公诉以及在极端情况下进行军事干预等强制性措施；

C. 重建的责任：尤其在军事干预之后提供恢复、重建和和解的全面援助，消除造成伤害的原因，因为干预的目的就在于制止或避免这类伤害。

（4）优先考虑事项

A. 预防是保护责任中最最重要的方面：在策划干预之前始终应该先用尽各种可供选择的预防方案，并务必提供更多承诺的资源；

B. 在行使预防和反应责任时，始终应该在使用更具强制性和侵入性的措施之前考虑尽量少用侵入性的和强制性的措施。

保护责任：军事干预的原则

（1）正当理由起点标准

为保护人类目的的军事干预是一种例外的、非同寻常的措施。只有在已经发生了或可能马上就要发生以下两种严重的不可弥补的危害人类的情况时才可以进行军事干预：

已经发生或担心发生大规模丧生（不论是否存在种族灭绝的意图），造成这种现象的原因是国家蓄意的行动，或者是国家疏于行动或无力行动，或者是一个国家出现了瘫痪的形势；

已经发生或担心发生大规模"种族清洗"，不管实施清洗的方式是屠杀还是武力驱逐、进行恐吓或者强奸。

（2）预防性原则

正确的意图：干预的首要目的（不管干预国另有什么其他动机）必须是制止或避免人类遭受苦难，正确的意图应通过多边行动给予更好的保证，因为这类行动总是受到所在地区舆论和有关受害者的明显支持。

最后的手段：只有在尝试了每一种预防手段或和平解决危机的非军事手段后，并有充分的理由相信，不采取强硬措施便不能奏效时，才能认为采取军事干预是正当的。

均衡的方法：计划实施的军事干预，其规模、期限和强度不应超出确保实现保护人类目标的需要。

合理的成功机会：必须存在合理的成功机会，能够制止或避免人类遭受作为干预理由的苦难，而且行动的结果不能比不采取行动更加糟糕。

（3）正确的授权

A. 在授权进行为保护人类目的的军事干预方面没有一个机构比联合国安理会更好或者说更加合适，目前的任务不是寻找其他机构来取代安理会作为授权来源，而是设法使安理会的工作比现在更有成效。

B. 无论在什么情况下，在采取任何军事干预行动之前都应事先得到安理会的授权。请求干预者应正式要求给予此类授权，或者由安理会本身主动提出这个问题，或者依照联合国宪章第99条的规定由秘书长提出。

C. 对于任何要求对指控发生大规模丧失或种族清洗的地方进行干预的请求，安理会应迅速加以审议。在这种情况下，安理会应该设法对支持军事干预的事实真相或当地的情况进行充分的核查。

D. 安理会五个常任理事国应该达成一致意见，当事件不影响其本国切身利益时不行使否决权，在通过授权进行为保护人类目的的军事干预的决议时，而且该决议得到大多数国家支持时，不得横加阻挠。

E. 如果安理会拒绝有关建议，或者未在合理的期限内审议此事，则可选择其他替代方案：

F. 安理会在所有的审议中应该考虑，如果安理会对于那种迫切要求采取行动的使人类良知受到强烈震撼的局势未能履行其保护责任，有关国家可能不排除采取其他方式来对付那种严重和紧迫的局势，而联合国的形象

"保护的责任"与国际人权规范建构

和信誉可能会因此而遭到损失。

2. 一个新方法:"保护的责任"

2.1 数以百万计的人仍在遭受内战、叛乱、政府镇压和国家解体带来的苦难。这是一个严峻和无法否认的现实,而且它是本委员会一直在仔细考虑的所有问题的核心。这里至关重要的并不是使世界有利于大国的安全,或者粗暴践踏小国的主权,而是为那些因其国家不愿或不能保护他们而生命受到威胁的普通老百姓提供实际保护。

2.2 但是,这一切说到容易做到难。在近年来的国际保护行动中,失败的记录与成功一样多,或许更多。人们继续对被正式确认的"干预权"感到恐惧。如果包括可能的军事行动在内的保护人类的干预被接受,则国际社会制定一贯的、可信和可执行的指导国家和政府间惯例的标准仍具有重要意义。索马里、卢旺达、斯雷布雷尼察和科索沃的经验和后果及其他许多地方的干预和非干预性行动已明确表明,现在需要对国际关系的手段、工具和想法重新进行彻底评估,以便满足21世纪可预见的需求。

2.3 基于人类保护理由实行干预的任何新方法都需至少满足三个基本目标:

为确定是否、何时和如何实行干预制定明确的规则、程序和标准;

确定必要时和在其他所有方法已经失败后实行军事干预的合法性;

确保军事干预发生时,只为了提出的目标、而且是行之有效的,并适当关注尽量减少由此造成的人员损失和体制破坏;及有助于消除(在可能的地方)冲突的原因,同时增加持久和持续和平的可能性。

辩论用语的改变

2.28 主权—干预辩论的传统语言——"人道主义干预权"和"干预权"的措辞——至少在三个关键问题上毫无帮助。第一,它必然更多地关注潜在干预国的要求、权利和特权,而不是这一行动的潜在受益者的迫切需求。第二,仅仅将焦点对准干预行为,传统观点并未充分考虑对优先的预防性努力或后续援助的需求,而这两者在实践中也往往被忽视。第三,尽管不应过分强调这一观点,但辩论开始时,这种大家熟悉的语言确实有效地起着干预可以压过主权的作用:甚至在辩论开始前,往往会给反对派贴上反人道主义的标签并宣布其不合法,从而事先决定成败。

2.29 本委员会的观点是:保护人类干预的辩论不应将重点放在"干预权"上,而应放在"保护的责任"上。建议的用词改变也是观念的改变,扭转传统语言中固有的理解,并且加入一些额外的内容:

第一,保护的责任意味着根据那些谋求或需要支持的人的观点,而不是那些可能正在考虑干预的人的观点评估这些问题。我们宁愿采用的措辞将国际上注视的焦点重新对准始终应当对准的地方:保护社会免遭大屠杀,妇女免遭有计划有步骤的强奸和儿童免受饥饿的责任。

第二,保护的责任确认,这方面的主要责任在于有关国家,并且只有在有关国家不能或不愿履行这一职责或者其本身为罪犯的条件下,才能使国际社会承担在其发生地点采取行动的责任。在许多情况下,有关国家将谋求全部履行其责任或者与国际社会的代表积极配合。因此,"保护的责任"更多是一个在干预和主权之间架起桥梁的连接概念;而"干预的职责或权利"的语言则在本质上更具对抗性。

第三,保护的责任不仅意味着"作出反应的责任",而且意味着"预防的责任"和"重建的责任"。它将我们的注意力引到行动与不行动的代价和结果上,并且提供援助、干预和重建之间的概念、规范和工作联系。

2.30 本委员会相信,保护的责任首先属于人民直接受影响的国家。这一事实不仅反映在国际法和现代国家制度中,而且反映在谁最有条件发挥积极改变作用的现实中。国内权力当局最有条件采取行动,防止问题转变成潜在冲突。出现问题时,国内权力当局也最有条件了解问题和解决问题。需要解决方法时,正是那些特定国家的公民,与解决方法成功与否,与确保国内权力当局充分解释它们在解决这些问题上采取或不采取行动的理由,以及帮助确保不允许过去的问题再次发生,有最大的利害关系。

2.31 尽管人民直接受影响的国家承担保护的违约责任,但其余的责任也由范围广泛的国际社会来承担。某个国家显然不能或不愿履行其保护的责任,或者其本身正犯罪或施暴的实施,或者生活在外国的人民受到发生在该国的行动的直接威胁时,这种应急责任开始发挥作用。这种责任还要求,在某些情况下,必须由广泛的国际社会采取支助处在危险中或受到严重威胁的人民的行动。

"保护的责任"与国际人权规范建构

2.32 保护的责任的实质在于向处在危险中的人民提供生命支持保护及援助。这种责任有三个不可分割的重要部分：不仅是对实际的或担忧的人类灾难作出反应的责任，而且是预防灾害发生的责任和事后重建的责任。但重要的是从一开始就要强调，对保护责任的支持行动必须涉及和要求广泛和各种各样的援助行动和响应。这些行动可能包括有助于预防威胁人类安全的情况发生、加剧、扩散和持续的长期和短期措施；以及有助于防止这些情况再次发生重建支助；和至少在极端情况下，实行保护面临危险的平民免受伤害的军事干预。

2.33 将辩论的措辞从"干预权"改变为"保护的责任"有助于转移它从属的讨论焦点——承应那些需要或谋求帮助的人的要求。不过，尽管这是重要的和必要的步骤，但正如我们已经确认的，它本身并不能解决涉及应当履行保护责任的情况的难题——合法性、授权、运作实效和政治意愿问题。在后面几章将充分论述这些问题。尽管本委员会并不打算一劳永逸地解决所有这些难题，但我们的办法将有希望产生关于实现和维持有效和适当行动的途径的创新思维。

3. 预防的责任

4. 做出反应的责任

4.1 "保护的责任"首先意味着对迫切需要保护人类的局势做出反应的责任。如果预防措施不能解决或遏制这种局势，而且某个国家没有能力或不愿意纠正这种局势，那么就可能需要更广泛的国际社会的其他成员国采取干预措施。这些强制措施可能包括政治、经济或司法措施，而且在极端的情况下——但仅限于极端情况——它们也可能包括军事行动。作为首要的原则问题，在只做出预防反应的情况下，始终应先考虑采取侵扰和强制水平较低的措施，然后再使用比较激烈的强制和侵扰措施。

4.2 在考虑军事干预前，应满足严格的起点条件。就政治、经济和司法措施而言，可将标准定的低些，但对于军事干预，标准必须要高：为使军事行动正当有理，局势必须确属严重。但是起点或"起动"条件并不是事情的结束，还有一系列补充防范原则必须得到遵守，以确保干预行动在原则上正当有理，在实践中切实可行并能够为人们接受。

军事干预的六条标准

4.15 认定人们应当能够同意的为了保护人类目的而进行军事干预的标准，乍看起来也许并不是很困难。确实，目前此种标准的不同清单多得几乎不亚于关于这个问题的文字作品和政治辩论。但是这些不同长短的清单和所涉的不同术语不应模糊这样一个实际情况，即如果专注于核心问题，就能找到大量的共同点。

4.16 虽然不存在普遍接受的单一清单，但根据委员会判断，可将所有相关的决策标准简洁地归纳为以下六个标题：合理授权、正当的理由、正确的意图、最后手段、均衡性和合理的成功机会。

4.17 合理授权——能够授权进行军事干预——是一个至关重要的要素，而且值得进行充分的讨论（在第 6 章中进行）。正当理由原则——何种伤害足以启动压倒不干预原则的军事干预——的内容是需要进行大量讨论的另一个问题，而且是本章下节论述的主题。其余四条标准在本章最后一节合在一起论述，其中每条标准都给决策方程式增加一个不同的谨慎或防范因素。

起点标准：正当的理由

正确的意图

4.33 干预的首要目的必须是制止或避免人类苦难。例如，从一开始就旨在改变边界或为了推动特定战斗群体自决要求而使用军事力量的任何情况都不能证明是有正当理由的。因此，像推翻政权这类行为不是合法的目标，尽管使该政权失去伤害其本国人民的能力或许是履行保护使命所不可缺少的——而且实现这种消除能力所必不可少的方式将是因各国国情而异的。领土的占领也许不能避免，但不应将此作为目的，而是从一开始就应作出明确的承诺，即在敌对行动结束时将领土归还主权所有国，或在条件不具备的情况下，在联合国的主持下临时管理该领土。

4.34 帮助确保达到"正确的意图"标准的一个方法是始终在集体或多边的基础上，而不是在一个单独国家的基础上进行军事干预。另一个方法是注意干预是否并且在多大程度上得到意在为其利益而进行干预的人民

"保护的责任"与国际人权规范建构

的实际支持。还有一个方法是注意是否考虑了并且在多大程度上考虑了该区域其它国家的意见，以及这些国家是否支持军事干预。在有些讨论中，有人将这些考虑因素认定为本身就是单独的标准，但是委员会的意见是，应将它们视为正确的意图这一较大的要素中的分项因素。

最后手段

4.37 必须探索预防或和平解决人道主义危机的每一条外交和非军事渠道。只有在已经充分履行了预防责任后才能证明采用军事强制手段作出反应的责任是正当合理的。这并不一定意味着上述选择方案都必须真正逐个进行尝试并且等到全都失败：经常的情况是根本没有时间来完成这个过程。但是这确实意味着，必须有合理的根据使人相信，在所有的情况下，即便对这种措施做了尝试，也不会获得成功。

4.38 如果有关的危机涉及某个国家当事方与某个叛乱少数派别之间的冲突，就必须吸引当事双方进行谈判。如有必要，通过部署国际维持和平人员和观察员实现停火，这种选择，如果可行的话，总是优于强制性的军事反应。对于一国范围内少数民族的冲突或分离主义压力，长远的解决办法往往是某种类型的下放权力的妥协，它在维护有关国家统一的同时保障少数民族的语言、政治和文化自主权。有时，经国际社会监督或安排为寻求这种妥协方案的诚意尝试因其中一方或双方的不妥协而归于失败，并且大规模的暴力可能发生或已经发生，只有在这种情况下，才能考虑由外部国家作出军事抉择。

均衡的手段

4.39 计划的军事干预的规模、持续时间和强度应当是确保实现有关人道主义目标所必需的最低限度。手段与目的必须相统一，并与最初挑衅行为的规模相称。对目标国政治制度的影响仍应严格限于实现干预的目的需要。尽管在每种情况下，这些限制措施有哪些真正的实际影响可能是一个有待讨论的问题，但所涉及的原则是非常清楚的。

4.40 在上述情况下，严格遵守国际人道主义法的所有规则是不言而喻的事。实际上，由于军事干预涉及的军事行动所针对的范围和目标，在形式上明显窄于全面战争，因此有一种观点认为，在这些情况下应适用甚至更高的标准。

合理的成功机会

4.41 只有军事行动具有合理的成功机会，也就是实现制止或避免最初触发干预的屠杀或苦难，才能证明有理由采取这种行动。如果不能实现实际的保护，或如果进行干预的后果可能比不采取任何行动更糟，就没有理由进行军事干预。尤其是，如果在执行军事行动的过程中引起了更大规模的冲突，那么为了有限的人类保护目的的军事行动就无法被证明是合理的。

如果某些人的生命根本无法拯救，除非付出不可接受的代价——也许是一场规模更大的将军事大国卷进其中的区域性战火，就将属于这种情况。在这种情况下，不管现实令人多么痛心，也不再有正当的理由采取强制性的军事行动。

4.42 应用这种纯粹基于功利主义的预防原则，将可能排除对安全理事会五个常任理事国中任何一国采取军事行动，即使本文描述的关于干预的所有其他条件都得到满足。如果对其中任何一国采取此种行动，难以想象，一场重大的冲突会得以避免，或者能够成功实现原定的目标。对于非安全理事会常任理事国的其他大国而言，情况也是如此。这再次提出了关于双重标准的问题——但是本委员会的立场始终就是：不能在有正当理由进行干预的每种情况下进行干预的现实并不是在任何情况下都不进行干预的理由。

4.43 相对于大国而言，还可以使用其他类型的压力，例如在印度尼西亚和东帝汶所发生的情况。而且在此类情况下可以，而且仍应考虑包括制裁在内的任何其他类型的集体行动，作为履行保护责任的一部分。

重建的责任
干预后的义务

5.1 保护的责任意味着不仅有责任进行预防和反应，而且有责任做到有始有终和重建。这就是说，如果采取军事干预行动——由于一国丧失或放弃自己履行"保护的责任"的能力和权力——就应真心诚意地负责帮助建立持久和平，并促进良好的管制和可持续发展。国际代理机构应与地方当局结成伙伴关系，重新创造公共安全和秩序的条件，其目标是将重建的权力和责任逐步移交给本地政府。

5.2 确保可持续的重建和回复将涉及保证有充足的资金和资源以及和当地人民进行密切合作,而且可能意味着在干预的初步目的实现后在该国驻留一段时间,以往对重建的责任的认识不够充分,它们最终仍在穷于应付那些产生最初干预行动的基本问题。

5.3 如果考虑进行军事干预,制定干预后战略的必要性同样至关重要。军事干预是旨在防止冲突和人道主义紧急情况发生、加剧、扩散、持续或再次发生的多种手段之一。这样一种战略的目标必须是帮助确保促成军事干预的条件不再发生或根本不再重现。

附录二 2005年世界首脑会议关于《保护的责任》部分

138. 每一个国家均有责任保护其人民免遭灭绝种族、战争罪、族裔清洗和危害人类罪之害。这一责任意味着通过适当、必要的手段,预防这类罪行的发生,包括预防煽动这类犯罪。我们接受这一责任,并将据此采取行动。国际社会应酌情鼓励并帮助各国履行这一责任,支持联合国建立预警能力。

139. 国际社会通过联合国也有责任根据《宪章》第六章和第八章,使用适当的外交、人道主义和其他和平手段,帮助保护人民免遭种族灭绝、战争罪、族裔清洗和危害人类罪之害。在这方面,如果和平手段不足以解决问题,而且有关国家当局显然无法保护其人民免遭种族灭绝、战争罪、族裔清洗和危害人类罪之害,我们随时准备根据《宪章》,包括第七章,通过安全理事会逐案处理,并酌情与相关区域组织合作,及时、果断地采取集体行动。我们强调,大会需要继续审议保护人民免遭种族灭绝、战争罪、族裔清洗和危害人类罪之害的责任及所涉问题,要考虑到《宪章》和国际法的相关原则。我们还打算视需要酌情做出承诺,帮助各国建设保护人民免遭种族灭绝、战争罪、族裔清洗和危害人类罪之害的能力,并在危机和冲突爆发前协助处于紧张状态的国家。

附录三 2005年《中国关于联合国改革问题的立场文件》中关于"保护的责任"部分

（一）保护的责任

各国有保护本国公民的首要责任。一国内乱往往起因复杂，对判定一国政府是否有能力和意愿保护其国民应慎重，不应动辄加以干预。

在出现大规模人道主义危机时，缓和和制止危机是国际社会的正当关切。有关行动必须严格遵守《宪章》的有关规定，尊重有关当事国及其所在区域组织的意见，在联合国框架内由安理会根据具体情况判断和处置，尽可能使用和平方式。在涉及强制性行动时，更应慎重行事，逐案处理。

附录四 2006年关于《武装冲突中保护平民》的第1674（2006）号决议

S/RES/1970（2011）

第1674（2006）号决议

2006年4月28日安全理事会第5430次会议通过

安全理事会，

重申其关于在武装冲突中保护平民的第1265（1999）号决议，关于儿童与武装冲突和关于妇女、和平与安全的各项决议，以及关于联合国与区域组织在维护国际和平与安全方面的合作的第1631（2005）号决议，还重申安理会决心确保这些决议得到尊重和落实，

重申决心信守《联合国宪章》第一条（第一至四项）所列的宗旨和《宪章》第二条（第一至七项）所列的原则，包括决心信守所有国家政治独立、主权平等和领土完整的原则，并尊重所有国家主权，

确认和平与安全、发展是联合国系统的顶梁柱，是集体安全和福祉的基石，并为此确认发展、和平与安全及人权是相互关联和相辅相成的，

"保护的责任"与国际人权规范建构

重申武装冲突中各方负有采取一切可行步骤确保受武装冲突影响的平民得到保护的主要责任,铭记《联合国宪章》规定安理会负有维护国际和平与安全的主要责任,并强调必须采取预防和解决冲突的措施,

1. 赞赏地注意到秘书长 2005 年 11 月 28 日的报告有助于安理会了解武装冲突中保护平民的相关问题,并注意到报告的结论;

2. 强调必须预防武装冲突和武装冲突再度发生,为此着重指出需要采取综合对策,促进经济增长、消除贫穷、可持续发展、民族和解、善政、民主、法治及尊重和保护人权,

3. 重申 2005 年《世界首脑会议成果文件》第 138 和 139 段关于保护平民免遭灭绝种族、战争罪、族裔清洗和危害人类罪之害的责任的规定;

4. 确认区域组织和其他政府间组织在保护平民方面发挥日益宝贵的作用,鼓励秘书长及区域组织和其他政府间组织的行政首长继续努力加强它们在这方面的伙伴关系;

5. 请秘书长在本决议通过之日后 18 个月内提交关于在武装冲突中保护平民的下一次报告;

6. 决定继续处理此案。

附录五　安理会关于利比亚问题的第1973（2011）号决议

S/RES/1970（2011）

第 1970（2011）号决议
2011 年 2 月 26 日安全理事会第 6491 次会议通过
安全理事会,

严重关切阿拉伯利比亚民众国局势,谴责暴力和对平民使用武力,

斥责严重、有系统地侵犯人权,包括镇压和平示威者,对平民死亡深表关切,并明确反对阿拉伯利比亚民众国政府最高层煽动对平民的敌意和暴力行为,

欢迎阿拉伯联盟、非洲联盟、伊斯兰会议组织秘书长谴责正在阿拉伯

利比亚民众国发生的严重侵犯人权和违反国际人道主义法行为，

注意到2011年2月26日阿拉伯利比亚民众国常驻代表给安全理事会主席的信，

欢迎人权理事会2011年2月25日A/HRC/RES/S-15/1号决议，包括决定紧急派遣一个独立国际调查委员会，调查据称在阿拉伯利比亚民众国境内发生的所有违反国际人权法行为，确定这些行为和所犯罪行的事实和背景，并在可能时确定应负责任者；

认为目前在阿拉伯利比亚民众国发生的针对平民人口的大规模、有系统的攻击可构成危害人类罪，

关切那些被迫逃离阿拉伯利比亚民众国境内暴力行为的难民的困境，

还关切据报缺乏治疗伤员的医疗用品，

回顾阿拉伯利比亚民众国当局有责任保护其人民，

着重指出必须尊重和平集会和言论自由，包括媒体自由，

强调必须追究那些应对袭击平民事件，包括由其控制的部队袭击平民的事件负责者的责任，

回顾《罗马规约》第十六条规定，如果安全理事会向国际刑事法院提出要求，在其后十二个月内，法院不得开始或进行调查或起诉；

关切在阿拉伯利比亚民众国的外国人的安全及其权利，

重申对阿拉伯利比亚民众国主权、独立、领土完整和国家统一的坚定承诺，

铭记《联合国宪章》赋予安理会维护国际和平与安全的首要责任，

根据《联合国宪章》第七章采取行动，并根据第四十一条采取措施，

1. 要求立即停止暴力，并呼吁采取步骤，满足人民的合理要求；

2. 敦促利比亚当局：

（a）保持最大克制，尊重人权和国际人道主义法，立即允许国际人权监测员通行；

（b）确保所有外国国民及其资产的安全，协助希望离开该国的外国国民离境；

（c）确保人道主义和医疗用品以及国际人道主义机构和工作人员安全进入该国；以及

"保护的责任"与国际人权规范建构

（d）立即解除对所有形式媒体的限制；

3. 请所有会员国尽可能开展合作以撤离希望离开该国的外国国民；

向国际刑事法院移交

4. 决定把 2011 年 2 月 15 日以来的阿拉伯利比亚民众国局势问题移交国际刑事法院检察官；

5. 决定阿拉伯利比亚民众国当局必须根据本决议与法院和检察官充分合作并提供一切必要协助；在确认不是《罗马规约》缔约国的国家并不承担《规约》规定的义务的同时，敦促所有国家以及相关区域组织和其他国际组织与法院和检察官充分合作；

6. 决定阿拉伯利比亚民众国以外的不是《国际刑事法院罗马规约》缔约国的国家的国民、现任或前任官员或人员，要为据说是安理会规定或授权在阿拉伯利比亚民众国采取的行动引起的或与之相关的所有行为或不作为，接受本国的专属管辖，除非该国明确放弃这一专属管辖权；

7. 请检察官在本决议通过后两个月内并在其后每六个月向安全理事会报告根据本决议采取的行动；

8. 确认联合国不承担因案件移交而产生的任何费用，包括与案件移交有关的调查或起诉费用，此类费用应由《罗马规约》缔约国和愿意自愿捐助的国家承担；

武器禁运

9. 决定所有会员国应立即采取必要措施，阻止从本国境内或通过本国领土或由其国民或利用悬挂其国旗的船只或飞机，直接或间接向阿拉伯利比亚民众国供应、出售或转让任何类别军火或相关军用物资，包括武器和弹药、军用车辆和装备、准军事装备及上述物项的备件，以及与军事活动有关的或与提供、维修或使用任何军火和相关军用物资，包括提供武装雇佣军（无论是否源自本国境内）有关的技术援助、培训、财政及其他援助，并决定这一措施不适用于下列情况：

（a）由下文第 24 段所设委员会事先批准的专供人道主义或防护之用的非致命军事装备用品，以及相关的技术援助或训练；

（b）联合国人员、媒体代表、人道主义人员和开发工程人员及有关人员临时出口到阿拉伯利比亚民众国的仅供其个人使用的防护服，包括防弹背心和军用头盔；

（c）事先由委员会批准的其他军火和相关军用物资的出售或供应、或提供的援助或人员；

10. 决定阿拉伯利比亚民众国应停止出口所有军火和相关军用物资，所有会员国均应禁止其国民或利用悬挂其国旗的船只或飞机从阿拉伯利比亚民众国采购此类物项，无论这些物项是否源于阿拉伯利比亚民众国境内；

11. 促请所有国家，特别是阿拉伯利比亚民众国邻国，根据本国的授权和立法并遵循国际法，特别是海洋法和相关的国际民用航空协议，在有情报提供合理理由认为货物中有本决议第9或第10段禁止供应、销售、转移或出口的物项时，在其境内，包括在其港口和机场，检查进出阿拉伯利比亚民众国的所有货物，以确保此类规定得到严格执行；

12. 决定授权所有会员国并决定所有会员国应在发现本决议第9或第10段所禁止的物项时，没收并处置（例如销毁、使其无法使用、储存或移交给原产国或目的地国以外的其他国家处置）本决议第9或第10段禁止供应、销售、转让或出口的物项，还决定所有会员国应与这些努力合作；

13. 要求任何会员国在按照上文第11段进行检查时，立即向委员会提交初步书面报告，特别是说明检查的理由、这些检查的结果以及是否获得合作；如果发现禁止转移的物品，则进一步要求这些会员国在晚些时候，向委员会提交后续书面报告，提供检查、没收和处置的相关细节和转移的相关细节，包括对物项、其来源和预定目的地进行描述（如果初次报告中没有这些信息）；

14. 鼓励会员国采取步骤，大力劝阻其国民不要前往阿拉伯利比亚民众国参与为阿拉伯利比亚民众国当局开展的很可能会有助于侵犯人权的活动；

旅行禁令

15. 决定所有会员国均应采取必要措施，防止本决议附件一所列或下文第24段所设委员会指认的个人在本国入境或过境，但本段的规定绝不强制一国拒绝本国国民入境；

16. 决定，上文第15段所述措施不适用于下列情况：

（a）经委员会逐案审查认定，出于人道主义需要，包括为履行宗教义务，此类旅行是合理的；

（b）为履行司法程序必须入境或过境；

（c）委员会逐案审查认定，予以豁免将促进阿拉伯利比亚民众国实现和平和民族和解的目标和该区域实现稳定的目标；

（d）一国逐案审查认定，这种入境或过境是促进阿拉伯利比亚民众国的和平与稳定所必需的，且有关国家随之在做出此一认定后的四十八小时内，通知委员会；

资产冻结

17. 决定所有会员国均应毫不拖延地冻结其境内由本决议附件二所列个人或实体，或由按下文第 24 段设立的委员会指认的个人或实体，或由代表其或按其指示行事的个人或实体，或由其所拥有或控制的实体，直接或间接拥有或控制的资金、其他金融资产和经济资源，还决定所有会员国均应确保本国国民或本国境内任何个人或实体均不向本决议附件二所列个人或实体或以这些个人或实体为受益方，提供任何资金、金融资产或经济资源；

18. 表示打算确保把按照第 17 段冻结的资产在稍后阶段提供给，并用于，阿拉伯利比亚民众国人民；

19. 决定，上文第 17 段规定的措施不适用于相关会员国认定的下列资金、其他金融资产和经济资源：

（a）为基本开支所必需，包括用于支付食品、房租或抵押贷款、药品和医疗、税款、保险费及公用事业费，或完全用于支付与提供法律服务有关的合理专业服务费和偿付由此引起的相关费用，或国家法律规定的为惯常置存或保管冻结资金、其他金融资产和经济资源所应收取的规费或服务费，但相关国家须先把酌情授权动用这类资金、其他金融资产和经济资源的意向通知委员会，且委员会在接到此通知后五个工作日内未作出反对的决定；

（b）为非常开支所必需，但条件是相关国家或会员国已将这一认定通知委员会并已获得委员会批准；或

（c）属于司法、行政或仲裁留置或裁决之标的，如属此种情况，则这

些资金、其他金融资产和经济资源可用于执行留置或裁决，但该项留置或裁决须在本决议通过之日前已作出，受益者不是根据上文第17段指认的人员或实体，且相关国家或会员国已就此通知委员会；

20. 决定，会员国可允许在已依照上文第17段规定冻结的账户中存入这些账户的利息或其他收益，或根据这些账户受本决议各项规定制约之前订立的合同、协定或义务应该收取的付款，但任何此种利息、其他收益和付款仍须受这些规定的制约并予以冻结；

21. 决定，上文第17段中的措施不应妨碍被指认的个人或实体根据他们在被列名前签订的合同支付应该支付的款项，条件是相关国家已认定该项付款不是直接或间接付给根据上文第17段指认的人或实体；且相关国家已在批准前提前十个工作日，将其进行支付或接受付款或酌情为此目的批准解冻资金、其他金融资产或经济资源的意向，通知了委员会；

指认标准

22. 决定，第15和17段中的措施应适用于委员会分别根据第24（b）和（c）段指认的以下个人和实体：

（a）参与或合谋下令、掌控或以其他方式指挥对阿拉伯利比亚民众国境内的人施行重大侵犯人权行为，包括参与或合谋计划、指挥、下令或进行违反国际法的针对平民和民用设施的袭击，包括用飞机进行轰炸者；或

（b）为（a）分段所述个人或实体或代表他们或按他们的指示行事者；

23. 大力鼓励会员国向委员会提交符合上文第22段规定标准的人的名字；

新的制裁委员会

24. 决定根据安理会暂定议事规则第28条设立一个由安理会全体成员组成的安全理事会委员会（下称"委员会"），开展以下工作：

（a）监测第9、10、15和17段规定措施的执行情况；

（b）指认受第15段规定措施约束的个人，审议根据上文第16段提出的豁免申请；

（c）指认受第17段规定措施约束的个人，审议根据上文第19和20段提出的豁免申请；

（d）视需要制定准则，以协助执行上文规定的措施；

(e) 在三十天内向安全理事会报告工作（第一次报告），并在此后在委员会认为必要时提交报告；

(f) 鼓励委员会同有关会员国，特别是该区域的会员国，开展对话，包括邀请这些国家的代表同委员会一起讨论有关措施的执行情况；

(g) 从所有国家获取它认为对这些国家采取行动有效执行上文规定措施有用的任何信息；

(h) 审查关于据说有违反或不遵守本决议所列措施行为的情报并采取适当行动；

25. 呼吁所有会员国在本决议通过后120天内向委员会报告为有效执行上文第9、10、15和17段采取的措施；

人道主义援助

26. 呼吁所有会员国一道努力，并与秘书长合作采取行动，协助和支持人道主义机构返回，在阿拉伯利比亚民众国提供人道主义援助和有关援助，请有关国家定期向安全理事会通报根据本段所采取行动的进展，并表示愿意考虑视需要另外采取适当措施，以实现这一目标；

承诺进行审查

27. 申明安理会将不断审查阿拉伯利比亚民众国当局的行动，并准备审查本决议中的措施是否得当，包括根据阿拉伯利比亚民众国当局遵守本决议相关规定的情况，随时视需要加强、修改、暂停或解除这些措施；

28. 决定继续积极处理此案。

附录六　安理会关于利比亚问题的第1973（2011）号决议

S/RES/1973（2011）

第1973（2011）号决议

2011年3月17日安全理事会第6498次会议通过

安全理事会，

回顾其2011年2月26日第1970（2011）号决议，

谴责利比亚当局未遵守第 1970（2011）号决议，

严重关切局势恶化、暴力升级和平民伤亡严重，

重申利比亚当局有责任保护利比亚民众，重申武装冲突各方负有采取一切可行步骤确保平民受到保护的首要责任，

谴责严重、有系统地侵犯人权，包括任意拘留、强迫失踪、酷刑和即时处决，

还谴责利比亚当局对记者、媒体专业人员和相关人员施加暴力和进行恫吓，敦促利比亚当局遵守第 1738（2006）号决议所述的国际人道主义法为其规定的义务，

认为目前在阿拉伯利比亚民众国发生的针对平民人口的大规模、有系统的攻击可构成危害人类罪，

回顾安理会在第 1970（2011）号决议第 26 段中表示愿意考虑视需要另外采取适当措施，协助和支持人道主义机构返回，在阿拉伯利比亚民众国提供人道主义援助和有关援助，

表示决心保护平民和平民居住区，确保人道主义援助迅速和无阻碍地通过，并确保人道主义人员的安全，

回顾阿拉伯国家联盟、非洲联盟、伊斯兰会议组织秘书长谴责已经和正在阿拉伯利比亚民众国发生的严重侵犯人权和违反国际人道主义法行为，

注意到伊斯兰会议组织 2011 年 3 月 8 日的最后公报和非洲联盟和平与安全理事会 2011 年 3 月 10 日关于设立一个利比亚问题高级别特设委员会的公报，

又注意到阿拉伯国家联盟理事会 2011 年 3 月 12 日决定要求设立利比亚军用飞机禁飞区，并在遭受炮击的地方建立安全区作为防范措施，以便保护利比亚人民和居住在阿拉伯利比亚民众国的外国人，

还注意到秘书长 2011 年 3 月 16 日呼吁立即停火，

回顾其把 2011 年 2 月 15 日以来的阿拉伯利比亚民众国局势问题移交国际刑事法院检察官的决定，并强调必须追究那些应对袭击平民事件，包括空中和海上袭击事件负责者或合谋参与者的责任，

重申关切那些被迫逃离阿拉伯利比亚民众国境内暴力行为的难民和外

"保护的责任"与国际人权规范建构

国工人的困境，欢迎邻国，特别是突尼斯和埃及为解决这些难民和外国工人的需要做出的反应，并呼吁国际社会支持这些努力，

谴责利比亚当局继续使用雇佣军，

认为在阿拉伯利比亚民众国领空禁止一切飞行是保护平民以及保障运送人道主义援助的安全的一个重要因素，是促进在利比亚境内停止敌对行动的一个果断步骤，

还表示关切外国国民在阿拉伯利比亚民众国的安全和他们的权利，

欢迎秘书长任命阿卜杜勒·伊拉·穆罕默德·哈提卜先生担任其利比亚特使，支持他努力寻找一个持久和平解决阿拉伯利比亚民众国危机的办法，

重申对阿拉伯利比亚民众国主权、独立、领土完整和国家统一的坚定承诺，

认定阿拉伯利比亚民众国局势继续对国际和平与安全构成威胁，

根据《联合国宪章》第七章采取行动，

1. 要求立即实行停火，全面停止暴力和对平民的所有袭击和虐待；

2. 强调需要进一步做出努力，寻找满足利比亚人民合理要求的解决危机办法，并注意到秘书长决定派其特使前往利比亚和非洲联盟和平与安全理事会决定派其高级别特设委员会前往利比亚，以便协助开展对话，促成必要的政治改革，从而寻找一个和平持久的解决办法；

3. 要求利比亚当局遵守国际法、包括国际人道主义法、人权法和难民法为其规定的义务，采取一切措施保护平民，满足他们的基本需要，并确保人道主义援助快速、无阻碍地通行；

保护平民

4. 授权已通知秘书长的以本国名义或通过区域组织或安排与秘书长合作采取行动的会员国，采取一切必要措施，尽管有第1970（2011）号决议第9段的规定，以便保护阿拉伯利比亚民众国境内可能遭受袭击的平民和平民居住区，包括班加西，同时不在利比亚领土的任何地方派驻任何形式的外国占领军，请有关会员国立即通知秘书长它们根据本段的授权采取的措施，并应立即向安全理事会通报这些措施；

5. 确认阿拉伯国家联盟在事关维护该区域国际和平与安全的事务中发

挥重要作用，并在铭记《联合国宪章》第八章的同时，请阿拉伯国家联盟成员国与其他会员国合作执行第 4 段；

禁飞区

6. 决定在阿拉伯利比亚民众国领空禁止一切飞行，以帮助保护平民；

7. 还决定第 6 段规定的禁令不适用于完全属于人道主义目的的飞行，例如交付或协助交付援助，包括医疗用品、粮食、人道主义工作人员和有关援助，或从阿拉伯利比亚民众国疏散外国国民，也不适用于下文第 4 或 8 段授权进行的飞行，或根据第 8 段的授权采取行动的国家认为对利比亚人民有益的其他必要飞行，且这些飞行应与第 8 段设立的机制进行协调；

8. 授权已通知秘书长和阿拉伯国家联盟秘书长的以本国名义或通过区域组织或安排采取行动的会员国视需要采取一切必要措施，强制执行上文第 6 段规定的禁飞，并请有关国家与阿拉伯国家联盟合作，与秘书长一起密切协调它们为执行这一禁令正在采取的措施，包括建立一个适当机制来执行上文第 6 和 7 段的规定；

9. 呼吁所有以本国名义或通过区域组织或安排采取行动的会员国为执行上文第 4、6、7 和 8 段提供协助，包括批准任何必要的飞越；

10. 请有关会员国对它们为执行上文第 4、6、7 和 8 段采取的措施，包括用于监测和批准获得授权的人道主义飞行或撤离飞行的实际措施，相互密切协调并与秘书长密切协调；

11. 决定有关会员国应立即向秘书长和阿拉伯国家联盟秘书长通报为履行上文第 8 段的授权而采取的措施，包括提供行动构想；

12. 请秘书长立即向安理会通报有关会员国为履行上文第 8 段的授权而采取的任何行动，并在 7 天内向安理会报告本决议执行情况，包括关于违反上文第 6 段规定的禁飞的信息，其后每月报告一次；

强制执行武器禁运

13. 决定用下一段取代第 1970（2011）号决议第 11 段："呼吁所有以本国名义或通过区域组织或安排采取行动的会员国，特别是该区域国家，为确保第 1970（2011）号决议第 9 和第 10 段规定的武器禁运得到严格执行，在有关国家有情报提供合理理由认为货物中有经本决议修订的第 1970（2011）号决议第 9 或第 10 段禁止供应、销售、转移或出口的物项，包括

提供武装雇佣军人员时，应在其境内，包括港口和机场和在公海上，检查进出阿拉伯利比亚民众国的船只和飞机，

呼吁此类船只和飞机的所有船旗国对此类检查予以合作，并授权会员国采取一切符合具体情况的措施，开展此类检查"；

14. 请根据上文第13段在公海上采取行动的会员国相互密切协调并与秘书长密切协调，还请有关各国立即向秘书长和第1970（2011）号决议第24段所设委员会（"委员会"）通报为履行上文第13段的授权而采取的措施；

15. 要求会员国，不管是以本国名义采取行动，还是通过区域组织或安排采取行动，在按照上文第13段进行检查时，立即向委员会提交初步书面报告，特别是说明检查的理由、检查的结果以及是否获得合作；如果发现禁止转移的物品，则进一步要求这些会员国在晚些时候，向委员会提交后续书面报告，提供检查、没收和处置的相关细节和转移的相关细节，包括对物项、其来源和预定目的地进行描述（如果初次报告中没有这些信息）；

16. 谴责雇佣军持续流入阿拉伯利比亚民众国，呼吁所有会员国严格遵守第1970（2011）号决议第9段为其规定的义务，防止向阿拉伯利比亚民众国提供武装雇佣军人员；

禁飞

17. 决定所有国家都应该不让任何在阿拉伯利比亚民众国境内注册的飞机或由利比亚国民或公司拥有或经营的飞机，从其领土起飞、在其领土降落或飞跃其领土，除非有关飞行事先得到委员会的批准，或为紧急降落；

18. 决定所有国家，如有情报提供合理理由认为飞机上载有经本决议修订的第1970（2011）号决议第9和10段禁止供应、销售、转移或出口的物项，包括提供武装雇佣军人员，应不让飞机从其领土起飞、在其领土降落或飞越其领土，但紧急降落不在此列；

资产冻结

19. 决定第1970（2011）号决议第17、19、20和21段中规定的资产冻结，应适用于委员会指认的在其境内的由利比亚当局或由代表其或按其

指示行事的个人或实体,或委员会指认的由其所拥有或控制的实体直接或间接拥有或控制的资金、其他金融资产和经济资源,还决定,所有会员国均应确保本国国民或本国境内任何个人或实体均不向委员会指认的利比亚当局或代表其或按其指示行事的个人或实体,或由其所拥有或控制的实体,或委员会指认的以这些个人或实体为受益方,提供任何资金、金融资产或经济资源,并指示委员会在本决议通过后 30 天内并在其后酌情指认这些利比亚当局、个人或实体;

20. 申明安理会决心确保在晚些时候尽快将依照第 1970（2011）号决议第 17 段冻结的资产提供给阿拉伯利比亚民众国人民并用于促进其福祉;

21. 决定所有国家应要求本国国民、受本国管辖的个人和在本国境内组建或受本国管辖的公司,在与阿拉伯利比亚民众国境内组建或受利比亚管辖的实体、代表它们或按它们指示行事的任何个人或实体和由它们拥有或控制的实体开展业务时,保持警惕,如果有情报提供合理理由认为这类业务可能有助于对平民使用暴力和武力;

指认

22. 决定附件一中所列个人应接受第 1970（2011）号决议第 15 段和第 16 段中规定的旅行限制,还决定对附件二中所列个人和实体实行第 1970（2011）号决议第 17、19、20 和 21 段规定的资产冻结;

23. 决定第 1970（2011）号决议第 15、16、17、19、20 和 21 段规定的措施还应适用于安理会或委员会确定的违反或协助他人违反第 1970（2011）号决议各项规定,尤其是第 9 段和第 10 段规定的个人和实体;

专家小组

24. 请秘书长与委员会协商,设立一个最多有八名专家的小组("专家小组"),初步任期一年,在委员会的指导下,开展以下工作:

(a) 协助委员会执行第 1970（2011）号决议第 24 段和本决议规定的任务;

(b) 收集、审查和分析各国、联合国相关机构和其他有关各方执行第 1970（2011）号决议和本决议所定措施情况的资料,尤其是不遵守决议的事件;

(c) 就安理会、委员会或各国认为可改善相关措施执行情况的行动提出建议；

（d）至迟在小组任命后 90 天内向安理会提交一份临时工作报告，并至迟在其任期结束前 30 天内向安理会提交最后报告，包括其结论和建议；

25. 敦促所有国家、联合国相关机构和其他有关各方与委员会和专家小组充分合作，尤其是提供其掌握的有关第 1970（2011）号决议和本决议所定措施执行情况的任何资料，尤其是不遵守决议的事件；

26. 决定第 1970（2011）号决议第 24 段规定的委员会任务也适用于本决议所定措施；

27. 决定所有国家，包括阿拉伯利比亚民众国，应采取必要措施，确保不得应利比亚当局、或阿拉伯利比亚民众国境内任何人或实体、或任何通过或者为这些人或实体索赔的人的要求，对合同或其他交易的执行因第 1970（2011）号决议、本决议和相关决议规定的措施而受到的影响，提出索赔；

28. 重申安理会打算不断审查利比亚当局的行动，并强调安理会准备随时审查本决议和第 1970（2011）号决议规定的措施，包括根据利比亚当局遵守本决议和第 1970（2011）号决议的情况，酌情加强、暂停或解除这些措施；

29. 决定继续积极处理此案。

附录七　冷战后全球主要国内冲突情况一览表

冷战后全球主要国内冲突	时间	是否有外部力量干预	干预主体	干预手段
索马里内战	1991 年至今	有	联合国、美国	联合国人道主义援助，美国 1992—1994 年的军事干预行动
伊拉克	1991 年	有	美、英、法多国部队	实施禁飞区，进行军事打击

续表

冷战后全球主要国内冲突	时间	是否有外部力量干预	干预主体	干预手段
塞拉利昂内战	1992—2002 年	有	联合国、西非共同体	维和行动
卢旺达大屠杀	1994 年	无		
海地军事政变	1994 年	有	美国	扶持反对派政权
科索沃危机	1999 年	有	北约多国部队	直接军事打击
东帝汶危机	1999 年	有	澳大利亚、联合国	维和行动
苏丹达尔富尔危机	2003 年	有	联合国	维和行动
利比亚危机	2011 年	有	北约多国部队、联合国	以"保护的责任"为由进行军事干预，设立了禁飞区
叙利亚危机	2011 年至今	有	联合国	无法达成强制性干预的决议
马里局势	2013 年	有	法国	直接军事干预
乌克兰危机	2014 年	有	俄罗斯	支持克里米亚加入俄罗斯
缅甸国内冲突	2016 年	无		

附录八 联合国有关"保护的责任"的文件和决议、人权条约和重要文件

1. 《联合国宪章》（The United Nations Charter，1945）
2. 《世界人权宣言》（the Universal Declaration of Human Rights，1948）
3. 《公民权利和政治权利国际公约》（International Covenant on Civil and Political Rights，1966）
4. 《经济、社会和文化权利公约》（International Covenant on Economic，Social and Cultural Rights，1966）

5.《经济、社会和文化权利国际公约任择议定书》（Optional Protocol to the International Covenant on Economic, Social and Cultural Rights, 2008）

6.《防止灭绝种族罪公约》（Prevention and Punishment of the Crime of Genocide, 1948）

7.《战争罪及危害人类罪不适用法定时效公约》（Convention on the Non-Applicability of Statutory Limitations to War Crimes and Crimes against Humanity, 1968）

8.《一个更安全的世界：我们时代的共同责任》（A More Secure World: Our Shared Responsibility），UN Document，A/59/565，2004年11月2日。

9.《大自由：实现人人共享的发展、安全与人权》（In Large Freedom: Towards Development, Security and Human Rights For All），UN Document，A/59/2005，2005年3月21日。

10.《世界首脑会议成果文件》（2005 World Summit Outcome），UN Document A/RES/60/1. 2005年10月24日。

11.《人权理事会关于防止灭绝种族罪的决议》，A/HRC/7/L.26，2008年3月25日。

12. 人权理事会关于《人权与跨国正义》的讨论，A/HRC/REC/33/19，2016年10月5日。

13. 秘书长关于《履行保护的责任》（Implementing the Responsibility to Protect）报告，UN Document A/63/677. 2009年1月12日。

14. 秘书长关于《预警、评估和保护的责任》（Early Warning, Assement and theResponsibility to Protect）报告，A/64/864，2010年7月14日。

15. 秘书长关于《区域和次区域安排对履行保护的责任的作用》（The Role of Regional and Subregional Arrangements in Implementing the Responsibility to Protect）报告，A/65/877 – S/2011/393，2011年6月27日。

16. 秘书长关于《保护的责任：及时果断的反应》（Responsibility to Protect: Timely and Dscisive Response）报告，A/66/874 – S/2012/578，2012年7月25日。

17. 秘书长关于《保护的责任问题：国家责任与预防》（Responsibility

to Protect：State Responsibility and Prevention）报告，A/67/929 – S/2013/399，2013 年 7 月 9 日。

18. 秘书长关于《履行我们集体的责任：国际援助与保护的责任》秘书长报告（Fulfilling Our Collective Responsibility：International Assistance and the Responsibility to Protect）报告，A/68/947 – S/2014/449，2014 年 7 月 11 日。

19. 秘书长关于《一个重要和持久的承诺：履行保护的责任》（A Vital and Enduring Commitment：Implementing the Responsibility to Protect）报告，A/69/981 – S/2015/500，2015 年 7 月 13 日。

20. 秘书长关于《动员集体行动：保护的责任下一个十年》（Mobilising Collective Action：The next decade of the Responsibility to Protect）报告，A/70/999 – S/2016/620，2016 年 7 月 22 日。

21. 秘书长关于《履行保护的责任：对预防问题》（Implementing the Responsibility to Protect：Accountability for Prevention）报告，A/71/1016 – S/2017/566，2017 年 8 月 10 日。

22. 秘书长关于《保护的责任：从预防到行动》（Responsibility to Protect：From Early Warning to Early Action）报告，A/72/884 – S/2018/525，2018 年 6 月 1 日。

附录九　主要网站

1. 联合国：http：//www. un. org/zh/.

2. 防止灭绝种族罪行问题特别顾问办公室：http：//www. un. org/zh/preventgenocide/adviser/documents. shtml.

3. 干预与国家主权国际委员会：http：//www. iciss. ca.

4. "保护的责任"全球中心（Global Center for the Responsibility to Protect）：http：//www. globalr2p. org/.

5. "保护的责任"国际联盟（International Coalition for the Responsibility to Protect）：http：//www. responsibilitytoprotect. org/.

6. 亚洲太平洋"保护的责任"中心（Asia-Pacific Centre for the Responsibility to Protect）：http：//www. r2pasiapacific. org/.

7. 中华人民共和国常驻联合国代表团：http：//www. china-un. org/chn/.

8. 中国人权网：http：//www. humanrights. cn.

9. 国际危机组织（International Crisis Group）：http：//www. crisisgroup. org/.

10. 人权观察（Human Rights Watch）：http：//www. hrw. org/zh-hans.

11. 中华人民共和国外交部：http：//www. fmprc. gov. cn/mfa_chn/.

12. 联合国人权理事会：http：//www. un. org/chinese/hr/issue/hrc. htm.

13. 国际法院：http：//www. un. org/chinese/law/icj/.

14. 联合国人权事务高级专员办事处：http：//www. ohchr. org/EN/Pages/WelcomePage. aspx.

15. 联合国人权条约机构：http：//www. un. org/chinese/hr/issue/tc. htm.

16. 联合国协会世界联合会：https：//www. wfuna. org/.

17. 中国联合国协会：http：//www. unachina. org/.

18. 联合国人道主义事务协调厅：https：//www. unocha. org/.

19. 联合国难民事务高级专员办事处：https：//www. unhcr. org/.

20. 联合国大会第三委员会：http：//www. un. org/zh/ga/third/.

参考文献

一、中文文献

（一）中文著作

1. 蔡拓著：《全球学与全球治理》，北京：北京大学出版社，2018年版。

2. 蔡拓著：《全球问题与新兴政治》，天津：天津人民出版社，2011年版。

3. 陈东晓等著：《联合国：新议程和新挑战》，北京：时事出版社，2005年版。

4. 陈东晓主编：《全球安全治理与联合国安全机制改革》，北京：时事出版社，2012年版。

5. 陈一峰著：《论当代国际法上的不干涉原则》，北京：北京大学出版社，2013年版。

6. 陈鲁直、李铁城主编：《联合国与世界秩序》，北京：北京语言学院出版社，1993年版。

7. 陈拯著：《新兴大国建设国际人权规范研究》，上海：上海人民出版社，2017年版。

8. 丁维陵、汤秀娟：《当代世界的人权标准问题》，北京：当代中国出版社，1993年版。

9. 贾庆国主编：《全球治理：保护的责任》，北京：新华出版社，2014

年版。

10. 贺鉴著：《霸权、人权与主权：国际人权保护与国际干预研究》，湘潭：湘潭大学出版社，2010年版。

11. 黄瑶著：《论禁止使用武力原则：联合国宪章第二条第四项法理分析》，北京：北京大学出版社，2003年版。

12. 黄海涛著：《干涉的悖论：冷战后人道主义干涉研究》，天津：南开大学出版社，2015年版。

13. 化国宇著：《国际人权事业的中国贡献：张彭春与〈世界人权宣言〉》，北京：中国政法大学出版社，2015年版。

14. 李东燕编著：《联合国》，北京：社会科学文献出版社，2005年版。

15. 李东燕主编：《全球安全治理：研究与调查》，北京：当代中国出版社，2013年版。

16. 李铁城主编：《世界之交的联合国》，北京：人民出版社，2002年版。

17. 李铁城主编：《联合国的历程》，北京：北京语言学院出版社，1993年版。

18. 李铁城、钱文荣主编：《联合国框架下的中美关系》，北京：人民出版社，2006年版。

19. 李一文编著：《蓝盔行动——联合国与国际冲突》，北京：当代世界出版社，1998年版。

20 李一文、马风书编著：《当代国际组织与国际关系》，天津：天津人民出版社，2002年版。

21. 李先波等著：《主权、人权、国际组织》，北京：法律出版社，2005年版。

22. 李伯军著：《不干涉内政原则研究：国际法与国际关系分析》，湘潭：湘潭大学出版社，2010年版。

23. 李金祥著：《国际体系变迁的动力：一种非国家行为体的视角》，北京：时事出版社，2017年版。

24. 李因才著：《联合国选举援助研究》，北京：时事出版社，2016

25．梁西著：《国际组织法》，武汉：武汉大学出版社，2001年版。

26．罗艳华著：《国际关系中的主权与人权：对两者关系的多维透视》，北京：北京大学出版社，2005年版。

27．刘波著：《秩序与正义之间：国际社会人道主义干预问题研究》，北京：中国社会出版社，2011年版。

28 刘楠来主编：《发展中国家与人权》，成都：四川人民出版社，1994年版。

29．刘杰著：《国际人权体制——历史的逻辑与比较》，上海：上海社会科学院出版社，2000年版。

30．刘杰著：《人权与国家主权》，上海：上海人民出版社，2004年版。

31．刘明著：《国际干预与国家主权》，成都：四川人民出版社，2000年版。

32．刘铁娃著：《保护的责任：国际规范建构的中国视角》，北京：北京大学出版社，2015年版。

33．柳华文著：《人权知识：联合国核心人权公约与机制》，长沙：湖南大学出版社，2016年版。

34．秦亚青主编：《当代西方国际思潮》，北京：世界知识出版社，2012年版。

35．秦亚青著：《权力·制度·文化：国际关系理论与方法研究文集》，北京：北京大学出版社，2005年版。

36．门洪华著：《和平的纬度：联合国集体安全机制研究》，上海：上海人民出版社，2002年版。

37．聂军著：《冲突中的守望：联合国维和行动成功条件研究》北京：世界知识出版社，2011年版。

38．庞中英著：《全球治理与世界秩序》，北京：北京大学出版社，2012年版。

39．饶戈平主编：《全球化进程中的国际组织》，北京：北京大学出版社，2005年版。

40. 盛红生著：《联合国维持和平行动法律问题研究》，北京：时事出版社，2006年版。

41. 佟丽华著：《走近联合国：中国社会组织参加联合国人权理事会大会纪实》，北京：人民出版社，2017年版。

42. 苏长和著：《全球公共问题与国际合作：一种制度分析》，上海：上海人民出版社，2009年版。

43. 孙雪峰、阎学通编：《国际关系研究实用方法：案例选编》，北京：人民出版社，2010年版。

44. 时殷弘、沈志雄著：《科索沃之后：人道主义干涉的道义和法律限制》，北京：法律出版社，2003年版。

45. 王可菊主编：《国际人道主义法及其实施》，北京：社会科学文献出版社，2004年版。

46. 王媚著：《区域组织与联合国集体安全的国际法问题研究》，北京：世界知识出版社，2016年版。

47. 王杰主编：《国际机制论》，北京：新华出版社，2002年版。

48. 王杰主编：《联合国遭遇挑战》，北京：中央编译出版社，1994年版。

49. 王杰主编：《大国手中的权杖：联合国行使否决权纪实》，北京：当代世界出版社，1998年版。

50. 王逸舟主编：《磨合中的建构：中国与国际组织关系的多视角透视》，北京：中国发展出版社，2003年版。

51. 王逸舟著：《仁智大国："创造性介入"概说》，北京：北京大学出版社，2018年版。

52. 王逸舟著：《创造性介入：中国外交的转型》，北京：北京大学出版社，2015年版。

53. 王逸舟著：《创造性介入：中国之全球角色的生成》，北京：北京大学出版社，2013年版。

54. 王逸舟著：《创造性介入：中国外交新取向》，北京：北京大学出版社，2011年版。

55. 王运祥、刘杰著：《联合国与人权保障国际化》，广州：中山大学出版社，2002 年版。

56. 武心波主编：《大国国际组织行为研究》，上海：上海人民出版社，2010 年版。

57. 吴文成著：《选择性治理：国际组织与规范倡导》，上海：上海人民出版社，2017 年版。

58. 魏宗雷、邱桂荣等著：《西方人道主义干预理论与实践》，北京：时事出版社，2003 年版。

59. 汪习根著：《发展、人权与法制研究》，武汉：武汉大学出版社，2017 年版。

60. 冼国明编：《联合国事务年度评论 2010—2011》，北京：经济管理出版社，2012 年版。

61. 熊李力著：《专业性国际组织与当代中国外交：基于全球治理的分析》，北京：世界知识出版社，2010 年版。

62. 徐蓉著：《冷战后军事干涉的理论分析》，兰州：甘肃人民出版社，2006 年版。

63. 杨洁勉主编：《国际体系转型和多边组织发展：中国的应对和抉择》，北京：时事出版社，2007 年版。

64. 杨泽伟著：《主权论——国际法上主权问题及其发展趋势研究》，北京：北京大学出版社，2006 年版。

65. 杨泽伟主编：《联合国改革的国际法问题研究》，武汉：武汉大学出版社，2009 年版。

66. 杨成铭等著：《联合国人权理事会 UPR 视域下的中国人权》，北京：社会科学文献出版社，2018 年版。

67. 余光洲著：《论联合国的新角色》，北京：世界知识出版社，2005 年版。

68. 袁士槟、钱文荣主编：《联合国机制与改革》，北京：北京语言学院出版社，1995 年版。

69. 余华川主编：《联合国改革与发展：欧亚视角国际会议论文集》，上海：华东师范大学出版社，2009 年版。

70. 俞可平等著：《全球化与国家主权》，北京：社会科学文献出版社，

2004 年版。

71. 俞可平主编：《治理与善治》，北京：社会科学文献出版社，2004年版。

72. 阎学通、孙雪峰著：《国际关系研究实用方法》（第二版），北京：人民出版社，2007 年版。

73. 张贵洪主编：《国际组织与国际关系》，杭州：浙江大学出版社，2004 年版。

74. 张贵洪主编：《联合国秘书长：从赖伊到潘基文》，北京：时事出版社，2010 年版。

75. 张贵洪主编：《联合国发展报告 2012》，北京：时事出版社，2013 年版。

76. 张贵洪主编：《联合国与文明对话》，北京：时事出版社，2013 年版。

77. 张贵洪主编：《全球治理中的中国与联合国》，北京：时事出版社，2017 年版。

78. 张贵洪著：《联合国强大，世界更美好》，北京：时事出版社，2016 年版。

79. 张贵洪主编：《联合国与国际法治》，北京：时事出版社，2016 年版。

80. 张伟主编：《联合国核心人权文件汇编》，北京：中国财富出版社，2013 年版。

81. 张蕴岭主编：《西方新国际干预的理论与现实》，北京：社会科学文献出版社，2012 年版。

82. 赵磊著：《构建和谐世界的重要实践：中国参与联合国维持和平行动研究》，北京：中共中央党校出版社，2010 年版。

83. 赵磊、高心满等著：《中国参与联合国维持和平行动前沿问题》，北京：时事出版社，2011 年版。

84. 赵磊著：《国际视野中的民族冲突与管理》，北京：社会科学文献出版社，2013 年版。

85. 赵宁著：《当代国际维和行动》，北京：军事谊文出版社，2006

年版。

86. 赵洲著：《主权责任论》，北京：法律出版社，2010 年版。

87. 赵洲著：《基本人权保护的全球治理："保护的责任"研究》，北京：法律出版社，2016 年版。

88. 朱杰进著：《国际制度设计：理论模式与案例的分析》，上海：上海人民出版社，2011 年版。

89. 朱锋著：《人权与国际关系》，北京：北京大学出版社，2000 年版。

90. 郑启荣主编：《为了一个共同的世界——外交学院联合国研究论文选集》，北京：世界知识出版社，2012 年版。

91. 郑启荣主编：《国际组织》，北京：高等教育出版社，2018 年版。

92. 中国联合国协会编：《中国的联合国外交》，北京：世界知识出版社，2009 年版。

93. 中国人权研究会编：《论人权与主权——兼驳"人权高于主权"论》，北京：当代世界出版社，2001 年版。

94. 中国人权研究会编：《中国人权年鉴（2006—2010 年）》，长沙：湖南大学出版社，2012 年版。

95. ［法］让·马克·夸克著，周景兴译：《迈向国际法治：联合国对人道主义危机的回应》，北京：生活·读书·新知三联书店，2008 年版。

96. ［美］理查德·哈斯著，殷雄、徐静译：《新干涉主义》，北京：新华出版社，2000 年版。

97. ［美］迈克尔·爱德华兹著，朱宁译：《积极的未来：21 世纪的国际合作》，南昌：江西人民出版社，2006 年版。

98. ［美］入江昭著，刘青等译：《全球共同体：国际组织在当代世界形成中的角色》，北京：社会科学文献出版社，2009 年版。

99. ［美］彼得·卡赞斯坦著，宋伟等译：《世界政治中的规范与认同》，北京：北京大学出版社，2009 年版

100. ［美］埃莉斯·奥斯特诺姆著，余逊达、陈旭东译：《公共事务的治理之道：集体行动制度的演进》，上海：上海译文出版社，2012 年版。

101. ［美］约瑟夫·奈、约翰·D. 唐胡纳主编，王勇、门洪华等译：《全球化世界的治理》，北京：世界知识出版社，2003 年版。

102. ［美］小约瑟夫·奈、［加拿大］戴维·韦尔奇著，张小明译：《理解全球冲突与合作：理论与历史》（第九版），上海：上海世纪出版集团，2012年版。

103. ［美］菲利斯·本尼斯著，陈遥遥译：《发号施令——美国是如何控制联合国的》，北京：新华出版社，1999年版。

104. ［美］亚当·罗伯茨、［新西兰］本尼迪克特·金斯伯里主编，吴志成等译：《全球治理——分裂世界中的联合国》，北京：中央编译出版社，2010年版。

105. ［美］涛慕思·博格著，刘莘、徐向东等译：《康德、罗尔斯与全球正义》，上海：上海译文出版社，2010年版。

106. ［美］约翰·鲁杰著，苏长和等译：《多边主义》，杭州：浙江人民出版社，2003年版。

107. ［美］莉萨·马丁、贝思·西蒙斯编，黄仁伟等译：《国际制度》，上海：上海人民出版社，2006年版。

108. ［美］迈克尔·巴尼特、玛莎·芬尼莫尔著，薄燕译：《为世界定规则：全球政治中的国际组织》，上海：上海人民出版社，2009年版。

109. ［美］迈克尔·巴尼特、玛莎·芬尼莫尔著，袁正清译：《国际社会中的国家利益》，上海：上海人民出版社，2012年版。

110. ［美］迈克尔·巴尼特、玛莎·芬尼莫尔著，袁正清、李欣译：《干涉的目的：武力使用信念的变化》，上海：上海人民出版社，2009年版。

111. ［美］玛格丽特·E.凯克、凯瑟琳·辛金克著，韩召颖、孙英丽译：《超越国界的活动家：国际政治中的倡议网络》，北京：北京大学出版社，2005年版。

112. ［美］小科尼利厄斯·F.墨菲著，王起亮等译：《世界治理：一种观念史的研究》，北京：世界知识出版社，2007年版。

113. ［美］詹姆斯·N.罗西瑙主编，张胜军、刘晓林等译：《没有政府的治理：世界政治中的秩序与变革》，南昌：江西人民出版社，2001年版。

114. ［美］弗雷德里克·埃克哈德著，J·Z.爱门森译：《冷战后的联合国》，杭州：浙江大学出版社，2010 年版。

115. ［美］肯尼斯·奥耶编，田野、辛平译：《无政府状态下的合作》，上海：上海人民出版社，2010 年版。

116. ［美］W. 菲利普斯·夏夫利著，郭继光等译：《政治科学研究方法》（第八版），上海：上海世纪出版集团，2012 年版。

117. ［美］杰克·唐纳利著，王浦劬译：《普遍人权的理论与实践》，北京：中国社会科学出版社，2001 年版。

118. ［美］路易斯·亨金著，信春鹰等译：《权利的时代》，北京：知识出版社，1997 年版。

119. ［美］伊恩·赫德著，毛瑞鹏译：《无政府状态之后：联合国安理会中的合法性与权力》，上海：上海人民出版社，2018 年版。

120. ［挪威］斯坦因·U. 拉尔森主编，任晓等译：《政治学理论与方法》，上海：上海世纪出版集团，2006 年版。

121. ［英］R·J. 文森特著，凌迪、黄列译：《人权与国际关系》，北京：世界知识出版社，1998 年版。

122. ［英］詹宁斯，瓦茨修订，王铁崖等译：《奥本海国际法》（第一卷，第一分册），北京：中国大百科全书出版社，1998 年版。

123. ［英］詹宁斯，瓦茨修订，王铁崖等译：《奥本海国际法》（第一卷，第二分册），北京：中国大百科全书出版社，1998 年版。

124. ［英］奈尔·麦克法兰、［英］云丰空著，张彦译：《人的安全与联合国：一部批判史》，杭州：浙江大学出版社，2011 年版。

125. ［英］尼古拉斯·惠勒著，张德生译：《拯救陌生人：国际社会中的人道主义干涉》，北京：中央编译出版社，2011 年版。

126. ［英］苏珊·斯特兰奇著，肖宏宇、耿协峰译：《权力流散：世界经济中的国家与非国家权威》，北京：北京大学出版社，2005 年版。

（二）中文期刊文章

1. 陈拯："说辞政治与保护的责任的兴起"，《世界经济与政治》2018 年第 6 期。

2. 陈拯："内生的变革：中国与国际人权规范互动的自主性问题"，

"保护的责任"与国际人权规范建构

《外交评论》2012年第2期。

3. 陈琪、黄宇兴:"国际干涉的规范维度",《世界经济与政治》2009年第4期。

4. 蔡拓:"全球治理的中国视角与实践",《中国社会科学》2004年第1期。

5. 戴瑞君:"联合国人权条约机构体系的加强进程——联合国人权保护机制的最新发展",《环球法律评论》2013年第6期。

6. 付海娜、姜恒昆:"'保护的责任'与国家主权的实质——兼论达尔富尔冲突及其出路",《国际关系学院学报》2012年第2期。

7. 郭曰君:"人权:当今的时代主题及我国的应对",《广州大学学报》2013年第1期。

8. 何志鹏:"'保护的责任':法治黎明还是暴政重现?",《当代法学》2013年第1期。

9. 黄超:"框定战略与保护的责任规范扩散的动力",《世界经济与政治》2012年第9期。

10. 黄韬、沈伟:"利比亚危机与国际法上不使用武力原则的新近发展",《交大法学》2013年第2期。

11. 卢静:"'保护的责任':国际关系新规范?",《当代世界》2013年第3期。

12. 罗艳华:"中国参与国际人权合作的历程与展望",《思想理论教育导刊》2005年第1期。

13. 李小鹏:"全球化与冷战后国际冲突",《世界经济与政治》2002年第12期。

14. 李东燕:"试论联合国与主权国家关系的演变",《世界经济与政治》2000年第5期。

15. 李东燕:"联合国研究60年:理论·政策·方案",《世界经济与政治》2005年第5期。

16. 李杰豪:"保护的责任对现代国际法规则的影响",《求索》2007年第1期。

17. 李少军:"谈国际关系论文写作的规范与方法",《世界经济与政治》2013 年第 4 期。

18. 刘波："国际人权保障机制中的保护责任研究"，《国际关系学院学报》2011 年第 4 期。

19. 刘杰："试论国际机制中的西方规范问题"，《世界经济研究》1997 年第 3 期。

20. 刘毅："'保护的责任'可能产生的道德风险及其规制"，《国际问题研究》2013 年第 6 期。

21. 廖申白："全球化进程中的国际干预伦理"，《中国人民大学学报》2002 年第 3 期。

22. 潘亚玲："从捍卫式倡导到参与式倡导——试析中国互不干涉内政外交的新发展"，《世界经济与政治》2012 年第 9 期。

23. 曲星："联合国宪章、保护的责任与叙利亚问题"，《国际问题研究》2012 年第 2 期。

24. 邱美荣、周清："保护的责任：冷战后西方人道主义介入的理论研究"，《欧洲》2012 年第 2 期。

25. 邱桂荣："联合国人权领域改革及影响"，《现代国际关系》2007 年第 7 期。

26. 邱昌情："'保护的责任'的发展趋势及其对联合国人权保护理念的影响"，《人权》2013 年第 4 期。

27. 邱昌情："联合国框架下保护的责任新发展及实践困境"，《国际法研究》2018 年第 3 期。

28. 邱昌情："中国在国际人权领域话语权：现实困境与应对策略"，《人权》2018 年第 3 期。

29. 阮宗泽："负责任的保护：建立更安全的世界"，《国际问题研究》2012 年第 3 期。

30. 苏长和："论国际干涉"，《欧洲》1996 年第 4 期。

31. 唐世平："国际政治理论的时代性"，《中国社会科学》2003 年第 3 期。

32. 唐贤兴："全球治理：一个脆弱的概念"，《国际观察》1999 年第 6 期。

"保护的责任"与国际人权规范建构

33. 王存刚:"国际规范的新变化与新趋势",《世界经济与政治论坛》2013年第6期。

34. 王逸舟:"重塑国际政治与国际法的关系——面向以人为本、社会为基的国际问题研究",《世界经济与政治》2007年第4期。

35. 汪舒明:"保护的责任与美国对外干预的新变化",《国际展望》2012年第6期。

36. 吴征宇:"主权、人权与人道主义干涉——约翰·文森特的国际社会观",《欧洲研究》2005年第1期。

37. 叶江、谈谭:"试析国际制度的合法性及其缺陷——以国际安全制度与人权制度为例",《世界经济与政治》2005年第12期。

38. 杨宏山:"干涉主权论、绝对主权论与限制主权论——关于国家主权的三种不同理论立场",《世界经济与政治》2000年第3期。

39. 杨永红:"论保护的责任对利比亚之适用",《法学评论》2012年第2期。

40. 袁武:"试论中国在非洲内部冲突处理中的作用——从保护的责任理论谈起",《西亚非洲》2008年第10期。

41. 袁武:"现实与理想的落差——解读冷战后联合国在非洲危机和处理中的作用",《西亚非洲》2009年第4期。

42. 袁正清、李志永、主父笑飞:"中国与国际人权规范重塑",《中国社会科学》2016年第7期。

43. 赵洲:"论国际社会提供保护责任的协助与补充属性",《安徽大学学报》2008年第3期。

44. 赵洲:"国际保护责任机制的建构与实施——苏丹达尔富问题的实证分析",《法商研究》2008年第3期。

45. 赵汀阳:"预付人权":一种非西方的普遍人权理论,《中国社会科学》2006年第4期。

46. 张磊:"论冷战后西方人道主义干涉的模式演进——从科索沃到利比亚战争的启示",《暨南学报(哲学社会科学版)》2012年第12期。

47. 张小明:"中国崛起与国际规范变迁",《外交评论》2011年第1期。

48. 赵洲、程保志："适用武力措施保护人权的实践分歧与规范建构"，《太平洋学报》2013年第9期。

49. 朱锋："后冷战时代联合国联合国人权活动的特点、争议与问题"，《太平洋学报》2000年第2期。

50. 朱文奇："北约对利比亚春秋军事行动的合法性研究"，《法商研究》2011年第4期。

二、英文文献

1. Angus Francis, Vesselin Popovski and Charles Sampford Edited, *Norms of protection: Responsibility to protect, protection of civilians and their interaction*, Tokyo: United Nations University Press, 2012.

2. Anthoy Clark Arend, "International Law and the Preemptive Use of Force," *The Washington Quarterly*, Vol. 26, No. 2, 2003.

3. Alex J. Bellamy, *Mass Atrocities and Armed Conflict: Links, Distinctions, and Implications for the Responsibility to Prevent*. The Stanley Foundation, February, 2011.

4. Alex J. Bellamy, Realizing the Responsibility to Protect, *International Studies Perspectives*, Vol. No. , 2009.

5. Alex J. Bellamy, Robert A. Pape, Reconsidering the cases of Humanitarian Intervention, *International Security*, Vol. 38, No. 2, 2013.

6. Alex J. Bellamy, Pragmatic Solidarism and the Dilemmas of Humanitarian Intervention, *Millennium: Journal of International Studies*, Vol. 31, No. 3, 2002.

7. Alex J. Bellamy, "Whither the Responsibility to Protect? Humanitarian Intervention and the 2005 World Summit", *Ethics and International Affairs*, Vol. 20, No. 2, 2006.

8. Alex J. Bellamy, Conflict Prevention and the Responsibility to Protect, *Global Governance*, Vol. 15, No. 2, 2008.

9. Alex J. Bellamy, "The Responsibility to Protect and the Problem of Mili-

tary Intervention", *International Affairs*, Vol. 84, Issue. 4, 2008.

10. Alex J. Bellamy, "Libya and the Responsibility to Protect: The Exception and the Norm", *Ethics and International Affairs*, Vol. 25, No. 3, 2011.

11. Alex J. Bellamy, *Global Politics and the Responsibility to Protect: From words to deeds*, New York: Routledge, 2011.

12. Alex J. Bellamy, "The Responsibility to Protect-Five Years on", *Ethics & International Affairs*, Vol. 24, Issue. 2, 2010.

13. Anne Orford, *International Authority and the Responsibility to Protect*, Cambridge University Press, 2011.

14. Alston, P&E. Macdonald, *Human Rights, Intervention and the Use of Force*, Oxford: Oxford University Press, 2007.

15. Allen Buchannan and Robert Keohane, "Precommitment Regimes for Intervention: Supplementing the Security Council", *Ethic and International Affairs*, Vol. 25, No. 1, 2011.

16. Aidan Hehir, "The Permanence of Inconsistency: Libya, the Security Council, and the Responsibility to Protect, *International Security*, Vol. 38, No. 1, 2013.

17. Aidan Hehir, "Responsibility to Protect: Sound and Fury Signifying Nothing?", *International Relations*, Vol. 24, No. 2, 2010.

18. Aidan Hehir, "The Responsibility to Protect in International Political Discourse: Encouraging Statement of Intent or Illusory Platitudes?", *International Journal of Human Rights*, Vol. 15, No. 8, 2011.

Aidan Hehir, Humanitarian Intervention: An Introduction, New York: Palgrave Macmillan, 2010.

19. Adam Roberts, "Humanitarian War: Military Intervention and Human Rights", *International Affairs*, Vol. 69, No. 3, 1993.

20. Alan J. Kuperman, "A Model Humanitarian Intervention?: Reassessing NATO's Libya Campaign", *International Security*, Vol. 38, No. 1, 2013.

21. Albert S. Yee, "Thick Rationality and the Missing Brute Fact: The Limits of Rationalist Incorporations of Norms and Ideas", *The Journal of Poli-*

tics, Vol. 59, No. 4, 1997.

22. Anthony Cleland Welch, "Achieving Human Security after Intra-State Conflict: The Lessons of Kosovo," *Journal of Contemporary European Studies*, Vol. 14, Issue. 2, 2006.

23. Boer, Monica den and Jaap de Wilde eds., *The Viability of Human Security*, Amsterdam: Amsterdam University Press, 2002.

24. Brown, Chris, *Sovereignty, Rights and Justice: International Political Theory Today*, Cambridge: Polity Press, 2002.

25. Bruno Simma, "NATO, the UN and the Use of Force: Legal Aspects," *European Journal of International Law*, Vol. 10, No. 1, 1999.

26. Benjamin A. Valentin, "The True Costs of Humanitarian Intervention: The Hard Truth About a Noble Notion," *Foreign Affairs*, Vol. 90, No. 6, 2011.

27. Chengqiu Wu, Sovereignty, Human Rights, and Responsibility: Changes in China's Response to International Humanitarian Crises, *Journal of Chinese Political Science*, Vol. 15, No. 1, 2010.

28. Commission on Global Governance, *Our Global Neighborhood*, Oxford: Oxford University Press, 1995.

29. Chesterman, Leading from Behind: The Responsibility to Protect, the Obama Doctrine, and Humanitarian Intervention after Libya, *Ethics and International Affairs*, Vol. 25, No. 3. 2011.

30. Catherine Lu, *Just and Unjust Interventions in World Politics: Public and Private*, Basingstoke: Palgrave Macmillan, 2006.

31. Charles Sampford and Ramesh Thakur Edited, *Responsibility to Protect and Sovereignty*, Ashgate Publishing Limited, 2013.

32. Cristina G. Badescu and Thomas G. Weiss, "Misrepresenting R2P and Advancing Norms: An Alternative Spiral?" *International Studies Perspectives*, Vol. 11, Issue. 4, 2010.

34. David Chandler, "Unravelling the Paradox of the Responsibility to Protect," *Irish Studies in International Affairs*, Vol. 20, 2009.

35. Daniel, Levy, "Sovereignty Transformed: A Sociology of Human

Rights", *British Journal of Sociology*, Vol. 57, Issue. 4, 2006.

36. Edward C. Luck, "Sovereignty, Choice, and the Responsibility to Protect." *Global Responsibility to Protect.* Vol. 1, Issue. 1, 2009.

37. Francis Mading Deng, Donald Ronald Rothchild, I. William Zartman, *Sovereignty as Responsibility: Conflict Management in Africa*, Brookings Institution Press, 1996.

38. Francis Mading Deng, *Protecting the Dispossessed: A Challenge for the International Community*, Brookings Institution Press, 1993.

39. Flora MacDonald, "Why is Humanitarian Action Often a Substitute for a Lack of Political Will?," *The International Migration Review*, Vol. 35, No. 1, 2001.

40. Gareth Evans, "From Humanitarian Intervention to the Responsibility to Protect," *Wisconsin International Law Journal*, Vol. 24, No. 3, 2006.

41. Gareth Evans, *The Responsibility to Protect: Ending Mass Atrocity Crimes Once and For All*, Washington D. C.: The Brookings Institution, 2008.

42. Glanville, Luke, "The International Community's Responsibility to Protect," *Global Responsibility to Protect*, Vol. 2, No. 3, 2010.

43. Gareth Evans, Ramesh Thakur, Robert A. Pape, "Correspondence: Humanitarian Intervention and the Responsibility to Protect", *International Security*, Vol. 37, No. 4, 2013.

44. Gareth Evans and Mohamed Sahnoun, "The Responsibility to Protect", *Foreign Affairs*, Vol. 81, No. 6, 2002.

45. Independent International Commission on Kosovo, *Kosovo Report*, Oxford: Oxford University Press, 2000.

46. ICISS (International Commission on Intervention and State Sovereignty), The Responsibility to Protect, Ottawa: International Development Research Center, December, 2001.

47. International Peace Institute, "Conflict Prevention and the Responsibility to Protect," *IPI Blue Paper*, No. 7, 2009.

48. Iain Alastair Johnston, "Treating International Institutions as Social En-

viroments," *International Studies Quarterly*, Vol. 45, No. 4, 2001.

49. James Pattison, *Humanitarian Intervention and the Responsibility to Protect, Who Should Intervene?* New York: Oxford University Press, 2010.

50. Joseph Nye, "Conflicts After the Cold War," *The Washington Quarterly*, Vol. 19, Issue. 1, 1996.

51. Jon Western and Goldstein Joshua, "Huanitarian Intervention Comes of Age: Lessons from Somalia to Libya," *Foreign Affairs*, Vol. 90, No. 6, 2011.

52. Jing Chen, "Explaining the Change in China's Attitude toward UN Peacekeeping: a Norm Change Perspective, *Journal of Contemporary China*, Vol. 18, Issue. 58, 2009.

53. James Pattison, *Humanitarian Intervention and the Responsibility to Protect: Who Should Intervene?*, Oxford: Oxford University Press, 2010.

54. Jun Matsukuma, "Emerging Norms of the Responsibility to Protect", *The Seinan Law Reviews*, Vol. 38, No. 2, 2005.

55. J. Samuel Barkin and Bruce Cronin, "The State and the Nations: Changing Norms and the Rules of Sovereignty in International Relations", *International Organization*, Vol. 48, No. 1, 1994.

56. Jason A. Edwards, "Redefining Sovereignty: An Analysis of UN Secretary Deneral Ban Ki Moon's Rhetoric on the Responsibility to Protect Doctrine", *Peace and Conflict Studies*, Vol. 19, No. 1, 2012.

57. Kofi Annan, *The Question of Intervention: Statements Made by the UN Secretary*, New York: UN Department of Public Information, 2000.

58. Kofi Annan, "Two Concepts of Sovereignty," *The Economist*, Vol. 352, No. 8137, 1999.

59. Louise Arbour, "R2P as a Duty of Care in International Law and Practice," *Review of International Studies*, Vol. 34, No. 3, 2008.

60. Louise Arbour, "The Responsibility to Protect in International Law", *Review of International Studies*, Vol. 34, No. 3, 2002.

61. Liu Tiewa, "China and Responsibility to Protect: Maintenance and Change of Its Policy for Intervention", *The Pacific Review*, Vol. 25,

Issue. 1, 2012.

62. Liu Tiewa, "Marching for a More Open, Confident and Responsibility Great Power: Explaining China's Involvement in UN Peacekeeping Operations", *Journal of International Peacekeeping*, Vol. 13, Issue. 1, 2009.

63. Martha Finnemore and Kathryn Sikkink, International Norm Dynamics and Political Change, *International Organization*, Vol. 52, No. 4.

64. Michel Barnett and Thomas G. Weiss, *Humanitarian Contested: Where Angels Fear to Tread*, London: Routledge, 2011.

65. Melissa Labonte, *Human Rights and Humanitarian Norms, Strategic Framing and Intervention: Lessons for the Responsibility to Protect*, London: Routledge, 2013.

66. Michael Barnett and Thomas G. Weiss, eds., *Humanitarianism in Question: Politics, Power, and Ethics*, Ithaca, NY: Cornell University Presss, 2008.

67. Mehrdad Payandeh, "With Great Power Comes Great Responsibility? The Concept of the Responsibility to Protect Within the Process of International Lawmaking," *Yale Journal of International Law*, Vol. 35, No. 2, 2010.

68. Michael Keren and Donald Sylvan eds., *International Intervention: Sovereignty versus Responsibility*, London: Frank Cass, 2002.

69. Michael J. Glennon, "The New Interventionism: The Search for a Just International Law," *Foreign Affairs*, Vol. 78, No. 3.

70. Mary, Kaldor, *Human Security: Reflections on Globalization and Intervention*, Cambridge: Polity Press, 2007.

71. Nicholas Rengger, *Evaluating Global Orders*, Cambridge University Press, 2011.

72. N. R. &Deller, Pace, "Preventing Future Genocides: An International Responsibility to Protect", *World Order*, Vol. 36, No. 4, 2005.

73. Nichoas J. Wheeler and Frazer Egerton, "The Responsibility to Protect: 'Precious Commitment or Promise Unfulfilled?" *Global Responsibility to Protect*, Vol. 1, Issue. 1, 2009.

74. Nicola P. Contessi, "Multilateralism, Intervention and Norm Contestation: China's Stance on Darfur in the UN Security Council," *Security Dialogue*, Vol. 41, No. 3, 2010.

75. Oliver Ramsbotham and Tom Woodhouse, *Humanitarian Intervention in Contemporary Conflict*, Cambridge: Polity Press, 1996.

76. Peter J. Ktzenstein ed., *The Culture of National Security: Norms and Identity in World politics*, New York: Columbia University Press, 1996.

77. Percy, Sarah V., "Mercenaries: Strong Norm, Weak Law", *International Organization*, Vol. 61, No. 2, 2007.

78. Philip Alston and Euan MacDonald, eds., *Human Rights, Intervention, and the Use of Force*, Oxford University Press, 2008.

79. Pang Zhongying, "China's Non-Intervention Question", *Global Responsibility to Protect*, Vol. 1, Issue. 2, 2009.

80. Rheresa Reinold, *Sovereignty and the Responsibility to Protect: The Power of Norms and the Norms of the Powerful*, London: Routledge, 2013.

81. Ramesh Thakur, *The Responsibility to Protect: Norms, Laws and the Use of Force in International Politics*, London: Routledge, 2011.

82. Rachard H. Cooper and Juliette Voinov Kohler edited, *Responsibility to Protect: The Global Moral Compact for the 21st century*, Palgrave Macmllan, 2009.

83. Robert O. Keohane and J. I. Holzgrefe edited, *Humanitarian Intervention: Ethical, Legal and Political Dilemma*, Cambridge University Press, 2003.

84. Robert A. Pape, "Correspondence: Humanitarian Intervention and the Responsibility to Protect," *International Security*, Vol. 37, No. 4, 2013.

85. Robert A. Pape, "When Duty Calls: A Pragmatic Standard of Humanitarian Intervention," *International Security*, Vol. 37, No. 1, 2012.

86. Robert Rotberg ed., *Mass Atrocity Crrimes: Preventing Future Outrages*, DC: Brookings Institutions Press, 2010.

87. Rodger A. Payne, "Persuasion, Frames and Norm Construction," *Eu-

ropean *Journal of International Relations*, Vol. 7, No. 1, 2001.

88. Robert J. Art and Kenneth N. Waltz, *The Use of Force*, New York: Ronman & Littlefield, 2004.

89. Rosemary Foot, "The Responsibility to Protect and its Evolution: Beijing's Influence on Norm Creation in Humanitarian Areas, *St Antongy's International Review*, Vol. 6, No. 2, 2011.

90. Stephen P. Marks and Nicholas Cooper, "The Responsibility to Protect: Watershed or Old Wine in a New Bottle?", *Jindal Global Law Review*, Vol. 2, No. 1, 2010.

91. Stanley Hoffmann, *The Ethics and Politics of Humanitarian Intervention*, Notre Dame, IN: University of Notre Dame Press, 1996.

92. Stanley Hoffman, *Duties beyond Borders: on the Limits and Possibilities of Ethical International Politics*, Syracuse University Press, 1982.

93. S Neil MacFarlane, Carolin J Thielking & Thomas G Weiss, "The Responsibility to Protect: Is Anyone Interested in Humanitarian Intervention?", *Third World Quarterly*, Vol. 25, Issue. 5, 2004.

94. Stahn, C Responsibility to Protect: political Rhetoric or Emerging Legal Norm?, *American Journal of International Law*, Vol. 101, No. 1.

95. Sarah Teitt, "Assessing Polemics, Principles and Practices: China and the Responsibilty to Protect", *Global Responsibility to Protect*, Vol. 1, Issue. 2, 2009.

96. Thomas Weiss, "The Sunset of Humanitarian Intervention: The Responsibility to Protect in a Unipolar Era", *Security Dialogue*, Vol. 35, No. 2, 2004.

97. Thomas G. Weiss, "Halting Genocide : Rhetoric versus Reality," *Genocide Studies and Prevention*, Vol. 2, No. 1, 2007.

98. Thomas Weiss, "The Sunset of Humanitarian Intervention: The Responsibility to Protect in a Unipolar Era", *Security Dialogue*, Vol. 35, No. 2, 2004.

99. Thomas G. Weiss, "RtoP Alive and Well after Libya", *Ethics and Inter-*

national Affairs, Vol. 25, No. 3, 2011.

100. Taylor B. Seybolt, *Humanitarian Military Intervention: The Conditions for Success and Failure*, Oxford: Oxford University Press, 2008.

101. Tsai, Yu-tai, "The Emergence of Human Security: A Constructivist View", *The International Journal of Peace Studies*, Vol. 14, No. 2, 2009.

102. Tsai, Yu-tai, "The Study of Diffusion and Practice of International Norms through The Human Security: The Case of 'Responsibility to Protect'", *Asian Social Science*, Vol. 6, No. 2, 2010.

103. Tomas Konigs, Junko Nozawa and Erica Teeuwen, "Responsibility to Protect: Implementing a Global Norm towards Peace and Security", *Merkourio-International and European Law*, Vol. 29, Issue. 76, 2013.

104. Toni Erskine, "Coalitions of the Willing and Responsibilities to Protect: Informal Associations, Enhanced Capacities, and Shared Moral Burdens, *Ethic & International Affairs*, Vol. 28, Issue. 1, 2014.

105. Tim Dunne and Nicholas J. Wheeler, eds. *Human Rights in Global Politics*, Cambridge: Cambridge University Press, 1999.

106. "The United Nations and the Responsibility to Protect", *Policy Analysis Brief*, Muscatine, IA: The Stanley Foundation, August, 2008.

107. Tim Dunne, "The Rules of Game Are Changing: Fundamental Human Rights Crisis after 9/11," *International Politics*, Vol. 44, No. 2, 2007.

108. Vincent A. Auger, "Norm Consolidation and Resistance: The Responsibility to Protect", *Rangist Journal of Art and Sciences*, Vol. 2, No. 1, 2012.

109. Walter Kemp, Vesselin Popovski, Ramesh Thakur edited, *Blood and Borders: The Responsibility to Protect and the Problem of the Kin-State*, Tokyo: United Nations University Press, 2011.

110. William Bain, "Responsibility and Obligation in the Responsibility to Protect", *Review of International Studies*, Vol. 36, No. , 2010.

111. William Bain, "Responsibility and Obligation in the Responsibility to Protect," *Review of International Studies*, Vol. 36, No. 1, 2010.

112. Xue Hanqin, "Chinese Observations on International Law", *Chinese*

Journal of International Law, Vol. 6, No. 1, 2007.

113. Zaum, Dominik, *The Sovereignty Paradox: The Norms and Politics of International State Building*, Oxford: Oxford University Press, 2007.

后 记

狄更斯在《双城记》中写道:"这是一个最好的时代,也是一个最坏的时代。"的确,于我而言,我很庆幸自己生活在祖国正在快速崛起的辉煌时代。毫无疑问,在这个风云变幻的伟大时代浪潮中,个人、家庭、国家与世界均共存于同一个"命运共同体"和"责任共同体"之中。正是基于这个时代的"命运"与"责任",我在为自己的祖国快速崛起与强大感到骄傲的同时,也会对发生在千里之外的战乱和人道主义灾难感到悲悯与痛心,也正是这种"责任"的共鸣促发我将地区冲突中的国际人权保护作为自己在攻博期间的主要研究方向。本书是在我的博士论文基础上修改完成的,能在中国最一流的国际关系重镇开展博士论文研究,是我一生最宝贵的财富与莫大的荣幸。几年来的工作和写作过程,离不开诸多师友、同事和家人的帮助与支持,在书稿付梓之际,心中充满的是无尽的感恩。

首先必须感谢恩师张贵洪教授。张老师学识渊博、治学严谨、谦和儒雅。有幸成为张门弟子后,无论在学习、生活、科研、访学、工作等各方面,都得到张老师无微不至的关照与提携。从博士论文的选题、构思写作、框架拟定、谋篇布局、文字表述,再到今天的专著出版,张老师都为我倾注了大量的心血。特别是对我博士论文的指导,张老师逐句做了修改的批注,每当看到这些,心里都充满了愧疚和感激。没有他的精心培育和指导,顺利完成本书的写作是不可想象的。此外,张老师还吸收我参加他主持的各项课题研究,极大地拓展了我的研究视野。在学术与生活中,张老师虽然声名在外,但却十分的低调和谦逊,从他身上,我学到一个学者所应当具有的诚挚和海纳百川的胸怀。师恩厚重,很庆幸自己能够成为张

"保护的责任"与国际人权规范建构

老师的学生,张老师的为人风范和治学态度都将成为我人生中最好的指引。

感谢张老师领导下的联合国与国际组织研究中心团队,特别是联合国与国际组织中心的首任主任陈健大使,陈大使曾担任过联合国副秘书长等要职,虽然平时公务繁忙,但经常抽时间为我们举办讲座和参与中心的学术讨论,为我们开展学术研究拓展了视野和眼界。感谢我的同门刘建伟、李金祥、李因才、肖康康、石晨霞、陈夏娟、冯玉乔、杨濡嘉、申文等的帮助。此外,也感谢博士期间的同学邹应猛、常璐璐、何建宇、钱亚萍、储江、寇建桥等,有缘相聚在复旦,收获了难能可贵的师门和同窗情谊,我会永远珍惜这段美好的复旦记忆。

感谢复旦大学国际问题研究院的沈丁立教授,沈老师具有大师的风范和平易近人的品格。沈老师严谨的思维习惯、对学术事业的强烈责任感以及对学生的平易近人,让我时刻领悟到学术大师的气质与风貌。沈老师虽然工作繁忙,但对学生却很和蔼,每次与沈老师当面或短信交流时,他总是耐心鼓励我要在学术方面努力超越自己的老师,要视野开阔。我也很荣幸在2012年随沈老师赴美国圣路易斯·华盛顿大学参与了两校的短期交流,感谢沈老师给我提供这次很难忘的交流机会。这里也特别感谢美国圣路易斯·华盛顿大学副校长 James Wertsch 教授和 Henry Biggs 教授给予我访美行程和学术指导上的帮助。

感谢复旦国际政治系陈志敏教授、樊勇明教授、吴心伯教授、张建新教授、苏长和教授、唐世平教授、吴澄秋副教授、沈逸副教授,在您们的课堂中,每一位老师都以自身的特点让我从国际关系理论、政策研究、社会科学方法等方面受益匪浅,这些都将成为我今后从事学术研究最为宝贵的财富。我想,这也是复旦国政系精神的一种传承。

感谢复旦大学国际问题研究院任晓教授、潘锐教授和徐静波教授在我博士论文开题和预答辩中提出的中肯建议与修改意见,为我指出了初稿中存在的问题。感谢同济大学夏立平教授、外交学院郑启荣教授、华东师范大学的刘军教授在我论文评阅与答辩过程中提供的指导与帮助,他们的中肯意见给我的论文修改带来了很大的帮助。

感谢甘峰教授、赵银亮教授将我引进国际关系研究的大门。甘峰老师更是亲自推荐我就读张老师的博士，他们对我的帮助与鼓励我将永生难忘。

博士毕业后，我有幸成为对外经济贸易大学国际关系学院的一员，要特别感谢戴长征院长，戴院长虽然公务繁忙，但非常关心和支持青年学者的学术规划和研究工作，在工作和生活方面均给予我莫大的鼓励与支持。感谢贸大国际关系学院的所有同事，生活在这样温馨的集体中，我将更加明确自己未来努力的方向。

最后，我要深深地感谢我的家人，感谢我的父母、岳父母。他们都为我付出了太多，岳父、岳母为我分担了照看儿子的全部任务，让我可以潜心工作，也占用了他们本来可以享受退休生活的享乐时间与空间，作为子女的我倍感歉疚。最后我要尤其感谢爱妻谌晔和儿子隽逸，你们是我前进的最大动力，谨以此书献给最爱的你们。

邱昌情

2019 年 10 月 8 日于惠园

图书在版编目（CIP）数据

"保护的责任"与国际人权规范建构/邱昌情著.—北京：时事出版社，2020.3
ISBN 978-7-5195-0284-3

Ⅰ.①保… Ⅱ.①邱… Ⅲ.①人权—保护—国际问题—研究 Ⅳ.①D815.7

中国版本图书馆CIP数据核字（2019）第277523号

出版发行：	时事出版社
地　　址：	北京市海淀区万寿寺甲2号
邮　　编：	100081
发行热线：	（010）88547590　88547591
读者服务部：	（010）88547595
传　　真：	（010）88547592
电子邮箱：	shishichubanshe@sina.com
网　　址：	www.shishishe.com
印　　刷：	北京旺都印务有限公司

开本：787×1092　1/16　印张：19.25　字数：300千字
2020年3月第1版　2020年3月第1次印刷
定价：118.00元
（如有印装质量问题，请与本社发行部联系调换）